高等职业教育"十四五"规划旅游大类精品教材专家指导委员会、编委会

专家指导委员会

总顾问　王昆欣
顾　问　文广轩　李丽　魏凯　李欢

编委会

编　委（排名不分先后）

李　俊	陈佳平	李　淼	程杰晟	舒伯阳	王　楠	白　露
杨　琼	许昌斌	陈　怡	朱　晔	李亚男	许　萍	贾玉芳
温　燕	胡扬帆	李玉华	王新平	韩国华	刘正华	赖素贞
曾　咪	焦云宏	庞　馨	聂晓茜	黄　昕	张俊刚	王　虹
刘雁琪	宋斐红	陈　瑶	李智贤	谢　璐	郭　峻	边喜英
丁　洁	李建民	李德美	李海英	张　晶	程　彬	林　东
崔筱力	李晓雯	张清影	黄宇方	李　心	周富广	曾鸿燕
高　媛	李　好					

高等职业教育"十四五"规划旅游大类精品教材

总顾问 ◎ 王昆欣

旅游规划实务

Tourism Planning Practice

主　编 ◎ 焦云宏　黄中黎
副主编 ◎ 李　凡　苑文华
　　　　雷　蕾　陈　璐

华中科技大学出版社
http://press.hust.edu.cn
中国·武汉

内容简介

《旅游规划实务》为面向职业教育的旅游规划类专业教材,内容编排合理,理论阐述清晰,技能训练贴近岗位作业,课程资源权威丰富。教材包括旅游规划基础认知、旅游规划编制设计、旅游规划商务实践和旅游业态创新规划四大模块,突出职业教育领域旅游规划岗位技能和旅游创新技能的训练与培养。本教材配套入选职业教育国家在线精品课程,以及上线智慧职教 MOOC 学院的"旅游规划"在线课程。

本教材适合作为高等职业教育专科智慧景区开发与管理专业、旅游管理专业,以及高等职业教育本科旅游规划与设计专业、旅游管理专业和研学旅行策划与管理专业旅游规划类课程教材,也适合旅游大类其他相关专业师生和旅游规划从业者学习参考。

图书在版编目(CIP)数据

旅游规划实务/焦云宏,黄中黎主编.—武汉:华中科技大学出版社,2024.5
高等职业教育"十四五"规划旅游大类精品教材
ISBN 978-7-5772-0312-6

Ⅰ.①旅… Ⅱ.①焦… ②黄… Ⅲ.①旅游规划－高等职业教育－教材 Ⅳ.①F590

中国国家版本馆CIP数据核字(2024)第099250号

旅游规划实务   焦云宏   黄中黎 主编
Lüyou Guihua Shiwu

总 策 划:李 欢
策划编辑:王 乾
责任编辑:王梦嫣
封面设计:原色设计
责任校对:李 琴
责任监印:周治超
出版发行:华中科技大学出版社(中国·武汉)   电话:(027)81321913
         武汉市东湖新技术开发区华工科技园   邮编:430223
录   排:武汉正风天下文化发展有限公司
印   刷:武汉科源印刷设计有限公司
开   本:787mm×1092mm 1/16
印   张:17.5
字   数:390千字
版   次:2024年5月第1版第1次印刷
定   价:49.80元

本书若有印装质量问题,请出版社营销中心调换
全国免费服务热线:400-6679-118   竭诚为您服务
版权所有   侵权必究

总序

习近平总书记在党的二十大报告中深刻指出,要"统筹职业教育、高等教育、继续教育协同创新,推进职普融通、产教融合、科教融汇、优化职业教育类型定位""要实施科教兴国战略,强化现代化建设人才支撑""要坚持教育优先发展、科技自立自强、人才引领驱动""开辟发展新领域新赛道,不断塑造发展新动能新优势""坚持以文塑旅、以旅彰文,推进文化和旅游深度融合发展",这为职业教育发展提供了根本指引,也有力地提振了旅游职业教育发展的信念。

2021年,教育部立足增强职业教育适应性,体现职业教育人才培养定位,发布了新版《职业教育专业目录(2021年)》,2022年,又颁布了新版《职业教育专业简介》,全面更新了职业面向、拓展了能力要求、优化了课程体系。因此,出版一套以旅游职业教育立德树人为导向、融入党的二十大精神、匹配核心课程和职业能力进阶要求的高水准教材成为我国旅游职业教育和人才培养的迫切需要。

基于此,在全国有关旅游职业院校的大力支持和指导下,教育部直属的全国重点大学出版社——华中科技大学出版社,在党的二十大精神的指引下,主动创新出版理念、改进方式方法,汇聚一大批国内高水平旅游院校的国家教学名师、全国旅游职业教育教学指导委员会委员、全国餐饮职业教育教学指导委员会委员、资深教授及中青年旅游学科带头人,编撰出版"高等职业教育'十四五'规划旅游大类精品教材"。本套教材具有以下特点:

一、全面融入党的二十大精神,落实立德树人根本任务

党的二十大报告中强调:"坚持和加强党的全面领导。"党的领导是我国职业教育最鲜明的特征,是新时代中国特色社会主义教育事业高质量发展的根本保证。因此,本套教材在编写过程中注重提高政治站位,全面贯彻党的教育方针,"润物细无声"地融入中华优秀传统文化和现代化发展新成就,将正确的政治方向和价值导向作为本套教材的顶层设计并贯彻到具

体项目任务和教学资源中,不仅仅培养学生的专业素养,更注重引导学生坚定理想信念、厚植爱国情怀、加强品德修养,以期落实"立德树人"这一教育的根本任务。

二、基于新版专业简介和专业标准编写,权威性与时代适应性兼具

教育部2022年颁布新版《职业教育专业简介》后,华中科技大学出版社特邀我担任总顾问,同时邀请了全国近百所职业院校知名教授、学科带头人和一线骨干教师,以及旅游行业专家成立编委会,对标新版专业简介,面向专业数字化转型要求,对教材书目进行科学全面的梳理。例如,邀请职业教育国家级专业教学资源库建设单位课程负责人担任主编,编写《景区服务与管理》《中国传统建筑文化》及《旅游商品创意》(活页式);《旅游概论》《旅游规划实务》等教材为教育部授予的职业教育国家在线精品课程的配套教材;《旅游大数据分析与应用》等教材则获批省级规划教材。经过各位编委的努力,最终形成"高等职业教育'十四五'规划旅游大类精品教材"。

三、完整的配套教学资源,打造立体化互动教材

华中科技大学出版社为本套教材建设了内容全面的线上教材课程资源服务平台:在横向资源配套上,提供全系列教学计划书、教学课件、习题库、案例库、参考答案、教学视频等配套教学资源;在纵向资源开发上,构建了覆盖课程开发、习题管理、学生评价、班级管理等集开发、使用、管理、评价于一体的教学生态链,打造了线上线下、课内课外的新形态立体化互动教材。

本套教材既可以作为职业教育旅游大类相关专业教学用书,也可以作为职业本科旅游类专业教育的参考用书,同时,可以作为工具书供从事旅游类相关工作的企事业单位人员借鉴与参考。

在旅游职业教育发展的新时代,主编出版一套高质量的规划教材是一项重要的教学质量工程,更是一份重要的责任。本套教材在组织策划及编写出版过程中,得到了全国广大院校旅游教育教学专家教授、企业精英,以及华中科技大学出版社的大力支持,在此一并致谢!

衷心希望本套教材能够为全国职业院校的旅游学界、业界和对旅游知识充满渴望的社会大众带来真正的精神和知识营养,为我国旅游教育教材建设贡献力量。也希望并诚挚邀请更多旅游院校的学者加入我们的编者和读者队伍,为进一步促进旅游职业教育发展贡献力量。

王昆欣
世界旅游联盟(WTA)研究院首席研究员
教育部全国旅游职业教育教学指导委员会副主任委员
高等职业教育"十四五"规划旅游大类精品教材总顾问

序言

在我国经济社会高质量发展的宏观背景下,旅游业作为满足人民美好生活的幸福产业发挥着举足轻重的作用。旅游产业的高质量发展离不开智慧技术的革命性应用、旅游要素的创新性配置和文旅产业的转型升级。旅游规划以创新、协调、绿色、开放、共享的新发展理念为设计思维和行动指南,为旅游高质量发展和新质生产力赋能,通过发展文旅新产业、推出体验新模式、激发消费新动能,积极推动产业高端化、智能化、绿色化发展。

在新质生产力的推动下,文旅产业深度融合发展需要不断注入新的创意和理念,以满足游客日益多样化、个性化与品质化的需求,提升旅游产业的竞争力和可持续发展能力。随着国内外旅游市场的持续恢复和不断扩大,旅游产业的高质量发展对旅游规划职业岗位提出了新的挑战和新的要求。旅游规划高技能人才是推动旅游产业创新发展的关键力量,是形成旅游产业新质生产力的重要组成部分。

2019年4月,浙江旅游职业学院、太原旅游职业学院和云南旅游职业学院正式签订战略合作协议,共同发起智慧景区开发与管理专业教学资源库的建设。2019年11月,国家级专业教学资源库建设项目——"智慧景区开发与管理专业教学资源库"正式立项,"旅游规划"课程正式作为标准化课程纳入其中,步入了课程建设与教育教学改革的快车道。经过四年的系统性建设,成果丰硕。在这样的时代背景下,高等职业教育新编教材《旅游规划实务》应运而生,这无疑为培养与旅游业发展相适应的高素质人才队伍注入了新的活力。

通读《旅游规划实务》,总体感觉其有以下几个特色:一是,教材基于对文旅产业深度融合与高质量发展趋势的深刻洞察和对旅游规划职业岗位需求的精准把握,紧扣教育部印发的《职业教育专业目录(2021年)》,以及新版《职业教育专业简介》与专业教学标准,以全新的视角和理念进行模块化设计和立体化建构，将旅游规划的理论与实践紧密结合。二是，教材契合课程资源的数字化改造升级，与职业教育国家在线精品课程无缝衔接，为学习者提供了全面而系统的学习方案，不仅为教师日常课堂教学提供了系统性解决方案，也为学生自主学习搭建了立体化资源平台。三是，教材践行立德树人理念，既强调了"岗课赛证"融合，主动对标职业技能标准、国家标准和行业标准，也凸显了课程思政的系统化设计。四是，教材的编写团队充分发挥了校际协同与产教融合作用，结构内容充分体现了优势互补与共商共建共享的理念，具有鲜明的时代特征。五是，教材注重学习场景的设计与应用，注重引导学习者主动建构和内化的深度学习，关注旅游产业的最新动态和发展趋势，注重学习者审辨思维、创新意识、实践能力和团队合作精神等综合素质的培养。

在未来的旅游产业发展中，旅游规划职业岗位将扮演着越来越重要的角色。本教材不仅契合当前旅游产业高质量发展的要求，也体现了高等职业教育对高素质技术技能人才培养的追求。教材主编焦云宏老师和黄中黎老师都具有资深的行业经历和丰富的教学经验，由他们组建的教材编写团队依托中国智慧景区开发与管理专业发展共同体、智慧景区开发与管理专业教学资源库共建共享联盟平台，团结协作、共同努力，出色地完成了教材编写任务。编写团队展现了旅游职业教育产教深度融合的成果和精诚合作的精神，他们勤奋严谨、求真务实的工作作风值得我们报以衷心的感谢和崇高的敬意。

是为序。

郎富平

浙江旅游职业学院

2024 年 4 月 11 日于华夏湖畔

前言

党的二十大报告指出,高质量发展是全面建设社会主义现代化国家的首要任务。旅游业作为"增进民生福祉,提高人民生活品质"的重要载体,同样面临着高质量发展的重要任务。近年来,在国家政策利好、人民收入增加、互联网影响扩大、高速路快速发展等因素的共同推动下,"生态文明""全域旅游""智慧旅游""乡村振兴""文旅融合"等带有改革意味的词汇不断引领旅游产业的发展,无论是战略地位、综合效益、区域带动,还是发展方式、市场需求、产品结构等,现代旅游产业都发生了深刻变革。在国家经济转型改革的重要阶段,以文旅融合、科技赋能、生态友好、创新驱动等发展要素为代表的现代旅游业,发挥了带动区域经济社会综合发展的巨大作用,成为满足人民美好生活需要的幸福产业。

文旅产业高质量转型升级的政策导向和市场需求对旅游供给提出了更高要求,旅游规划设计行业面临新的课题和挑战。旅游规划作为旅游开发与转型升级的重要工作任务和管理方法,凸显出重要的战略意义和实践价值。在职业教育高质量发展背景下,以文旅融合为主旨的旅游高质量发展要求旅游职业教育培养高素质、复合型、创新型的高技能人才。

本教材为面向职业教育的旅游规划类专业教材,对标新版《职业教育专业简介》,采用实践类项目任务制体例,包括旅游规划基础认知、旅游规划编制设计、旅游规划商务实践和旅游业态创新规划四个教学模块及若干工作任务,将旅游规划理论有机融入实践任务中,突出职业教育领域旅游规划岗位技能和旅游创新技能的训练与培养。教材贯彻落实党的二十大精神,加强思政元素的深度挖掘,有机融入思政教育和德育内容,以深化"三教"改革提升课程思政育人实效。

本教材适合高等职业教育专科智慧景区开发与管理专业、旅游管理专业,以及高等职业教育本科旅游规划与设计专业、旅游管理专业和研学旅行策划与管理专业在校学生,兼顾旅游大类其他相关专业学生和社会学习者。

本教材内容编排合理,理论阐述清晰,技能训练贴近岗位作业,课程资源权威丰富。教材采用纸数一体化开发,强化纸质教材与数字化资源的有机融合,配套在线课程、教学课件、资源包、习题库等教学资源,符合技能人才成长规律和学生认知特点。教材配套的在线课程"旅游规划"是教育部国家级"智慧景区开发与管理专业教学资源库"课程,入选职业教育国家在线精品课程,上线国家职业教育智慧教育平台及智慧职教 MOOC 学院。

本教材通过产教研融合开发,紧扣教学标准和行业新变化,聚焦新任务,吸纳新知识,体现当下职业教育和旅游规划的新理念。编写团队包括云南旅游职业学院焦云宏、李凡、苑文华、雷蕾、崔素莹、杨洋、杨涛,浙江旅游职业学院黄中黎、陈璐,云南师范大学桑彬彬,云南省旅游规划研究院张文娟,云南行思旅游规划设计有限公司明丽珍,杭州市建筑设计研究院有限公司杨童周,海鳗(北京)数据技术有限公司阿孜古丽·阿布都外力。编写分工如下:模块一,焦云宏、苑文华;模块二,苑文华、黄中黎、李凡、雷蕾、陈璐、杨洋、杨涛;模块三,杨童周、苑文华;模块四,桑彬彬、张文娟、苑文华、焦云宏、阿孜古丽·阿布都外力、崔素莹、李凡、明丽珍、黄中黎。全书由焦云宏、黄中黎负责统稿和审稿。

感谢中国美术学院风景建筑设计研究总院有限公司戴良婷、杭州趣牛旅游设计有限公司陈一帆、浙江省旅游发展研究中心有限公司陈诗琦等学者和行业专家为教材出版做出了贡献。

在教材编写过程中,编者参阅和引用了国内外研究成果和规划文本,在此向相关作者和机构表示衷心感谢和诚挚敬意;同时感谢华中科技大学出版社,尤其是王乾编辑为本教材的顺利出版付出的辛勤工作。由于编者时间和水平的限制,本教材难免存在不足之处,欢迎读者朋友们提出宝贵意见。

从景点观光到休闲度假,从产业自身循环到全面融合发展,旅游是面向大众的生活方式,也是面向未来的幸福产业。我们相信通过理念创新、技术创新、服务创新和融合创新的旅游规划实践,可以挖掘新价值、发展新业态、构建新模式,提升产业的竞争力和影响力,以新质生产力引领旅游产业快速发展。

智慧职教 MOOC 学院
"旅游规划"课程
(首次登录需注册智慧职教后再扫码方可跳转至课程)

编者
2024 年 4 月

模块一　旅游规划基础认知

项目一　认知旅游规划内涵　　　　　　　　　　　　　　　　　　　　　　　/003
　　任务一　分析旅游规划内涵　　　　　　　　　　　　　　　　　　　　　/006
　　任务二　梳理旅游规划流程　　　　　　　　　　　　　　　　　　　　　/013

项目二　辨析旅游规划类型　　　　　　　　　　　　　　　　　　　　　　　/020
　　任务一　区分旅游规划类型　　　　　　　　　　　　　　　　　　　　　/022
　　任务二　认识主流旅游规划　　　　　　　　　　　　　　　　　　　　　/026

模块二　旅游规划编制设计

项目三　调研项目背景　　　　　　　　　　　　　　　　　　　　　　　　　/039
　　任务一　调查与评价旅游资源　　　　　　　　　　　　　　　　　　　　/041
　　任务二　分析与预测旅游市场　　　　　　　　　　　　　　　　　　　　/050

项目四　构思发展定位　　　　　　　　　　　　　　　　　　　　　　　　　/066
　　任务一　谋划发展战略　　　　　　　　　　　　　　　　　　　　　　　/068
　　任务二　设定总体目标　　　　　　　　　　　　　　　　　　　　　　　/072
　　任务三　明确发展定位　　　　　　　　　　　　　　　　　　　　　　　/076

项目五　整合功能布局　　　/084

 任务一　分析旅游空间布局　　　/087
 任务二　明确旅游功能分区　　　/093

项目六　配置项目产品　　　/098

 任务一　创意设计旅游项目　　　/100
 任务二　创新旅游产品体系　　　/106
 任务三　设计旅游专题线路　　　/114

项目七　规划旅游专项设施　　　/121

 任务一　保护和培育旅游资源和环境　　　/123
 任务二　规划旅游基础设施　　　/129
 任务三　规划旅游服务与管理设施　　　/136
 任务四　规划旅游解说系统　　　/140

项目八　项目投资、效益与保障措施　　　/148

 任务一　评估与分析旅游项目投资和效益　　　/149
 任务二　梳理与制定旅游项目开发时序和保障措施　　　/156

模块三　旅游规划商务实践

项目九　商务工作与项目管理　　　/163

 任务一　商务工作常规流程　　　/165
 任务二　规划项目管理　　　/169
 任务三　旅游规划招投标项目流程　　　/175

项目十　评审与修编旅游规划　　　/181

 任务一　旅游规划评审与报批　　　/183
 任务二　旅游规划修编　　　/186

模块四　旅游业态创新规划

项目十一　旅游规划热点解读　　　　　　　　　　　　　　/193
　任务一　文化旅游　　　　　　　　　　　　　　　　　　/194
　任务二　全域旅游　　　　　　　　　　　　　　　　　　/200
　任务三　体验旅游　　　　　　　　　　　　　　　　　　/206
　任务四　善行旅游　　　　　　　　　　　　　　　　　　/212
　任务五　智慧旅游　　　　　　　　　　　　　　　　　　/217

项目十二　旅游规划创新设计　　　　　　　　　　　　　　/226
　任务一　乡村旅游规划创新设计　　　　　　　　　　　　/227
　任务二　研学旅行规划创新设计　　　　　　　　　　　　/236
　任务三　遗产旅游规划创新设计　　　　　　　　　　　　/244
　任务四　生态旅游规划创新设计　　　　　　　　　　　　/254

参考文献　　　　　　　　　　　　　　　　　　　　　/263

模块一

旅游规划基础认知

　　国际旅游业发展迅速,旅游业对世界经济发展与文化交流的影响日益提高,旅游规划工作的价值和意义正越来越受到社会各方的普遍重视。就世界范围而言,旅游规划的发展历史较短,尚处于探索阶段中,大量概念需要逐渐厘清。

　　学习和研究旅游规划,首先需要把握旅游规划的核心理念和工作流程。本模块从旅游规划的基本内涵、旅游规划工作流程与旅游规划创新要素等方面入手,对旅游规划的概念、对象、原则、目的等进行阐述,并就旅游规划的典型类型进行介绍。

项目一
认知旅游规划内涵

 项目概述

旅游规划是一项系统工程,它要求着眼旅游规划对象的综合整体优化,正确处理旅游系统内部的复杂结构,不仅使各种旅游资源发挥出各自优势,更要发挥出整体优势,达到整体大于局部的效果。随着旅游从高速度发展向高质量发展的转型,旅游规划的系统性、科学性及综合性特征越来越明显,旅游规划理论基础由单一的地理学科主导向地理、经济、管理、建筑、历史、设计等多学科融合发展,旅游规划主体由学院向专业规划公司转变,旅游规划需求从"为资源而规划"转变为"为发展而规划"。

 学习目标

知识目标

1. 掌握旅游规划的概念、对象、原则和目的。
2. 了解旅游系统、利益相关者、旅游效应等相关知识。
3. 掌握可行性研究报告的主要内容。
4. 掌握旅游规划的编制程序。

能力目标

1. 辨析旅游规划与旅游开发、旅游策划等相关活动的关系。
2. 理解旅游规划的理论价值和现实意义。
3. 理解项目可行性研究的意义和目的。
4. 绘制旅游规划的编制流程图。

素质目标

1. 树立旅游规划对自然、社会、文化和经济等要素的综合效应意识。
2. 建立旅游规划的全局观和质量观。

知识导图

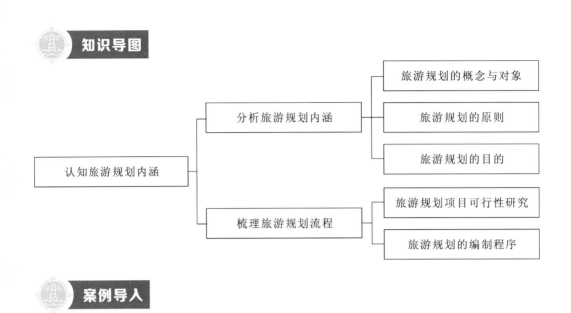

案例导入

浙江嘉兴乌镇乌村：乡村休闲度假旅游新模式

浙江嘉兴乌镇乌村项目总投资 2.5 亿元，总面积 450 亩，新增房屋建筑约 1800 平方米，农业占地约 23000 平方米。全村打造集生态饮食、田园乡村情趣、互动体验于一体的个性化、定制化、多元化的田园休闲度假旅游。乌村旅游围绕江南村落特点，内设住宿、餐饮、娱乐、休闲活动等一系列配套服务设施，采用一价全包的体验模式，一键预订即可打包吃、住、行和 20 多项免费体验项目，颠覆了乡村旅游的传统模式。乡村旅游不再是简单的"农家乐"，而是把单纯的"乡村一日游"变成"乡村深度游"，同时配套优质服务和进行精细化管理，乡村旅游从卖门票、卖餐饮产品这样单一的商业模式，变为"卖时间"，为其周边 5000 万居住于上海、杭州、苏州等城市的度假客人打造独有的乡村旅居体验。

1. 挑战与问题

乌镇乌村毗邻京杭大运河，自然生态环境良好，但村庄交通闭塞，产业经济基础薄弱。整体规划开发前乡村旅游品质较低、基础设施不完善、经营管理粗放、服务意识薄弱，难以形成持续的良性发展。在乌村项目启动前，村民住房多为自建，传统民居坍塌，建筑构架脆弱，霉变腐朽状况严重，建筑风格参差不一，污水排放、消防、电力等基础设施严重缺乏，配套不足，人居环境较差。

2. 措施

（1）在规划保护上，对传统乡村格局保持最大尊重。乌村的景观修复与保护遵循"修旧如旧""历史遗产再利用"的原则，保留村庄原有风貌。道路的建设用材保持原真，依据原有村道宽度建设，重新梳理民居前园菜地、藕塘、垂钓池等，整治淤塞的河道、田间小路，完整呈现出 20 世纪 60 至 70 年代江南村落的风貌。乌村对民居的修复，保持了原有民居的结构状态，利用回廊、天井、过道等元素将几幢民居连接在一起，形成一个组团,再用院落小景观和室内的主题元素诠释不同的组团概念。

(2)在景观修复上,功能分区动静分离、新旧融合。乌村基本保留原有民居,形成特色组团,板块功能以"静"为主,建筑以"修旧"和"补旧"为主;住宿板块的外围拓展区域形成休闲娱乐体验、美食中心等配套板块,板块功能以"动"为主,建筑以"新建"为主。这些新建区域的建筑和景观总体都与乌村固有的乡野自然风貌融合,浑然一体,达到视觉统一,建筑也成为乡村旅游的重要风景线。

(3)在业态开发上,变单一乡村观光游为深度乡村休闲度假游。乌村项目业态开发不再是单纯的乡村观光游,不以单纯扩大游客数量为目标,而强调二日游及多日游的深度体验度假旅游,发展度假经济。乌村的田园风光、运河文化、农耕文化及众多休闲娱乐体验和各色美食体验,以及垂钓、射箭、篝火晚会、民俗课堂、研学等多种娱乐项目,把单纯的"乡村一日游"变成"乡村深度游",摆脱门票经济,成功转型乡村休闲度假体验。

(4)在经营模式上,推出"一价全包"和首席礼宾官陪伴模式。乌村在经营上实行一价全包,它是集吃、住、行、游、购、娱于一体的一站式乡村休闲度假项目,在销售上实行一价全包,只需要一次付费,免除旅游途中多次付费的困扰,不带钱包轻松畅游乌村。乌村同时推出首席礼宾官,为游客提供面对面的近距离综合服务,与游客一起互动参与各项活动,带游客深入体验乌村乡村文化及休闲娱乐活动,变单一的"以我为主"的旅游观光体验为多角度的交互性多元体验。

3.成效

乌镇充分利用本地要素禀赋开发运营旅游项目,为当地农民创造就业机会,形成了可复制、可推广的典型经验做法。村里保留大量的农耕种植区域,农业从业者全部为乌村原住农民,景区的船工也多为当地渔民。目前乌镇景区已直接提供近4000个就业岗位,其中80%以上为乌镇本地人。对于青壮年,创造更多的就业机会、就业平台甚至是创业平台,能令其"回巢创业就业"。乌镇旅游直接和间接带动就业超过5万人,辐射带动其他村组的旅游发展,助力乌镇全域旅游的发展,积极推动了地方经济发展。

4.经验与启示

(1)创新行业模式。在乡村旅游开发中需要注重重构旅游资源、历史遗产、村民与企业关系,分步骤整治环境和改造民居,形成可持续的"旅游生产型"发展之路。同时深入分析乡村旅游的行业痛点,突破单一的农家乐,融合传统农耕文化与现代休闲体验,打造一站式和一价全包式田园旅居休闲体验,塑造品牌核心竞争优势。

(2)注重服务互动。服务创造价值,社交互动有利于复游。旅游是综合体验,乌村首席礼宾官是集导游和活动指导、参与等服务于一身的专业人员,带游客"入乡随俗",体验高质量旅游,更容易获得游客青睐,同时社交关系的建立让游客在离开之后依然有所"关联",从而实现复游。

5.下一步计划

(1)深度开发研学产品。围绕"双减"政策的实施,开发亲子俱乐部、研学等新产品。利用乌村人文、戏剧、互联网的环境，创新打造互联网、戏剧、国学类夏令营，提供丰富多彩、寓教于乐的活动。深挖乌村文化，通过传统文化的多样化呈现方式，吸引不同客群，将客群细分，提供定制化产品和特色服务。如将桃园的桃林、竹园的竹林等作为植物科普基地；将"米仓""磨坊""酒巷"组团作为农事文化体验点；在"渔家组团"展呈现养鱼、捕鱼等渔业文化；通过"知青年代组团"记录知识青年上山下乡的文化。

（2）深度拓展消费空间。乌村稻舍乡村度假酒店投入使用，乌村客房量提升至500间以上。在扩容增量的同时，乌村在客房、餐饮和康体等产品方面将为客人提供更多附加服务、品质服务和增值服务，并将通过提高产品性价比和市场竞争力来提高获客能力，进一步拓展乌村的消费空间。

（3）深度追赶互联网科技红利。乌村依托世界互联网大会永久会址落户乌镇的地缘优势，大力发展5G与虚拟现实技术，并将其运用于日常运营之中。提高数字智能应用水平，发展智慧旅游，创新发展基于5G、虚拟现实、人工智能等新一代技术的沉浸体验型文化和旅游消费内容，加速乡村旅游与科技、文化、艺术、时尚的深度融合，不断为游客带来全新消费体验，不断为股东创造更多的投资收益，不断为乡村振兴贡献力量。

（资料来源：2022世界旅游联盟——旅游助力乡村振兴案例，https://www.wta-web.org/chn）

任务一　分析旅游规划内涵

任务描述：本任务主要学习旅游规划的概念、对象、原则和目的，并对与旅游规划密切相关的旅游策划、旅游开发等工作，以及旅游系统、利益相关者、旅游效应等旅游规划理论进行解析。

任务目标：通过任务学习，掌握旅游规划的基本内涵，辨析旅游规划与旅游开发、旅游策划等相关活动的关系，理解旅游规划的理论价值和现实意义。

一、旅游规划的概念与对象

《朗文词典》中对"规划"一词的解释如下：制订或实施计划的过程，尤其是作为一个社会或经济单元（企业、社区等）确立目标、政策与程序的过程。由此可见，规划是为了达到某一目标而进行的构思、提案、实践的全过程。规划的核心目标可归纳为系统最优和持续发展。规划过程如图1-1所示。

国内外许多学者从不同侧面对旅游规划的内涵提出了自己的见解：

墨菲（Muphy,1985）认为，旅游规划是预测与调整旅游系统内的变化，以促进有秩序地开发，从而提升旅游发展所产生的社会、经济与环境效益。

盖茨（Getz,1987）认为，旅游规划是在调查与评价的基础上寻求旅游业对人类福利

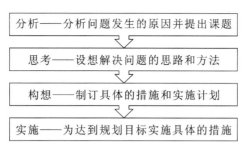

图 1-1　规划过程示意图

及环境质量的最优贡献的过程。

牟红(2015)认为,旅游规划是指对一定范围地域的旅游业在未来若干年内建设和发展的总体部署和策划,对旅游休闲资源、相关设施和服务,以及其他相关资源进行合理配置和使用,力求旅游休闲业经济、社会和环境效益实现最大化。

马勇、李玺等(2018)认为,旅游规划(tourism planning)是以调查评价为基础、以预测和管理为手段、以优化和持续发展为目的,在旅游系统发展现状调查评价的基础上,结合社会、经济和文化的发展趋势以及旅游系统的发展规律,以优化总体布局、完善功能结构以及推进旅游系统与社会持续发展为目标的战略设计和实施的过程。旅游规划既是对某一区域内未来旅游系统的发展目标和实现方法的整体部署过程,同时也是经政府相关部门批准后在该区域进行旅游开发、建设的依据。

旅游规划概念如图 1-2 所示。

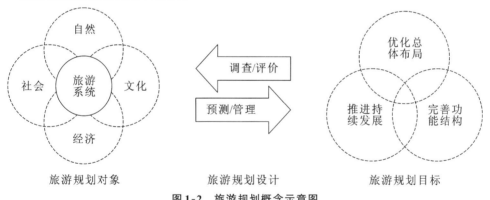

图 1-2　旅游规划概念示意图

旅游规划可以从动态和静态两个角度进行界定。动态的旅游规划是一种谋划性的脑力劳动,是对未来的旅游投资、开发、经营活动事前进行的战略性谋划、决策和计划活动;静态的旅游规划是脑力劳动的结果,是指编制完成的,具有长远性、战略性和一定强制性的旅游发展计划,通常表现为书面文本。

旅游规划是进行旅游开发管理、旅游开发建设的科学依据,也是指导旅游目的地科学开发符合市场需求的旅游产品,实现未来社会、经济和环境三大效益目标的蓝图。因此,旅游规划是一项复杂的活动,它既是一项经济活动,又是一项社会活动,还是一项文化活动。旅游规划活动是科学性和艺术性的高度融合,体现了很强的政策性。

旅游规划的对象涵盖了不同类型的旅游资源、不同管理范畴的旅游区（点）、不同尺度的旅游目的地以及不同特点的旅游产业。这些对象往往通过一定规模的旅游系统表现出来。

【思考讨论】旅游资源、旅游区（点）、旅游目的地和旅游产业各包括哪些要素？

知识卡片

旅 游 系 统

旅游系统（tourism system）是各种旅游事象的集合体，是通过旅游者的旅游活动使各组成要素相互联系、相互作用构成的一个有机整体，它具有实现旅游价值的整体功能。吴必虎、俞曦（2010）提出的旅游系统结构（见图1-3）包括客源市场系统、目的地系统、出行系统和支持系统四个部分。

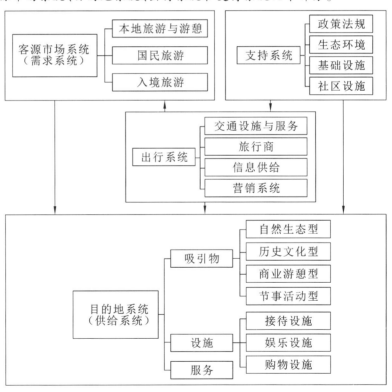

图1-3 旅游系统结构

知识卡片

旅 游 策 划

旅游策划是以旅游资源为基础，旅游相关团队或个人为了达到特定旅游发展目标,在综合调查分析相关信息的基础上,通过创造性思维,借助一定的科学、手段和技术,对旅游组织、旅游产品或旅游活动的整体战略和策略进行运筹规划,以实现资源、环境与市场的优化组合,推进旅游业发展目标的创造性过程。

旅游策划,最核心的就是解决旅游项目的核心吸引力和盈利模式,是依托创造性思维,整合旅游资源,实现资源、环境、交通与市场的优化组合,实现旅游业发展目标的创造过程。策划强调的是通过创造性思维,找出资源与市场间的核心关系,构建可采取的最优路径,形成可实施的明确方案。

旅游规划具有宏观化、概念化、全景式和展望式等特征,而旅游策划则具有微观化、数量化、特写式等特征。两者虽然分工不同,但都具备促进旅游业发展的重要意义。

在国际学术界和旅游业界,通常把旅游规划和旅游策划统称为"tourism plan"。

二、旅游规划的原则

(一)规范化与特色化相结合的原则

旅游规划编制要符合国家制定的相关法规和标准,以国家和地区社会经济发展战略为依据,以旅游业发展方针、政策及法规为基础,与城市总体规划、土地利用规划相适应,与其他规划相协调。特色是构成旅游产品核心竞争力的关键要素,也是在旅游规划制定和实行过程中的基本出发点,要在旅游规划中保证特色、实现差异化,就必须坚持创新的理念,避免简单重复及模仿雷同,打造真正有特色的旅游产品。

(二)实事求是与适度超前相结合的原则

旅游规划是社会发展总体规划的一部分,必须服从和适应社会发展的总体要求,与当地社会、经济、文化所能提供的实际情况相适应。旅游规划编制会受到各种各样因素的影响,在规划的编制过程中,如何排除干扰因素,做到实事求是,做出真实、客观的规划成为评判旅游规划质量的关键。同时,由于旅游业快速发展的特殊性,规划编制应具备一定的预见性和前瞻性,从而使旅游规划真正成为长远的、战略性的发展方案。

(三)资源依托与市场导向相结合的原则

旅游资源所具备的稀缺性和独特性是产生旅游吸引力的根本因素,是区域旅游业发展的根基。对区域旅游资源的数量、质量、分布状况和地域组合等要素进行深入分析,充分利用现实资源、挖掘潜在资源、突出特色资源对于旅游发展将会产生事半功倍的效果。当然,旅游规划的成果将最终面向旅游市场,符合市场发展规律、迎合市场消费行为的旅游产品和营销方式才能获得市场的认可和旅游者的青睐。

(四)效益兼顾与可持续发展相结合的原则

经济、社会、环境三大效益的协调发展是旅游规划的总体目标。突出经济效益、注重社会效益、强化环境效益是旅游规划编制时必须把握的重要原则。可持续发展作为一种不损耗自然与文化资源、不破坏环境而达到发展目标的重要方式,其精髓在于既满足当代人的需求,又不危及后代人的需求。旅游规划必须提供可持续发展的方案,因地制宜地协调人与自然的和谐关系,强调保护性开发,维护自然生态环境与社会文化环境的协调平衡,使开发与保护有机结合,贯彻严格保护、统一管理、合理开发、永续利用的基本原则。

【思考讨论】旅游规划与开发过程中的经济、社会和环境效益分别体现在哪些方面?

(五)宏观整体性与微观可操作性相结合的原则

旅游规划是国民经济与社会发展总体规划的一部分,旅游规划应在整体规划框架下统筹安排、有序进行,并与城乡规划、土地利用规划等局部规划相协调。同时,旅游活动所涉及的部门和行业众多,具有极强的综合性。旅游规划需要对旅游活动所涉及的所有流程和内容进行整合协调。在编制旅游规划时,应避免大量的理论探讨和概念阐释,而应注重方案的具体化和可操作性,规划编制过程中应始终考虑实现规划目标的具体措施和手段,活动计划和方案应当有具体步骤、具体目标和时间安排。

(六)利益相关原则

在旅游规划中,必须考虑所有利益相关者的利益,为他们提供参与讨论和决策的机会。在编制过程中,要尽量通过多途径征求各个利益相关者的意见和建议,让利益相关者参与旅游决策。

利益相关者

利益相关者(stakeholder)是指任何能影响组织目标实现或被该目标影响的群体或个人。旅游规划、目的地营销与品牌化、目的地管理、节事活动等研究中都引入了利益相关者理论,并以之为基础,对参与过程中的利益相关者识别、层次划分、参与水平、权力关系等专题进行了研究。各领域使用利益相关者理论的主要原因是,对公众而言,其参与公共事务本身就有时间、经济等方面的成本,因此,公众不会参与那些与自己利益无关或不重要的事务;对政府而言,准确界定利益相关者及其层次可避免因参与者过泛导致利益相关者众多而给公共管理带来不必要的复杂性。

旅游业发展的多载体并存、多行业共生和多目标交叉的特性导致旅游规划涉及来自不同行业和部门、代表不同领域利益的组织或群体。因此,在旅游规划过程中必须重视利益相关者的存在,明确这些利益相关主体的需求及其行为影响,协调不同利益相关者的利害关系,这样才能使旅游业有序、健康和持续地发展。旅游规划编制者可采用利益主体诉求调查、建立有效沟通机制和提高各主体参与度等方式进行利益协调。

【思考讨论】在进行旅游规划的过程中,我们需要关注哪些利益相关者?他们在区域旅游发展中的利益包括哪些内容?

三、旅游规划的目的

旅游规划是一套法定的规范程序,是对目的地或景区长期发展的综合平衡、战略指引与保护控制,从而使其实现有序发展的目标。

旅游规划的基本任务是确定发展目标,提高吸引力,综合平衡游历体系、支持体系和保障体系的关系,拓展旅游内容的广度与深度,优化旅游产品的结构,保护旅游赖以生存的生态环境,保证旅游地获得良好的效益并促进地方社会经济的发展。

旅游业发展规划具有很强的地域性和综合性,涉及地理条件,以及政治、经济、社会、文化等多方面因素,因此,旅游规划必须建立在详细实地考察的基础之上,全面分析规划区的自然、经济、社会及文化特点对旅游业发展的作用,从当地自然条件和社会经济发展的实际出发,分析存在的问题和潜力,按照发展的观点,将近期和远景相结合,提出规划方案。

旅游开发

旅游开发是指为提升旅游资源对游客的吸引力,使潜在旅游资源优势转化为现实的经济效益,并使旅游活动得以实现的技术经济行为。

旅游开发的实质是以旅游资源为"原材料",通过一定形式的挖掘、加工,达到满足旅游者的各种需求,实现资源经济、社会和生态价值的目的。旅游开发包括旅游资源的开发利用、旅游地的交通安排、旅游辅助设施的建设和旅游市场开拓等方面的内容。一般来说,旅游开发包括旅游资源的调查、旅游资源的评估,制定旅游规划和具体实施措施等几个步骤。

旅游规划的核心内容就是对旅游开发、建设过程的科学安排与部署,是旅游开发的蓝图。

【思考讨论】旅游规划与旅游开发的关系是什么?

知识卡片

旅游效应

旅游效应（tourist impact）又称为旅游影响，是指由旅游活动（包括旅游者活动和旅游产业活动）所引发的种种影响。它不仅包括对旅游活动主体本身的影响，也包括对其他利益者产生的超越活动主体范围的影响，而后者便是旅游活动的外部效应。

按照旅游效应的内容结构，可分为经济效应、环境效应和社会文化效应。旅游的经济效应是指旅游活动对国民经济产生的影响，如增加外汇收入、促进经济发展、调整产业结构、增加就业机会、改变投资环境等。旅游的环境效应是指旅游活动对环境产生的种种影响。旅游和环境之间是相当复杂、相辅相成的关系。旅游的社会文化效应是指旅游活动对旅游目的地社会结构、价值观念、生活方式、习俗民风和文化特征等方面的影响。

此外，按照旅游效应的社会价值的性质，可分为积极的旅游效应（正效应）和消极的旅游效应（负效应）；按照旅游效应的表现形式，可分为隐形效应和显露效应；按照旅游效应产生的时间，可分为即时效应和滞后效应；按照旅游效应的作用来源，可分为旅游者活动效应和旅游产业活动效应；按照旅游效应的作用范围，可分为内部效应和外部效应。

慎思笃行

首届世界旅游发展大会通过并正式对外发布《旅游促进发展北京宣言》

由中国政府和联合国世界旅游组织共同主办，中国国家旅游局和北京市人民政府共同承办的首届世界旅游发展大会于2016年5月19日在北京召开。此次大会通过了成果文件《北京宣言》。宣言紧扣旅游促进发展与和平这一主题，以促进旅游业可持续发展、有效落实联合国《2030年可持续发展议程》为主线，阐述各方共识和主张。

时任联合国世界旅游组织秘书长塔勒布·瑞法依表示，旅游业是增长最快的社会经济领域之一，目前占全球GPD总量约10%，就业的1/11和全球贸易的6%。旅游业能够激发经济增长活力、促进就业、吸引投资、提升当地人民生活质量、鼓励创业。鉴于旅游成为可持续发展的重要手段，《北京宣言》的通过恰逢其时。

《北京宣言》共分四个部分：第一部分回顾了国际社会近几十年来在旅游发展方面形成的重要共识和成果；第二部分总结了旅游业在促进全球经济社会发展和促进世界和平方面的重要作用；第三部分提出了推动世界旅游业发展的倡

议;第四部分强调了旅游业在落实《2030年可持续发展议程》、促进可持续发展、包容性发展方面所肩负的责任。

《北京宣言》承诺将积极发挥旅游业在推动实现2030年可持续发展议程以及各项可持续发展目标所在行动领域的作用,同时对旅游业作为促进发展与和平的重要手段给予应有的认可。此外,宣言还承诺进一步将可持续旅游纳入相关政策、举措、项目与研究,以促进旅游作为可持续发展和减贫工具的作用。

(资料来源:中国政府网,http://www.gov.cn/xinwen/2016-05/19/content_5074832.htm,2016-05-19)

阅读《北京宣言》,分析旅游业对全球经济、社会和环境等方面的影响,思考推动旅游业发展与全球可持续发展的关系。

任务二　梳理旅游规划流程

任务描述:本任务主要包括项目可行性研究和旅游规划编制程序两个环节。

任务目标:通过任务学习,理解项目可行性研究的意义和目的,掌握项目可行性研究的主要内容,绘制旅游规划编制流程图。

旅游规划是一项复杂的活动,其本身也需要合理的规划和管理。为规范旅游规划编制工作,提高我国旅游规划总体水平,达到旅游规划的科学性、前瞻性和可操作性,促进旅游业可持续发展,2003年国家质量监督检验检疫总局发布了《旅游规划通则》(GB/T 18971—2003),进一步明确了旅游区、旅游客源市场、旅游资源、旅游产品、旅游容量的定义,规定了旅游规划编制的原则、程序和内容以及评审的方式,提出了旅游规划编制人员和评审人员的组成和素质要求,是编制各级旅游发展规划及各类旅游区规划的规范性文件。

一、旅游规划项目可行性研究

(一)项目可行性研究的意义与目的

旅游规划可行性研究的重要意义在于为开发规划和投资决策提供科学依据,以提高项目决策的成功率,促进投资决策的科学化。

1. 可行性研究是制定开发建设规划的前提条件

只有经过客观而科学的分析论证,从资源、市场、效益等各方面得出规划可行性的结论,才能制定详细的开发建设规划,用以指导旅游开发和投资建设。如果经过分析论证得出不宜开发的结论,就可避免进一步的规划设计和资金投入,以减少支出,节省人力、物力和财力。

2. 可行性研究是拟建项目投资决策的依据

旅游规划可行性研究对拟开发旅游项目的建设目的、规模、市场需求、选址、综合效益(社会、经济、环境效益)等重大问题都要进行具体研究,并给出明确的评价和意见。通过这些分析和评价,鉴定该项目是否可行,从而为投资决策提供可靠的依据。

3. 可行性研究是筹措资金和向银行申请贷款的重要依据

投资旅游项目,其资金来源主要有国家投资、自筹资金和市场融资(包括银行贷款、利用外资、社会集资)等渠道,其中主要是向银行申请贷款来筹集所需资金。我国银行有明确规定:依据开发方提出的可行性研究报告,对贷款项目进行全面的分析评估后,才能确定是否给予贷款。世界银行等国际金融组织更是把可行性研究作为项目申请贷款的主要条件,只有在审查后,认为这个项目效益好、有偿还能力、不会承担很大风险时,才会同意贷款。

4. 可行性研究是向当地政府及旅游、环保等部门申请允许开发建设的依据

在可行性研究报告确认可行,并经投资部门和计划部门评审以后,还须经地方政府部门、旅游部门及环保部门审查,因此,可行性研究还应有这方面的论证。

5. 可行性研究是建设单位向有关部门签订协议或合同的依据

旅游项目从开始建设到开门迎客,需要各行各业的协作和支持。例如,在原材料、辅助材料、游乐设施、燃料,以及供电、供水、运输、通信等很多方面都需签订协议和合同,它们都是根据可行性研究来签订的。

投资旅游项目的主要目的是满足游客旅游需求,并获得尽可能高的经济效益。但影响经济效益的因素错综复杂,并且受客观规律的制约,是不以人的主观意志为转移的。因此,必须深入调查研究,广泛收集资料,进行客观、科学的分析评价,从技术、经济、历史价值、美学价值等方面实事求是地论证项目是否可行。这项工作就是旅游规划的可行性研究,其目的在于避免项目决策的失误,避免盲目开发,从而提高项目的综合效益。

(二)项目可行性研究内容

旅游规划项目可行性研究主要包括以下几个方面的内容。

1. 确定旅游规划的目的

旅游项目可行性研究的实质是考察一个旅游项目是否能够达到所预期的目的。因此,预期所能达到的目的是衡量旅游规划是否可行的一个基本指标。有些旅游规划是为了获取更高的经济效益,而忽略了社会效益和文化效益;有些旅游规划不完全是为了获取经济效益,更重要的是为了获取经济、社会、文化等方面的综合效益。因此,旅游规划可行性研究的首要步骤就必须明确该旅游规划的目的。

2.分析旅游资源状况及其特色

旅游资源是开展活动的基础,因而其赋存状况和特色将决定其开发的潜力。一般来说,旅游资源数量越多、种类越丰富,所具备的开发潜力就越大;旅游资源在空间上集中程度越高,开发后的影响力就越大;旅游资源所蕴含的文化底蕴越深厚,开发后对游客的吸引力就越大;旅游资源特色越明显,则资源开发后该地旅游业的竞争实力就越强。由此可以看到,对旅游资源的赋存状况及特色进行分析、评价,可以大致估算出资源开发后的效果,这为研究旅游规划与开发的可行性提供了一定的评价依据。

3.调查与预测旅游资源开发的市场前景

旅游规划的最终目的是获取经济利益,而经济利益的实现必须发生在市场中。因此,分析一个旅游资源的开发是否可行,要就其相应的旅游市场进行调查、分析,看旅游规划与开发所预期的利益与市场发展规律、市场容量是否一致,并预测实施旅游规划与开发后市场对其产品和服务的需求量,以确定旅游规划项目的规模、开发程度和提供的产品、服务。

4.研究旅游规划的投资环境、建设环境

旅游规划要研究宏观经济状况、金融市场的开放性、融资成本和利率水平的高低、政府对旅游规划是否有指导性的优惠政策等投资条件,旅游资源所处的地理位置、气象、水文、地质、地形等自然条件,以及旅游地的交通运输状况、供水、供电、供热、供气等市政基础设施建设条件。投资环境、建设环境越优越,旅游开发成本就相应越低,那么,旅游规划目标的实现,即资源开发的可行性也就越高。

5.研究旅游规划的周期、内容、建设的标准、主要设施的布局

旅游规划可以是一次性进行,也可以是分批分段进行,这取决于旅游资源状况和开发规模大小。一般说来,旅游资源的开发要分段进行,这样做的目的在于可以对建设和营业后所出现的问题进行分析,从而便于对可行性分析加以调整,使之更加符合现实情况。通常,旅游地会先兴建一些示范性质的启动项目,这些均为旅游资源的初步开发所必需的服务项目,然后继续兴建一些投资额更大、功能更强的旅游项目,最终完成旅游资源的完全开发。旅游规划的内容、建设的标准及主要设施的布局需要经过慎重讨论,论证后再予通过。

6.研究旅游规划过程中所需的资金数额及其来源和筹措方式

旅游业中的不同部门资金的需求量是不同的,对旅游业中不同部门的就业-资本指数和就业-产出指数加以分析可知,旅游业中的酒店、旅行社等部门是资本密集型的行业,因为提供的服务需要以一定的物质条件为基础才能实现。

7.确定旅游规划的人力资源、原材料以及其他资源的来源

人是生产力中最主要的因素,因此旅游规划要有一定的人力资源作为旅游业正常

运作的保障。因为旅游业是服务性行业,所以旅游业所需人力资源是具有一定职业素养,接受过专业学习的专业从业人员。在进行旅游规划可行性研究时,要对所需的旅游人力资源的供应情况和提供服务过程中所必需的原材料及辅助设施供应情况加以评估,以保证旅游企业的正常运营。

8.研究旅游规划环境、周围地区的作用和影响以及所应采取的相应措施

通过研究旅游规划环境、对周围地区的作用和影响以及所应采取的相应措施,来充分发挥旅游规划与开发所带来的积极作用,抑制和消除旅游规划与开发所造成的负面影响。

旅游业虽然对旅游资源的开发属于一种保护性的开发,但在追求利益的过程中,难免会出现一定的盲目性,对生态环境及社会造成一定的不良影响。所以,在进行可行性分析时,要充分考虑旅游规划与开发对周围环境的影响,以免造成资源的破坏。

9.研究旅游规划的投资效果

综合开发后旅游业运营过程中的经济效益、社会效益和环境效益,以及投入资金、贷款的偿还方式和期限,给出开发项目可行或不可行的结论。

10.编写可行性研究报告

可行性研究报告是旅游规划可行性分析的主要成果形式,同时也是地方旅游主管部门对旅游规划项目进行立项审批的必要文件。在可行性研究报告中,编制者应对旅游规划项目的背景条件、发展目标、市场预测、风险因素及财务情况等内容进行系统说明。

旅游规划可行性研究的过程与上述内容的顺序大体一致,只是可行性研究的工作不是一次性完成的,因其涉及面非常广、相关的科学理论非常复杂,所以必须反复多次地向专家学者征询意见以及在现实中模拟检验,通过反馈信息对旅游资源的开发可行性评价进行修正,最后得出的结论才具有科学性和准确性。

二、旅游规划的编制程序

《旅游规划通则》(GB/T 18971—2003)把旅游规划的编制程序分为任务确定阶段、前期准备阶段、规划编制阶段、征求意见阶段、规划评审阶段、规划报批阶段、规划修编阶段(见图1-4)。

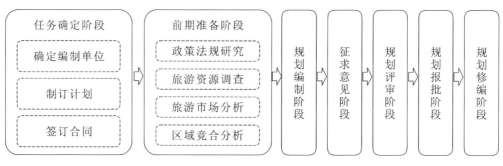

图1-4 旅游规划的编制程序示意图

（一）任务确定阶段

1. 委托方确定编制单位

委托方应根据国家旅游行政主管部门对旅游规划设计单位资质认定的有关规定确定旅游规划编制单位。确定编制单位的形式通常有公开招标、邀请招标、直接委托等。公开招标，委托方以招标公告的方式邀请不特定的旅游规划设计单位投标；邀请招标，委托方以投标邀请书的方式邀请特定的旅游规划设计单位投标；直接委托，委托方直接委托某一特定规划设计单位进行旅游规划的编制工作。

2. 制订项目计划书并签订旅游规划编制合同

委托方应制订项目计划书并与规划编制单位签订旅游规划编制合同。合同中应明确规定规划名称、双方的权利义务、规划期限、违约责任等。从签订规划委托书或合同书之日起，就进入了旅游规划的正式编制阶段。

（二）前期准备阶段

1. 政策法规研究

对国家和本地区旅游及相关政策、法规进行系统研究，全面评估规划所需要的社会、经济、文化、环境及政府行为等方面的条件。

2. 旅游资源调查

对规划区内旅游资源的类别、品位进行全面调查，编制规划区内旅游资源分类明细表，绘制旅游资源分析图，具备条件时可根据需要建立旅游资源数据库，确定其旅游容量，调查方法可参照《旅游资源分类、调查与评价》（GB/T 18972—2017）。

3. 旅游市场分析

在对规划区的旅游者数量和结构、地理和季节性分布、旅游方式、旅游目的、旅游偏好、停留时间、消费水平进行全面调查分析的基础上，研究并提出规划区旅游客源市场未来的总量、结构和水平。

4. 区域竞合分析

对规划区旅游业发展进行竞争性分析，确立规划区在交通可进入性、基础设施、景点现状、服务设施、广告宣传等各方面的区域比较优势，综合分析和评价各种制约因素及机遇。

（三）规划编制阶段

旅游规划编制阶段主要包括以下工作任务：①规划区主题确定。在前期准备工作的基础上，确立规划区旅游主题，包括主要功能、主打产品和主题形象。②确立规划分期及各分期目标。③提出旅游产品及设施的开发思路和空间布局。④确立重点旅游开发项目，确定投资规模，进行经济、社会和环境评价。⑤形成规划区的旅游发展战略，提出规划实施的措施、方案和步骤，包括政策支持、经营管理体制、宣传促销、融资方式、教育培训等。⑥撰写规划文本、说明和附件的草案，以及完成旅游规划图集。

(四)征求意见阶段

规划草案形成后,原则上应广泛征求各方意见,并在此基础上,对规划草案进行修改、充实和完善,形成送审稿。

【思考讨论】旅游规划基本编制完成后,应向哪些部门和人员征求意见?

(五)规划评审阶段

旅游规划文本、图件和附件的草案完成后,由规划委托方提出申请,上一级旅游行政主管部门组织由经济分析专家、市场开发专家、旅游资源专家等组成的评审组采用会议审查方式,围绕规划内容进行审议,评审意见形成文字性结论,并由评审小组全体成员签字。

(六)规划报批阶段

旅游规划文本、图件及附件,经规划评审会议讨论通过并根据评审意见修改后,由委托方按有关规定程序报批实施。

(七)规划修编阶段

在规划执行过程中,要根据市场环境等各个方面的变化对规划进行进一步的修订和完善。旅游规划的修编应在评价上一轮旅游规划的基础上,系统分析外在环境和内在条件的变化,评估这些变化对旅游发展的影响,有重点地对旅游规划进行修订。

旅游规划质量控制

旅游规划为旅游目的地开发提供方向指引,规划质量决定了其指引方向的正确性。随着政府对旅游业的高度关注,编制旅游规划的需求日渐高涨,从事旅游规划工作的群体也快速扩张。面对庞大的旅游规划市场,旅游规划的质量控制成为业界关注的问题。从保证旅游规划质量的角度出发,应该建立和完善规划编制人员的资质认定办法,在评审和报批环节要借助科学的方法实现对旅游规划的客观评价,还应从规划编制的动机及规划后期的实施等方面加以控制。

旅游规划是以调查评价为基础、以预测和管理为手段、以优化和持续发展为目的,在旅游系统发展现状调查评价的基础上,结合社会、经济和文化的发展趋势以及旅游系统的发展规律,以优化总体布局、完善功能结构以及推动旅游系统与社会持续发展为目标的战略设计和实施的过程。

微课链接
旅游规划流程

旅游规划的原则主要包括：规范化与特色化相结合的原则，实事求是与适度超前相结合的原则，资源依托与市场导向相结合的原则，效益兼顾与可持续发展相结合的原则，宏观整体性与微观可操作性相结合的原则，利益相关原则。

项目小结

旅游规划项目可行性研究内容主要包括：确定旅游规划的目的，分析旅游资源状况及其特色，调查旅游资源开发的市场情况，研究旅游规划的投资环境、建设环境，研究旅游规划的周期、内容、建设的标准、主要设施的布局，研究旅游规划过程中所需的资金数额及其来源和筹措方式，确定旅游规划的人力资源、原材料及其他资源的来源，研究旅游规划环境、周围地区的作用和影响以及所应采取的相应措施，研究旅游规划的投资效果，编写可行性研究报告。

旅游规划的编制程序主要包括任务确定阶段、前期准备阶段、规划编制阶段、征求意见阶段、规划评审阶段、规划报批阶段、规划修编阶段。

项目训练

一、知识训练

1. 简述旅游规划与旅游策划的主要区别。
2. 简述旅游规划的原则。
3. 简述旅游开发的内涵。
4. 请简要罗列旅游规划的编制程序。
5. 请简要罗列规划编制阶段主要工作任务。

二、能力训练

1. 假设某个投资主体拟在一条河的上游山谷中修建一个水库形成人工湖，成为当地发展观光旅游的基础和经济收入的来源，那么该水库的建设将造成哪些社会、经济和环境影响？

2. 假设某开发商计划把城市近郊一间废弃的工厂开发为供市民和游客休闲消费的文创园区，在旅游规划编制的不同阶段，规划编制人员需要特别注意哪些工作环节？

在线答题

项目测试一

项目二
辨析旅游规划类型

 项目概述

　　为加强旅游规划编制工作的技术规范与报批管理,2003年我国颁布了《旅游规划通则》(GB/T 18971—2003)。《旅游规划通则》从概念上进一步明确了旅游区、旅游资源、旅游客源市场、旅游产品及旅游容量的定义,划分了旅游规划的类型,在内容上规定了旅游规划编制的基本原则、程序、内容及成果要求,以及规划评审的方式,并对旅游规划编制人员和评审人员的组成和素质提出了要求,是编制各级旅游发展规划和各类旅游区规划的规范性文件,也是我国旅游规划设计行业较为系统的指导性法规。

 学习目标

知识目标
1. 掌握旅游规划类型的基础体系。
2. 掌握旅游规划类型的基本概念。
3. 理解旅游规划的多规合一。

能力目标
1. 能够理解《旅游规划通则》的旅游规划类型要求。
2. 能够辨析旅游规划的不同类别形式。
3. 能够对不同类型的规划编制进行具体实践。

素质目标
1. 强化旅游规划编制技术规范意识。
2. 树立旅游规划编制的质量意识。

知识导图

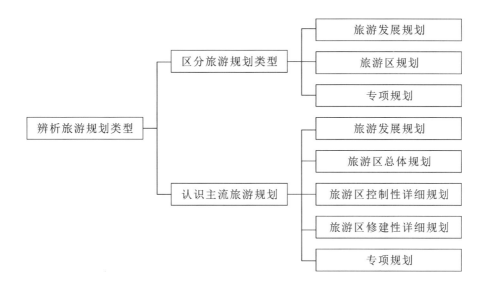

案例导入

东北地区旅游业发展规划（目录示例）

一、发展背景

二、总体要求

三、推动形成旅游业发展新格局

四、打造互联互通的旅游交通网络

五、构建科学保护利用体系

六、加强优质旅游产品供给

七、推进"+旅游"融合发展

八、培育特色旅游产业集群

九、构建旅游消费体系

十、深化区域协同发展

十一、创新旅游营销体系

十二、拓展旅游开放合作新空间

十三、规划实施保障

案例分析

任务一 区分旅游规划类型

任务描述：在旅游规划编制前，需要掌握不同类型旅游规划的概念和主要内容，本任务主要学习旅游规划类型概述、明晰旅游发展规划、旅游区规划、专项规划等主要旅游规划类型的编制体系。

任务目标：通过任务学习，掌握旅游发展规划类型的编制依据，掌握旅游发展规划、旅游区规划和专项规划的概念区分，清楚旅游规划编制的类型和相关知识。

旅游规划是一项复杂的活动，其本身也需要合理的规划和管理。为规范旅游规划编制工作，提高我国旅游规划总体水平，促进旅游业可持续发展，《旅游规划通则》（GB/T 18971—2003）规定了旅游规划的类型，是编制各级旅游发展规划及各类旅游区规划的规范性文件。

根据我国各地旅游规划编制和实施的实际情况，兼顾旅游规划编制技术群体的优势整合和规划的可操作性，旅游规划可分为旅游发展规划、旅游区规划和专项规划三种类型。

一、旅游发展规划

旅游发展规划是根据旅游业的历史、现状和市场要素的变化所制定的目标体系，以及为实现目标体系在特定发展条件下对旅游发展的要素所做的安排。

按规划的范围和政府管理层次，旅游发展规划分为全国旅游业发展规划、区域旅游业发展规划和地方旅游业发展规划。地方旅游业发展规划又可分为省级旅游业发展规划、地市级旅游业发展规划和县级旅游业发展规划等。

二、旅游区规划

旅游区规划是指为了保护、开发、利用和经营管理旅游区，使其发挥多种功能和作用而进行的各项旅游要素的统筹部署和具体安排。按规划层次，它分为旅游区总体规划、旅游区控制性详细规划、旅游区修建性详细规划等。

（一）旅游区总体规划

旅游区总体规划是从宏观远景层面对旅游区未来的各项旅游要素的统筹部署及安排，其任务是分析旅游区客源市场，确定旅游区的主题形象，划定旅游区的用地范围及空间布局，安排旅游区基础设施建设内容，提出开发措施。旅游区总体规划的期限一般为10—20年，同时可根据需要对旅游区的远景发展做出轮廓性的规划安排。对于旅游区近期的发展布局和主要建设项目，亦应做出近期规划，期限一般为3—5年。

（二）旅游区控制性详细规划

在旅游区总体规划的指导下，为了近期建设的需要，可编制旅游区控制性详细规划。旅游区控制性详细规划的任务是，以总体规划为依据，详细规定区内建设用地的各项控制指标和其他规划管理要求，为区内一切开发建设活动提供指导。

旅游区控制性详细规划的主要内容：详细划定所规划范围内各类不同性质用地的界线。规定各类用地内适建、不适建或者有条件地允许建设的建筑类型；规划分地块，规定建筑高度、建筑密度、容积率、绿地率等控制指标，并根据各类用地的性质增加其他必要的控制指标；规定交通出入口方位、停车泊位、建筑后退红线、建筑间距等要求；提出对各地块的建筑体量、尺度、色彩、风格等要求；确定各级道路的红线位置、控制点坐标和标高。

游区控制性详细规划的成果要求：规划文本；图件，包括旅游区综合现状图、各地块的控制性详细规划图、各项工程管线规划图等；附件，包括规划说明书及基础资料；图纸比例一般为 1:1000—1:2000。

（三）旅游区修建性详细规划

对于旅游区当前要建设的地段，应编制修建性详细规划。旅游区修建性详细规划的任务是，在总体规划或控制性详细规划的基础上，进一步深化和细化，用以指导各项建筑和工程设施的设计和施工。

旅游区修建性详细规划的主要内容：综合现状与建设条件分析；用地布局；景观系统规划设计；道路交通系统规划设计；绿地系统规划设计；旅游服务设施及附属设施系统规划设计；工程管线系统规划设计；竖向规划设计；环境保护和环境卫生系统规划设计。

旅游区修建性详细规划的成果要求：规划设计说明书；图件，包括综合现状图、修建性详细规划总图、道路及绿地系统规划设计图、工程管网综合规划设计图、竖向规划设计图、鸟瞰或透视等效果图等；图纸比例一般为 1:500—1:2000。

三、专项规划

旅游区可根据实际需要，编制旅游项目开发规划、旅游线路规划、旅游地建设规划、旅游投融资规划、旅游营销规划、旅游区保护规划、旅游服务设施规划等专项规划。

（一）旅游项目开发规划

旅游项目开发规划是针对旅游地或旅游区内某个具体项目的开发建设而开展的前期规划，目的是论证项目开发的可行性及合理性，保证项目开发建设顺利进行。

旅游项目开发规划的编制可参照旅游区总体规划和控制性详细规划的基本要求，重点突出项目开发的可行性和必要性分析，加强客源市场的分析与预测，并根据旅游开发项目的建设需要适当强化规划图纸和规划深度。

(二)旅游线路规划

旅游线路规划是综合考虑区内交通、景点、设施,以及游客需求而设计的规划。

旅游线路规划的编制,应在对所在地及周边区域的旅游业发展和景点建设情况进行研究分析的基础上,重点加强客源市场结构分析,并结合线路踩点踏勘,提出合理可行的旅游线路开拓策略。

(三)旅游地建设规划

旅游地建设规划是为保证旅游地开发建设科学有序地进行,针对旅游地开发建设的整体布局、统筹安排的规划。

旅游地建设规划的编制可参照旅游区控制性详细规划和修建性详细规划的基本要求,适当增加旅游区总体规划所要求的资源评价、客源市场分析及投资效益分析等部分内容,并根据旅游开发建设的实际需要强化规划图纸和规划深度。

(四)旅游投融资规划

旅游投融资规划是立足项目地投资环境,对项目可行性及投资效益进行分析,进而提出旅游项目招商方案及措施的规划。

旅游投融资规划的编制,应在对项目所在地及其周边区域的投资环境进行比较分析的基础上,重点突出项目开发的可行性和必要性分析以及投资效益分析,适当加强客源市场分析与预测,最终提出投融资项目的招商方案和配套政策措施等内容。

(五)旅游营销规划

旅游营销规划是基于客源市场需求情况提出专门的市场营销策略和方案的专项规划,目的是提升旅游区或项目的知名度,塑造旅游品牌形象,吸引更多的游客前来。

旅游营销规划的编制,应重点突出客源市场分析与预测,根据目标细分客源市场特征及发展潜力,提出针对性强的市场营销策略和具体营销方案。

(六)旅游区保护规划

旅游区保护规划是为了更好地保护、开发和利用旅游区内的自然生态环境和资源以及历史人文古迹而制定的专项保护规划。

旅游区保护规划的编制,可参照旅游区总体规划的基本内容要求,重点加强对旅游资源开发利用现状和环境容量的分析,划分重点保护范围和对象,提出切实可行的保护措施,同时,应加强对区内旅游资源单体的保护。

(七)旅游服务设施规划

旅游服务设施规划是为了保证或提高当地的旅游接待水平,合理配置当地餐饮、住宿、购物、交通等旅游配套服务设施的规划。

旅游规划
的类型

旅游服务设施规划的编制,应在对本区域的酒店、餐厅等旅游接待服务设施的经营现状全面了解和分析的基础上,结合市场需求情况分析,合理确定旅游服务设施的总量、结构、布局及建设时序安排。

知识卡片

多规合一

国土空间规划是国家空间发展的指南、可持续发展的空间蓝图,是各类开发保护建设活动的基本依据。建立国土空间规划体系并监督实施,将主体功能区规划、土地利用规划、城乡规划等空间规划融合为统一的国土空间规划,实现"多规合一",强化国土空间规划对各专项规划的指导约束作用,是党中央、国务院作出的重大部署。

2022年9月19日,在中共中央宣传部举行的"中国这十年"系列主题新闻发布会上,自然资源部副部长庄少勤表示:《关于建立国土空间规划体系并监督实施的若干意见》是党中央、国务院推进"多规合一"的总体设计和整体部署,文件明确要将主体功能区规划、土地利用规划和城乡规划等空间规划融合为统一的国土空间规划。我们统筹推进编制审批、实施监督、法规政策和技术标准四个子体系建设,"多规合一"国土空间规划体系总体形成。

国土空间规划包括五级三类,继承了原来土地利用总体规划和城乡规划的一些特点。五级指国家、省、市、县、乡的行政层级。类型包括总体规划、详细规划和专项规划。目前,在总体规划方面,全国的国土空间规划纲要已经编制完成。这个纲要是以"三区三线"为基础的,三类控制线范围所占的面积虽然不到整个陆域国土面积的50%,但是它确定了整个国土空间布局的骨架和基础。通过"三区三线"划定,为保障我国的粮食安全、生态安全、能源安全,促进城乡可持续发展,提供了基础保障。在划定"三线"的时候,体现耕地保护优先,先划耕地保护红线、生态保护红线,再划城镇开发边界,倒逼土地节约集约利用,促进经济社会绿色转型。通过在国土空间规划"一张图"上来协调各类专项规划的空间需求,真正落实"多规合一",同时也促进了空间治理的数字化转型。纲要对推动"多规合一"改革具有十分重要的标志性意义。与此同时,地方的国土空间规划,特别是市以上的国土空间规划,目前都已经形成了阶段性成果。

在详细规划层面,改革打破了原来城乡分割的局面,在做好原来的城乡规划和土地利用规划一致性处理的情况下,在城区范围可以修编控制性详细规划,作为引导城市更新、进行各类建设的依据。在农村地区,可以编制村庄规划,这也是详细规划的一种。

在专项规划层面,实际是两个层面,在国家和区域层面,由专业部门牵头编制,经过国土空间规划统筹后,纳入国土空间规划"一张图",保障专项规划的落地实施。在市、县层面,根据《中华人民共和国城乡规划法》,有关专项规划是总体规划的组成部分,所以是由自然资源部门会同相关部门,结合总体规划来同步推进,最后也要落到国土空间规划"一张图",来保证它的合法性和可实施性。

(资料来源:i自然全媒体《深入推动落实"多规合一"》,2022-09-20)

慎思笃行
旅游特色小镇"多规合一"规划实践案例

广东韶关主田镇的旅游特色小镇规划集小镇规划、地质公园规划、土地利用规划、旅游规划于一体,体现了"多规合一"。因为主田镇位于恐龙遗址保护区内,涉及自然遗产传承的要求,也面临恐龙地质公园保护规划协调问题。主田镇的恐龙遗址以白垩纪时期为主,规划结合镇区新增旅游用地,设计了白垩纪恐龙文化体验园、白垩纪主题度假酒店等特色旅游项目,体验园承担了地质公园的科普宣教功能,主题度假酒店补充了旅游小镇的旅游服务功能,同时赋予了小镇独特性。这就是小镇规划"多规合一"的具体体现,将白垩纪作为特色IP,通过恐龙主题塑造特色风貌,补充保护规划中对科普宣教的要求,形成旅游吸引物。

另外,主田镇除镇区外,周边都是基本农田,规划通过保留其中的一个村的客家民居,把这个片区改造成客家民宿,既保留了客家传统风貌,又传承了客家村落文化,同时还解决了旅游服务设施不足的问题。这个特色小镇的规划体现了遗产保护、风貌保护、基本农田保护等多种要求,是"多规合一"在特色小镇中运用的典型案例。

知行合一

收集案例地社会经济发展规划相关资料,分析案例地在制定旅游特色小镇规划的时候实现了哪些类别的规划的统筹安排。

任务二 认识主流旅游规划

任务描述: 本任务主要学习旅游发展规划、旅游区总体规划、旅游区控制性详细规划、专项规划的概念及其编制的主要内容。

任务目标: 通过任务学习,掌握旅游发展规划、旅游区总体规划、旅游区控制性详细规划的主要内容,能够梳理旅游发展规划、旅游区总体规划、旅游区控制性详细规划的编制体例。

一、旅游发展规划

（一）旅游发展规划概述

依据《旅游规划通则》(GB/T 18971—2003)中的定义,旅游发展规划是根据旅游业的历史、现状和市场要素的变化所制定的目标体系,以及为实现目标体系在特定的发展条件下对旅游发展的要素所做的安排。

按规划的范围和政府管理层次,它可分为全国旅游业发展规划、区域旅游业发展规划和地方旅游业发展规划。地方旅游业发展规划又可分为省级旅游业发展规划、地市级旅游业发展规划和县市级旅游业发展规划(见图2-1)。

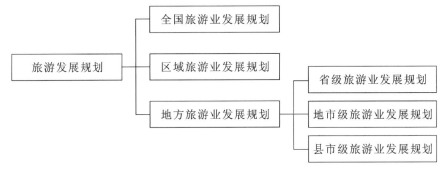

图 2-1　旅游发展规划分类

按时间尺度,旅游发展规划包括近期发展规划(3—5年)、中期发展规划(5—10年)、远期发展规划(10—20年)。

（二）旅游发展规划的主要任务

明确旅游业在国民经济和社会发展中的地位与作用,提出旅游业发展目标,优化旅游业发展的要素结构与空间布局,安排旅游业发展优先项目,促进旅游业持续、健康、稳定发展。

（三）旅游发展规划的主要内容

(1)全面分析规划区旅游业发展历史与现状、优势与制约因素,以及与相关规划的衔接。

(2)分析规划区的客源市场需求总量、地域结构、消费结构及其他结构,预测规划期内客源市场需求总量、地域结构、消费结构及其他结构。

(3)提出规划区的旅游主题形象和发展战略。

(4)提出旅游业发展目标及其依据。

(5)明确旅游产品开发的方向、特色与主要内容。

(6)提出旅游发展重点项目,对其空间及时序做出安排。

拓展阅读

旅游发展规划的主要编写内容

微课链接

旅游发展规划的主要任务与内容

(7)提出要素结构、空间布局、供给要素的原则和办法。

(8)按照可持续发展原则,注重保护开发利用的关系,提出合理的措施。

(9)提出规划实施的保障措施。

(10)对规划实施的总体投资分析。

(四)旅游发展规划的成果

旅游发展规划的成果包括规划文本、规划图表及附件。

规划文本是旅游规划的主要成果形式,是对规划成果的一种简洁明了的说明。旅游规划文本仅仅给出研究的结论和最终数据,一般不进行解释和背景介绍。文本是规定性语言的条款,内容提纲挈领,思路明晰,文字简洁,用语规范,着重讲清是什么、做什么,不必阐述为什么。

规划图表是旅游发展规划成果的重要部分,经审批后,与规划文本具有同等效力。规划图表包括区位分析图、旅游资源分析图、旅游客源市场分析图、旅游业发展目标图表、旅游产业发展规划图等。

附件包括规划说明和基础资料等。这些材料主要围绕规划文本的内容进行必要的说明和论证,其中,说明书和基础资料是大多数规划必不可少的附件。旅游规划说明书主要是对规划文本各项条款的阐释、说明和补充,基础资料主要包括旅游资源调查、评价汇编、旅游客源市场调查(抽样调查资料和分析结果)等。

知识卡片
Zhishi Kapian

SWOT分析法

SWOT分析法是哈佛大学商学院的安德鲁斯(Andrews)在20世纪60年代提出的。其中S(strength)表示优势,W(weakness)表示劣势,O(opportunity)代表机会,T(threat)代表威胁(有的称为挑战)。S和W主要分析企业内部条件,着眼于企业的自身实力与竞争对手的比较;O和T主要分析企业发展的外部条件,强调外部环境的变化及其对企业可能产生的影响。在区域旅游规划中,S和W代表区域旅游发展的内部条件,O和T代表区域旅游发展所面临的外部环境。将SWOT分析法应用于区域旅游规划,就是通过对区域旅游内部条件和外部环境的全面分析,制定区域旅游发展战略。

【思考讨论】SWOT分析法在区域旅游规划中的哪些情况下适用,主要用于分析哪些问题,还存在怎样的分析缺陷?

二、旅游区总体规划

(一)旅游区总体规划概述

《旅游规划通则》将旅游区(tourism area)界定为,以旅游及其相关活动为主要功能或主要功能之一的空间或地域。《旅游区(点)质量等级的划分与评定》(GB/T 17775—2003)将旅游区界定为,具有参观游览、休闲度假、康乐健身等功能,具备相应旅游服务设施并提供相应旅游服务的独立管理区。我国的旅游区包括风景区、文博院馆、寺庙观堂、旅游度假区、自然保护区、主题公园、森林公园、地质公园、游乐园、动物园、植物园等。

《旅游规划通则》中规定,旅游区规划是指为了保护、开发、利用和经营管理旅游区,使其发挥多种功能和作用而进行的各项旅游要素的统筹部署和具体安排。

旅游区规划按规划层次,可分为旅游区总体规划、旅游区控制性详细规划、旅游区修建性详细规划。其分类是由宏观到微观、由浅到深、由抽象到具体、由概念到表象的过程,不同层次的旅游规划要解决的问题不一样。

旅游区在开发、建设之前,原则上应当编制旅游区总体规划。旅游区总体规划的期限一般为10—20年,同时可根据需要对旅游区的远景发展做出轮廓性的规划安排。对于旅游区近期的发展布局和主要建设项目,亦应做出近期规划,期限一般为3—5年。小型旅游区可直接编制控制性详细规划。

(二)旅游区总体规划的任务

旅游区总体规划的任务,是分析旅游区客源市场,确定旅游区的主题形象,划定旅游区的用地范围及空间布局,安排旅游区基础设施建设内容,提出开发措施。

(三)旅游区总体规划的主要内容

(1)对旅游区的客源市场的需求总量、地域结构、消费结构等进行全面分析与预测。

(2)界定旅游区范围,进行现状调查和分析,对旅游资源进行科学评价。

(3)确定旅游区的性质和主题形象。

(4)确定规划旅游区的功能分区和土地利用,提出规划期内的旅游容量。

(5)规划旅游区的对外交通系统的布局和主要交通设施的规模、位置;规划旅游区内部的其他道路系统的走向、断面和交叉形式。

(6)规划旅游区的景观系统和绿地系统的总体布局。

(7)规划旅游区其他基础设施、服务设施和附属设施的总体布局。

(8)规划旅游区的防灾系统和安全系统的总体布局。

(9)研究并确定旅游区资源的保护范围和保护措施。

(10)规划旅游区的环境卫生系统布局,提出防止和治理污染的措施。

(11)提出旅游区近期建设规划,进行重点项目策划。
(12)提出总体规划的实施步骤、措施和方法,以及规划、建设、运营中的管理意见。
(13)对旅游区开发建设进行总体投资分析。

(四)旅游区总体规划的成果形式

旅游区总体规划的成果形式包括文本、图件和附件。

旅游区总体规划的文本与旅游发展规划的文本在使用效力、撰写要求上基本一致。

旅游区总体规划一般需要提供旅游区区位图、综合现状图、旅游市场分析图、旅游资源评价图、总体规划图、道路交通规划图、功能分区图、近期建设规划图等。

旅游区总体规划的附件包括规划说明和其他基础资料等。

知识卡片

旅游容量

世界旅游组织给出了旅游容量的定义:在满足游客高水平体验以及没有对旅游地资源产生影响的情况下,旅游地游客水平。旅游容量亦称旅游承载力、旅游环境容量等。保继刚和楚义芳认为旅游容量是在满足游人的最低游览要求(心理感应气氛)和达到保护风景区的环境质量要求时,风景区所能容纳的游客量。此外,李天元也将旅游容量的定义落脚在游客量上,考虑到旅游容量研究既要满足游客的最低游览要求,又要保护旅游地或是风景区的环境质量。《旅游规划通则》(GB/T 18971—2003)中规定,旅游容量是指在可持续发展前提下,旅游区在某一时间段内,其自然环境、人工环境和社会经济环境所能承受的旅游及其相关活动在规模和强度上极限值的最小值。

【思考讨论】你认为编制旅游规划中是否应该考虑旅游容量,有何意义?

三、旅游区控制性详细规划

(一)旅游区控制性详细规划的概念

旅游区详细规划包括旅游区控制性详细规划和修建性详细规划。在旅游区总体规划的指导下,为了近期建设的需要,可编制旅游区控制性详细规划。控制性详细规划要详细到各项建设指标的确定,包括发展目标的进一步细分;发展战略和策略的具体操作计划和方案;各项接待服务设施的占地面积、建筑面积和内部功能;各项基础设施的具体指标,如给排水的管线、供电设备的负荷、道路的路面结构和具体宽度等;绿化的树种和栽培方式;资源和环境的保护对象和指标要求等。

(二)旅游区控制性详细规划的任务

旅游区控制性详细规划以总体规划为依据,详细规定区内建设用地的各项控制指标和其他规划管理要求,为区内一切开发建设活动提供指导。

(三)旅游区控制性详细规划的主要内容

(1)详细划定所规划范围内各类不同性质用地的界线。规定各类用地内适建、不适建或者有条件地允许建设的建筑类型。

(2)规划分地块规定建筑高度、建筑密度、容积率、绿地率等控制指标,并根据各类用地的性质增加其他必要的控制指标。

$$建筑密度 = \frac{建筑物占地面积 + 构筑物占地面积 + 堆场占地面积}{项目总占地面积} \times 100\%$$

$$容积率 = \frac{项目总建筑面积}{项目总用地面积}$$

$$绿地率 = \frac{各类结汇地面积总和}{项目区用地面积}$$

(3)规定交通出入口方位、停车泊位、建筑后退红线、建筑间距等要求。

(4)提出对各地块的建筑体量、尺度、色彩、风格等要求。

(5)确定各级道路的红线位置、控制点坐标和标高。

(四)旅游区控制性详细规划的成果形式

旅游区控制性详细规划的成果形式包括规划文本、图件和附件。旅游区控制性详细规划图件的比例尺一般为1:1000—1:2000,需要提供的图件主要包括旅游区综合现状图、各地块的控制性详细规划图、各项工程管线规划图。旅游区控制性详细规划的附件一般包括规划说明及基础资料等。

知识卡片

建筑物与构筑物

建筑物是指人工修建而成的资产,属于固定资产范畴,包括房屋和构建物两大类。房屋是指供人居住、工作、学习、生产、经营、娱乐、储藏物品以及进行其他社会活动的工程建筑。

构筑物一般是指人们不直接在其内部进行生产和生活活动的建筑,如水塔、烟囱、栈桥、堤坝、挡土墙、蓄水池和囤仓等。

四、旅游区修建性详细规划

(一)旅游区修建性详细规划的任务

对于旅游区当前要建设的地段,应编制修建性详细规划。旅游区修建性详细规划在总体规划或控制性详细规划的基础上,进一步深化和细化,用以指导各项建筑和工程设施的设计和施工。

(二)旅游区修建性详细规划的主要内容

(1)综合现状与建设条件分析。
(2)用地布局。
(3)景观系统规划设计。
(4)道路交通系统规划设计。
(5)绿地系统规划设计。
(6)旅游服务设施及附属设施系统规划设计。
(7)工程管线系统规划设计。
(8)竖向规划设计。
(9)环境保护和环境卫生系统规划设计。

(三)旅游区修建性详细规划的成果要求

旅游区修建性详细规划不需要撰写文本,只需要提供规划设计说明书和图件。

规划设计说明书主要对图件进行说明。图件包括综合现状图、修建性详细规划总图、道路及绿地系统规划设计图、工程管网综合规划设计图、竖向规划设计图、鸟瞰或透视等效果图等。图纸比例一般为1:500—1:2000。

知识卡片

规划图中的"七条线"

"红线"主要针对道路控制;"绿线"针对城市公共绿地、公园、单位绿地和环城绿地等;"蓝线"针对城市水面,主要包括河流、湖泊及护堤;"紫线"针对历史文化街区;"黑线"针对给排水、电力、电信、燃气等市政管网;"橙线"针对轨道交通管理;"黄线"针对地下文物管理。

五、专项规划

2019年6月1日施行的《文化和旅游规划管理办法》中明确规定,专项规划是以文化和旅游发展的特定领域为对象编制的规划。专项规划中常见的类型有旅游资源评价与开发规划、基础设施专题规划、旅游市场营销专题规划、旅游人力资源开发专题规划等。

在具体的旅游规划编制过程中,由于每个区域发展旅游的基础和环境不尽相同,规划委托方和编制方应结合规划对象的特点和实际情况,对专题规划的编制内容进行协商确定。例如,《湖北省旅游发展总体规划》除了有综合规划报告,还包括以下专项规划:《湖北省国际旅游开发概念规划》《湖北省主要旅游产品开发概念规划》《湖北省景区旅游发展概念规划》《湖北省城市发展概念规划》《湖北省旅游资源综合评估与旅游产品开发空间规划》《湖北省城市旅游发展概念规划》《湖北省旅游资源综合评估与旅游产品开发空间规划》《湖北省旅游人力资源开发规划》《湖北省旅游商品开发规划》。又如,安徽省在编制《安徽省旅游发展总体规划》时,针对旅游区域、旅游产品开发、旅游商品开发、旅游市场营销、旅游基础设施和旅游服务设施建设、旅游人力资源开发、旅游信息化、旅游管理体制、旅游投融资九个方面的内容编制了专项规划。

概念性旅游规划

刘德谦(2001)认为,概念性旅游规划(conceptual tourism planning)是从未来学的高度,根据被开发地资源、环境、经济和社会条件的优势、劣势、机遇、挑战等要素分析,而提出的旅游业发展的前瞻性规划。策划的要点在于理念,在于机制、结构及土地上旅游核心项目的时空安排,因此,概念性旅游规划实际上是一种在理想状态下对目的地开发的概念性、创新性构思,以作为下一步规划制定和建筑设计的思想指导和参照。

史本林(2006)认为,各种因素往往以错综复杂的方式对旅游地的发展产生重大影响,对单个要素进行合理的安排并不一定对旅游地的发展产生最佳效果。只有综合分析各要素对旅游地的作用,对其进行有效整合,才能真正有益于旅游地的长期发展。其构建的概念性旅游规划研究的技术路线如图2-2所示。

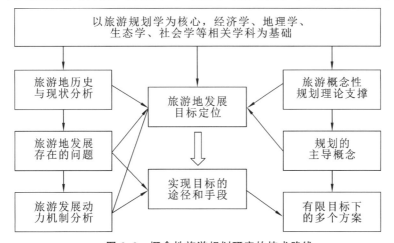

图 2-2 概念性旅游规划研究的技术路线

张述林(2009)认为,概念性旅游规划研究的技术路线如下:旅游地大背景大环境研究→旅游地发展现状及条件识别→旅游地发展关键性问题诊断→旅游地发展战略分析→旅游地总体方案设计(包括发展目标、主题设计、形象设计、项目设计、产品设计、游览线路设计、景观节点设计等)→旅游地发展实施管理方案策划。

慎思笃行
Shensi Duxing

《青岛市乡村旅游专项规划(2015—2020)》

近些年,乡村游成为备受青岛及其周边城市居民追捧的休闲度假方式。青岛拥有丰富的乡村游资源,但目前仍旧存在一些问题。受制于整个青岛旅游冬冷夏热的气候,除温泉、滑雪等少数项目外,淡季尤其是冬季旅游产品数量较少,形式较为单一。

在调查青岛乡村旅游资源的基础上,专项规划确定了以转型升级、提质增效为主线的发展思路。青岛乡村旅游沿东翼滨海大道、西翼高速公路网、北部大沽河滨河大道,向三个方向纵深拓展。在此基础上,滨海乡村与大沽河乡村成为乡村旅游发展的两条轴带。根据规划,美丽的大海和大沽河成为青岛乡村旅游发展为双轴线,形成七大乡村旅游产业集群、36个乡村旅游产品圈。滨海区域做好"海"的文章,充实渔村旅游及海岛旅游、海上旅游等内容,推动海洋特色乡村旅游产品的转型升级。而美丽的大沽河则大力发展生态旅游、乡村旅游、湿地旅游、山林旅游和历史民俗旅游等内容,拉动整个青岛的北部旅游发展。根据规划,青岛将重点发展渔家风情、山林山岳、滨河生态、温泉养生、田园农耕、历史民俗六大乡村旅游产品。

知行合一
Zhixing Heyi

阅读《青岛市乡村旅游专项规划(2015—2020)》,你认为什么是专项规划?哪些方面可以编制旅游专项规划?

项目小结

根据我国各地旅游规划编制和实施的实际情况,兼顾旅游规划编制技术群体的优势整合和规划的可操作性,旅游规划可分为旅游发展规划、旅游区规划和专项规划三种类型。

旅游发展规划是根据旅游业的历史、现状和市场要素的变化所制定的目标体系,以及为实现目标体系在特定的发展条件下对旅游发展的要素所做的安排。按规划的范围和政府管理层次,它可分为全国旅游业发展规划、区域旅游业发展规划和地方旅游业发展规划。

旅游区规划是指为了保护、开发、利用和经营管理旅游区,使其发挥多种功能和作用而进行的各项旅游要素的统筹部署和具体安排。按规划层次,它可分为旅游区总体规划、旅游区控制性详细规划、旅游区修建性详细规划。

旅游区可根据实际需要,编制旅游项目开发规划、旅游线路规划、旅游地建设规划、旅游投融资规划、旅游营销规划、旅游区保护规划、旅游服务设施规划等专项规划。

旅游发展规划、旅游区总体规划、旅游区控制性详细规划、旅游区修建性详细规划、专项规划等不同类型的规划承担着不同的规划设计任务,需要编制不同的规划内容,形成不同的编制体例。

项目训练

一、知识训练

1. 专项规划一般包括哪些类型?

2. 请分析旅游区总体规划、旅游区控制性详细规划和旅游区修建性详细规划的主要区别。

二、能力训练

请完成××地区旅游业发展SWOT分析。要求包含以下内容:①规划编制区域概况;②围绕优势、劣势、机遇、挑战分析该区旅游业发展现状;③通过分析,得出结论;④提出发展建议。

在线答题

项目测试二

模块二

旅游规划编制设计

　　旅游规划编制是旅游规划实务的核心工作任务。通过科学有序的规划编制,有利于打造良好的旅游目的地、提升旅游产品的质量和吸引力、促进旅游业三大效益协调发展,以及推动旅游业可持续发展。因此,在旅游业发展中,必须重视和加强旅游规划的编制和实施工作,以实现旅游业的高质量发展。

　　本模块通过旅游规划实践中的调研项目背景、构思发展定位、整合功能布局、配置项目产品、规划旅游专项设施,评估与分析项目投资、效益,梳理与制定保障措施等环节,把握旅游规划编制的工作领域和工作内容,掌握旅游规划设计的基本方法和路径。

项目三
调研项目背景

项目概述

旅游规划的科学性和可行性，基于对规划所依赖相关要素的把握，其中较重要的有旅游资源、旅游市场等。资源评价是基础，市场需求是导向，与这些要素相关的理论和认识共同构成了旅游规划的重要基础。旅游资源调查是"知己"，即了解自身有什么、能做什么和能实现什么目标，调查研究的内容包括资源基础、产业基础、基础配套能力、内外环境等。市场调查分析与预测，是"知彼"，通过目标市场，回答需要做什么，对自身产品、服务、项目、产业的市场供求关系做出判断。要提出因地制宜的策划、规划和设计方案，需要对资源禀赋、客源市场等旅游项目背景的基础条件有正确认知、科学评价和有效分析，才能为后续规划工作提供科学、清晰的发展方向。

学习目标

知识目标

1. 掌握旅游资源及其分类体系。
2. 熟悉旅游资源调查和评价的内容。
3. 熟悉旅游市场调查的内容。
4. 了解旅游市场预测的基本要点。

能力目标

1. 开展不同级别区域范围内的旅游资源调查。
2. 依据国家标准对旅游资源进行分析评价。
3. 灵活运用旅游市场调查的方法。
4. 撰写旅游资源和旅游市场调查报告。

素质目标

1. 树立旅游资源可持续发展的生态观。
2. 认识旅游规划与开发是满足人民对美好生活向往的重要举措。

知识导图

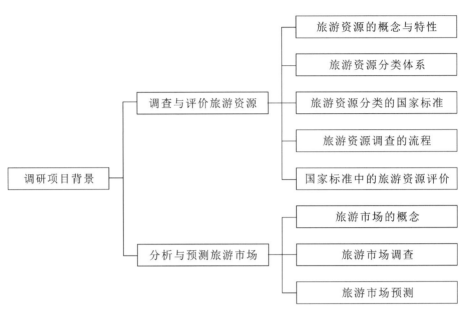

案例导入

从广东江门到山东淄博,旅游目的地如何"爆火出圈"?

从因《狂飙》而热度狂飙的广东江门,再到凭"烧烤三件套"火爆出圈的山东淄博,2023年新晋"网红旅游目的地"涌现出不少"潜力股"!

除淄博外,长兴、芒市、万宁、柳州、景德镇等地也跻身携程的2023年"五一"热门榜单。近年来,全国各地文旅行业整合本地资源,洞察消费者需求,再借助短视频、影视剧、综艺节目等花样百出的营销途径,使得一个又一个新兴"网红城市"进入大众视野。对很多人来说,这些地方有些陌生,如果不是此次走红,有的外地人可能都没听说过。这些旅游目的地走红,给全国千千万万中小城市"打了个样":大家都有出圈和出彩的机会。

相关数据显示,《狂飙》剧集播出时在微博收获了442个主榜热搜,剧集播出时大众讨论热度高涨,一系列热点话题针对剧中取景地进行了精准且深度的"种草"推广,吸引了众多网友线下到江门旅游观光,在剧中取景地打卡拍照。

它们为何"出圈"? 大多数人可能会给出以下答案:江门独特的城市风貌;小饼、烤炉加蘸料的淄博烧烤。一个特色鲜明的记忆点,已经足够。

很多看过《狂飙》的人都会被剧中的"京海市"所吸引:广府风味的街景、南洋风情的骑楼群、充满烟火气的小馆……现实中的"京海市",也就是广东江门,被称为"中国第一侨乡"。当地十分重视保护历史街区、碉楼建筑群、古村落,截至 2022 年,江门有各级文物保护单位 239 处。正是这些宝贵资源,让很多影视剧选择江门为取景地,最终使江门得以借《狂飙》之势"狂飙"。

因地制宜、找准特色,这一招看似老生常谈,却是很多地方都要补上的基本功。从前些年千城一面的古街古镇,到这些年复制粘贴的玻璃栈道,最近,"网红风"又刮到了路牌上,一块块"我在××很想你"的路牌在全国各地竖了起来。什么火了,就一哄而上、生搬硬套,实在让人啼笑皆非。要知道,跟风带来的热度也会如一阵风般消散,找准自身特色才是长红的基石。

(资料来源:巅峰智业《从广东江门到山东淄博,旅游目的地如何"爆火出圈"?》,2023-05-18)

案例分析

任务一　调查与评价旅游资源

任务描述:旅游规划前期需要对旅游资源进行实地勘察和文献调查,并对旅游资源进行全面梳理和系统分类,本任务主要学习旅游资源调查与评价的内容,为旅游规划与开发提供直接的数据资料和科学依据,通过定量和定性方法对旅游资源进行科学评价,进而展开旅游资源的开发与利用环节。

任务目标:通过任务学习,能开展不同区域范围内的旅游资源普查、概查或详查,这是区域旅游资源开发与规划的基础性工作,是旅游规划编制前期的重要工作内容,能够指出未来旅游资源开发的重点方向。

一、旅游资源的概念与特性

(一)旅游资源的概念

我国旅游资源丰富多样,随着社会的不断发展,旅游业的不断成熟,旅游资源所涵盖的范围越来越广泛,无论是旅游业界还是旅游学界,对于旅游资源的认识均在不断深化。

自 20 世纪 70 年代末我国旅游业快速发展以来,我国旅游学者对旅游资源的含义、价值、应用等进行了多方面的研究。保继刚(1993)认为,旅游资源是指对旅游者具有吸引力的自然存在和历史文化遗产,以及直接作用于旅游目的地的人工创造物。谢彦君(1999)指出,旅游资源是指客观地存在于一定的空间并因其所具有的审美和愉悦价值而使旅游者向往的自然存在、历史文化遗迹或社会现象。

《旅游资源分类、调查与评价》(GB/T 18972—2017)对旅游资源(tourism resources)的定义如下:自然界和人类社会凡能对旅游者产生吸引力,可以为旅游业开发利用,并可产生经济效益、社会效益和环境效益的各种事物和现象。

(二)旅游资源的特性

1.旅游资源分布的地域性

旅游资源分布的地域性又称为不可移动性和不可复制性。它是指任何形式的旅游资源都必然受到当地的自然、社会、文化、历史、环境的影响和制约,旅游资源开发的首要任务是确立地方风格,突出自身特色。地域性是旅游流产生的根本因素,不同地方有不同的自然和文化因素,而旅游者天生有求新、求异的心理需要,这使得旅游者在一定条件下跨越空间限制前往异地游览。

2.旅游资源吸引力的选择性

不同的旅游者个体或群体的旅游需求形式或旅游动机有较大区别,而旅游资源的吸引力在某种程度上是旅游者的主观反映,即不同的旅游者面对同一种旅游资源时,该旅游资源在他们心目中的印象都有较大差异。因此,在旅游资源开发利用时就要结合区域目标细分市场的需求特征,充分考虑和重视资源的选择问题,注重有效地发挥资源的综合效应,在详细评价和分析旅游资源的各种功能的基础上,选择综合效益最大化的开发方案。

3.旅游资源的可创新性

旅游资源并不是一成不变的,而是可以根据人们的意愿或认知的发展,结合自然规律特征对其进行创造、制作而再生、再现的。如北京颐和园、苏州拙政园等人文景观资源均是典型的再创旅游资源。旅游资源的可创新性要求我们:一是随着时间的推移与人们旅游需求的转变,有必要对旅游产品进行不断创新,以保证旅游业的可持续发展;二是在传统旅游资源匮乏的地区,为了发展旅游业,也可以凭借其经济实力人为地创造一些旅游资源。

微课链接

旅游资源的内涵创新

知识卡片

黑色旅游

近年来,以灾难、死亡、悲剧等为对象物(attraction)的"黑色旅游",已逐渐成为国外广义休闲旅游谱系中的一个颇受关注的组成部分。在欧美和日本等发达国家和地区,诸如意大利庞贝古城、日本北淡震灾纪念公园、波兰奥斯威辛集中营、美国归零地等著名的灾难遗址地,每年都能吸引众多游客到访,现已成为名副其实的"黑色旅游地"。

作为一个学术概念,"黑色旅游"最初由 Foley 和 Lennon 于 1996 年提出,意指"到与灾难、死亡、悲剧等相关的地方进行参观游览"的活动。由于特殊的情感和伦理道德内涵,"黑色旅游"作为一个学术概念被提出至今,一直备受争议。有些人认为此术语可能会传递负面信息和消极情绪(如焦虑、忧愁、悲伤),让人产生不适或者带来矛盾冲突,甚至是恐慌。为了规避"黑色旅游"

一词所带来的"负面风险",一些学者试图用其他褒义的词语来进行替换,如祈福旅游(prayer tourism)、复兴旅游(reconstruction tourism)等。

虽然"黑色旅游"备受争议,但它也有积极的一面。有学者认为,"黑色旅游"不仅可以作为一种展示和纪念过去悲惨历史、祭奠遇难者的重要方式,同时还能够提供一个让人们正视和反思人类过去的错误,以及珍惜来之不易的和平与自由的机会,并防止类似悲剧重演。同时也有学者认为,"黑色旅游"可以使人们更好地探寻生活和生命的意义。此外,在那些发生过自然灾害的地方,黑色旅游在促进当地经济和社会文化复苏等方面具有一定作用。

【思考讨论】除了黑色旅游,还有哪些特殊种类的旅游资源?

4.旅游资源的重复使用性

旅游资源的重复使用性即旅游产品的共享性,它要求实现旅游资源与环境的保护。与普通资源、商品不同,在旅游资源中,除了少部分旅游资源在旅游活动中会被旅游者所消耗,需要通过自然繁殖,以及人工饲养、栽培和再生产来补充,绝大多数旅游资源都具有长期重复使用的特性。

5.旅游资源的整体性

旅游资源的整体性又称为旅游资源的组合性、群体性、依存性或系统性,是指旅游资源之间、旅游资源与自然环境及社会环境之间,都存在内在的紧密联系,它们相互依存、相互作用、相互陪衬、互为条件、彼此影响,从而构成一个有机整体。

6.旅游资源的相对稀缺性

旅游资源的相对稀缺性是指旅游资源是有限的。在特定情况下,它又指旅游资源的不可再生性、独有性、时限性。

二、旅游资源分类体系

(一)按旅游资源的成因及其基本属性分类

根据旅游资源形成的本底及其基本属性,旅游资源可分为人文旅游资源和自然旅游资源,这是目前被学术界广泛接受的旅游资源分类方法。自然旅游资源是指自然赋存所形成的旅游资源,主要由地质地貌旅游资源、水体旅游资源、生物和气象旅游资源等组成。人文旅游资源是指人类活动所形成的旅游资源,主要由遗址遗迹、建筑设施、旅游商品、人文活动等旅游资源组成。

(二)按旅游资源的功能分类

根据旅游资源能够满足人们不同旅游需求的功能,旅游资源可分为观赏型旅游资源、康乐型旅游资源、科考型旅游资源、体验型旅游资源、度假型旅游资源、购物型旅游资源、探险型旅游资源等不同类型。

(三)按旅游资源的开发现状分类

按照旅游资源的开发现状,旅游资源可分为两大类,即已开发的旅游资源和尚未被开发的旅游资源(即潜在的旅游资源)。已开发的旅游资源是指已经被旅游业开发利用,开发历史非常长的或者新开发的旅游资源;潜在的旅游资源是指受开发条件所限,目前还没有被旅游业所开发和利用的旅游资源。这一点,更多地体现在交通方面的局限性,目前我国还有很多优美的景致因当地可进入性不强,而处于"藏在深闺"的状态。

(四)按旅游资源的等级及管理范围分类

按照旅游资源的等级和管理范围,旅游资源可分为世界级旅游资源,如世界遗产、世界地质公园;国家级旅游资源,如国家级风景名胜区、国家森林公园、国家级自然保护区、全国重点文物保护单位、国家地质公园;省、市、县级及以下等级的旅游资源。

(五)以游客的体验为标准进行分类

1979年,美国的德赖弗(Driver)等人以环境保护为目的,提出了人居环境与自然环境分类法,并以游客的体验性质为标准,将旅游资源(旅游地)区分为五大类:原始地区、近原始地区、乡村地区、人类利用集中区、城市化地区。

三、旅游资源分类的国家标准

微课链接
旅游资源国家标准分类

2003年5月1日《旅游资源分类、调查与评价》(GB/T 18972—2003)正式实施,该国家标准的出台,从实际应用层面对旅游资源的分类、调查和评价,以及研究和认定起到了重要的作用。国家标准分类体系的依据主要是旅游资源的性质,即现存状况、形态、特性、特征等。2017年,此国家标准在原有基础上进行了修改,GB/T 18972—2017代替了GB/T 18972—2003。《旅游资源分类、调查与评价》(GB/T 18972—2017)将旅游资源分为8个主类、23个亚类、110个基本类型。旅游资源的8个主类分别是地文景观、水域景观、生物景观、天象与气候景观、建筑与设施、历史遗迹、旅游购品、人文活动。

四、旅游资源调查的流程

拓展阅读
《旅游资源分类、调查与评价》中的旅游资源分类表

(一)调查准备

1. 组织准备

确立调查人员,成立调查组,调查组成员应具备与该调查区旅游环境、旅游资源、旅游开发有关的专业知识,一般应有旅游、环境保护、地学、生物学、建筑园林、历史文化等方面的专业人员参与。对调查人员进行技术培训,如资源分类、野外知识、图件填绘、伤病急救处理、基础资料获取等。

2.资料准备

收集与调查区有关的资料。文字资料一般包括以下三类:①与旅游资源单体及其赋存环境有关的各类文字描述资料,包括地方志、乡土教材、旅游区与旅游点介绍、规划与专题报告等。②与旅游资源调查区有关的各类图形资料,重点是反映旅游环境与旅游资源的专题地图。③与旅游资源调查区和旅游资源单体有关的各种照片、影像资料。收集的途径可以是公共途径(如互联网、图书馆等)、政府途径(见表3-1)等。实际工作中,政府部门的资料索取可以采取两种方式:一是由旅游规划方提出相关资料清单,由项目委托单位或地方旅游部门帮助索取;二是由项目委托单位或地方旅游部门开具相关证明,由规划方直接到相关部门索取。

表 3-1 旅游资源调查与评价常用资料索取的政府途径

部门	可索取资料清单
发改委(局)	各项规划等综合性资料
文旅	旅游规划、景区开发经营状况、农家乐旅游人次、各种节庆活动等
民政	宗教信仰、各地方志、民族人口状况等
体育	体育场(馆)、体育赛事等
交通	大交通规划、交通建设现状等
商贸	特色街区、购物区、商贸服务规划等
城建	城市总体规划、城镇体系规划、风景区规划、地形图等
农业	休闲农业、各类土特产品、高科技农业园等资料
国土	土地利用规划、矿产资源、滩涂资源、地形图、地质地貌、土壤条件等
林业	自然保护区、森林公园、湿地公园等相关资料,含珍稀动植物资料
水利	水库、湖泊、河流现状及水文等资料
环保	生态建设规划、环境保护措施等
文物	遗址遗迹、文物保护单位、历史文化名城(镇、村)、非物质文化遗产等
海洋	海岛、海洋生物、渔场等
工业	工业旅游区等
统计	统计公报及各类统计数据

在调查准备过程中,需要提前准备多份旅游资源单体调查表,可以在前期资料收集和整理的基础上,展开单体调查表的预填工作以减轻旅游资源调查与评价过程中现场工作量。宜事先填写的内容主要指旅游资源单体名称、基本类型、代号、行政位置、性质与特征、宏观区位关系与进出条件、文件可查的保护开发措施等内容。不宜事先填写的内容主要指必须经过现场勘察、测量等技术方法才可以确定的相关内容,具体包括地理位置、具体的性质与特征(单体本身的形状、色彩、规模、结构、体量)、微观的交通区位及进出条件、现实的保护开发措施、评定等级等内容。

3. 制订计划和仪器准备

制订旅游资源调查的工作计划,包括调查目的、调查区域、调查对象、主要调查方式、所需设备器材、需完成的图表以及调查成果的表达方式等。准备实地调查所需的设备,如定位仪器(指南针、GPS机等)、简易测量仪器(水平仪、海拔高度测量仪、温度计、湿度计、测速仪等)、影像设备(数码相机、数码摄像机、录音笔、航拍无人机等)。

(二)开展调查

1. 确定调查区内的调查小区和调查线路

①可将整个调查区分为若干个"调查小区"。调查小区一般按行政区划分(如省级一级的调查区,可将地区一级的行政区划分为调查小区;地区一级的调查区,可将县级一级的行政区划分为调查小区;县级一级的调查区,可将乡镇一级的行政区划分为调查小区),也可按现有或规划中的旅游区域划分。②调查线路应按实际要求设置,贯穿调查区内所有调查小区和主要旅游资源单体所在的地点。

2. 选定调查对象

开展调研的过程中,宜选定下述单体进行重点调查:具有旅游开发前景,有明显经济、社会、文化价值的旅游资源单体;集合型旅游资源单体中具有代表性的部分;代表调查区形象的旅游资源单体。而下列旅游资源单体暂时不宜进行调查:明显品位较低,不具有开发利用价值的;与国家现行法律法规相违背的;开发后有损社会形象或可能造成环境问题的;影响国计民生的;位于某些特定区域内的。

旅游资源的详查、普查和概查区别

旅游资源调查的分类差异比较如表3-2所示。

表3-2 旅游资源调查的分类差异比较

比较项目	详查	普查	概查
性质	区域性的	区域性的	区域性的
目的	综合性目的	专题性目的	专题性目的
技术支撑	根据国家相关标准规范	根据国家相关标准规范	可自定相关标准规范
适用范围	旅游区规划、旅游资源研究、旅游资源保护、专项旅游产品开发等	区域旅游规划、旅游资源保护等	区域旅游规划、涉旅相关专题规划研究等
组织形式	成立调查组,成员组合合理	成立调查组,成员组合合理	不一定需要成立调查组
工作方式	规定标准程序	规定标准程序	适当简化程序
提交文件	标准要求的全部文件、图件	标准要求的全部文件、图件	根据实际要求提交

(三)实地调查

调查内容包括旅游资源单体的规模与体量、成因现状、历史演变及发展趋势、类型结构和空间组构特点(外观形态结构、内在性质、组成成分),与同类资源相比较的特色,以及自然、经济、社会、环境条件等。此阶段应特别注意详细的文字描述、数据测量、图像资料的获取和现场的详细填图。填图时要注意利用GPS或全站仪对旅游资源单体进行空间定位(经纬度或大地坐标),还要注意单体的面积、范围、长度、体量等数量指标。调查过程中要通过直接测重、校核所收集到的基础材料,对重点问题和地段进行专题研究和鉴定,并对旅游开发中所需要的外部条件进行系统调查,对关键性问题提出规划性建议。

(四)填写图表

调查过程中要及时填写旅游资源单体调查表、旅游资源调查区实际资料表等,同时绘制旅游资源图,并在工作底图的实际位置上标注旅游资源单体(部分集合型单体可将范围绘出)和各级旅游资源所对应图例,单体符号一侧加注旅游资源单体代号或单体序号。

拓展阅读

旅游资源调查方法

(五)文件编辑

对收集的资料和野外勘察记录进行系统整理和总结,具体包括以下内容。

1.整理调查资料

调查资料包括文字资料、照片、视频、图表等。将野外考察的现场调查表格归纳整理为调查汇总表,将野外拍摄的照片和视频进行放大或剪辑编辑,并附上文字说明。

2.绘制调查图件

将反映旅游资源调查工作过程和工作成绩的填绘图件、手绘草图进行复核、分析、整理,并与原有地图和资料进行比对,做到内容与界限准确无误,形成正式图件。

3.编写旅游资源调查报告

旅游资源调查报告主要包括以下内容。

(1)前言:旅游任务来源、目的、要求,调查区位置、行政区划与归属、范围、面积,调查人员组成、工作期限、工作量,以及主要资料和成果等。

(2)正文:①调查区旅游环境,包括调查区自然地理特征、交通状况和社会经济概况。②旅游资源开发历史和现状,包括旅游资源的成因、类型、分区、特色、功能结构、开发现状等。③旅游资源基本类型,包括旅游资源的类型、名称、分布位置、规模、形态和特征(可附带素描、照片等)。④旅游资源评价,即对调查区的旅游资源进行定性和定量的评价,评定旅游资源的等级和吸引力。⑤旅游资源保护与开发建议,即阐明调查区内的旅游资源开发的指导思想,以及开发途径、步骤和保障措施。

(3)附录:主要参考文献、附图。

旅游资源调查的程序与步骤如图3-1所示。

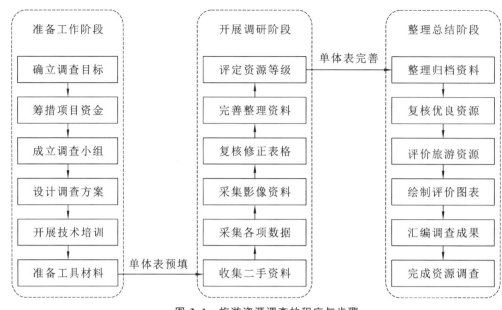

图 3-1　旅游资源调查的程序与步骤

五、国家标准中的旅游资源评价

旅游资源评价的内容极为广泛、丰富和复杂，主要涉及旅游资源本体评价、旅游资源环境评价和旅游资源开发条件评价等方面。

旅游资源评价的方法一般包括定性评价法（一般体验性评价方法、"三三六"评价法、"六字七标准"评价法等）和定量评价法（技术性单因子定量评价法、综合性多因子定量评价法等）两大类。

《旅游资源分类、调查与评价》（GB/T 18972—2017）中规定的旅游资源评价标准，也称为旅游资源单体评价体系。评价体系根据"旅游资源共有因子综合评价系统"赋分，为了确保评价的科学性、合理性和客观性，可由旅游资源调查小组成员分别赋分或比较，然后确定各个评价项目的分值。

（一）评价体系

旅游资源共有因子综合评价系统设"评价项目"和"评价因子"两档，评价项目又分为"资源要素价值""资源影响力""附加值"三部分。

资源要素价值（85分）分为5个评价因子，即观赏游憩使用价值（30分），历史文化科学艺术价值（25分），珍稀奇特程度（15分），规模、丰度与概率（10分），完整性（5分）。

资源影响力（15分）分为2个评价因子，即知名度和影响力（10分）、适游期或使用范围（5分）。

附加值主要是指环境保护与环境安全,分为正分和负分。

每一评价因子均分为四个档次,其分值也相应分为四档。

(二)评价等级

根据旅游资源单体评价得分,从高到低依次可分为五个等级,如表 3-3 所示。

表 3-3　旅游资源评价等级与图例

旅游资源等级	得分区间	图例	使用说明
五级旅游资源	≥90 分	★	①图例大小根据图面大小而定,形状不变; ②自然旅游资源使用蓝色图例,人文旅游资源使用红色图例
四级旅游资源	75—89 分	■	
三级旅游资源	60—74 分	◆	
二级旅游资源	45—59 分	▲	
一级旅游资源	30—44 分	●	

注:五级旅游资源称为"特品级旅游资源";五级、四级、三级旅游资源通称为"优良级旅游资源";二级、一级旅游资源通称为"普通级旅游资源"。

微课链接

旅游资源国家标准评价法

知识卡片
Zhishi Kapian

游憩机会谱

游憩机会谱(recreation opportunity spectrum,简称 ROS)理论于 20 世纪 60 至 70 年代产生于美国,适用于协调自然区域的资源保护与游憩利用。游憩机会主要取决于游憩环境,游憩环境的划分和指标要素的选取主要根据自然环境、社会环境和管理环境的特征而定,不同的游憩环境对应不同的游憩活动和游憩体验。起初游憩机会谱是为了解决森林保护和游憩利用的矛盾,但随着 ROS 理论与实践不断完善,林肯库博和托马斯等提出应将 ROS 在具体应用上本土化和地域化,其适用范围也从大面积自然区域到小面积自然区域,进而到由设施主导的人工城市区域环境。近年来,关于 ROS 理论的研究由关注森林等逐步扩展范围与概念内涵,并逐渐运用到城市公园、滨海和社区等不同类型的游憩地当中。在指标选取上,也逐渐从关注资源和设施等硬性条件转变为关注游憩地产品和服务等软性条件。

慎思笃行
Shensi Duxing

流量经济对旅游资源创新性开发的影响:热反应与冷思考

数字经济时代,以传统自然和人文资源为依托的旅游业发展模式已经不能有效地满足旅游者多元化、个性化的需求,数字平台中的一些非传统旅游资源吸引了大量注意力资本并转换成旅游流,极大地拓展了旅游资源的内容和边界。流量经济应运而生,既深刻影响了旅游业的发展模式,也对旅游资源开发的理论与实践提出了新的挑战。研究表明:流量经济的形成并非偶然现象,流量传播虽然引致注意力资本规模的扩张从而带动旅游发展,但旅游业的发展核心还在于旅游资源禀赋、旅游服务质量、政府的支持与保障等;流量经济驱动旅游供给和需求要素的重新组合、集聚和扩散,快速地迎合了旅游者个性化需求,而旅游地是否能随旅游需求变化而调整服务供给能力就成为流量经济促进旅游业发展的关键路径和机制;推动流量经济赋能旅游地高质量发展,需要将有效市场和有为政府相结合,建立旅游地品牌,亦可充分利用流量经济的空间效应,推动区域旅游协作发展。流量经济引爆旅游热潮后,也需要冷静思考短期热点与长期投入之间的资源错配、环境负面效应、文化冲突与矛盾等问题,走出一条"长红"路径。

(资料来源:林明水、胡晓鹏、杨勇等《流量经济对旅游资源创新性开发的影响:热反应与冷思考》)

知行合一
Zhixing Heyi

正如近来"进淄赶烤"爆火那样,当抖音、微博、快手等众多直播平台推出淄博烧烤视频并引发强烈关注和高频转发之后,流动数据开始转化为淄博独享的注意力资本,进而提升了淄博的知名度,驱动了到淄博"看一看""尝一尝"的旅游热潮,这不仅让淄博烧烤的美誉名满天下,更是促进了旅游经济的迅速发展。你如何看待"进淄赶烤"带火淄博旅游发展这一现象?

任务二 分析与预测旅游市场

任务描述:本任务主要了解旅游市场的概念、基本特征、功能和分类,并且学习旅游市场调查和旅游市场预测,从而能够对旅游市场进行细分和解析。

任务目标:通过任务学习,掌握旅游市场的基本内涵、市场调查的内容方法,能够进行市场细分和目标市场选择。

一、旅游市场的概念

(一)旅游市场的定义

旅游市场是一个复杂的经济体系,它涉及多个参与者,他们之间的交易、竞争、合作及利益的调整,构成了现代旅游经济的基础。它不仅仅涉及供给者,也涉及需求者,他们之间的竞争、合作及利益的调整,都是促进旅游经济发展的重要因素。因此,旅游市场是由旅游产品制造商和消费者之间的多种交互作用所构成的复杂网络,它不仅涵盖了旅游需求的方方面面,还包含了旅游供给的方方面面。

狭义的旅游市场指的是一个拥有消费能力、消费欲望以及消费权利的人群,他们在特定的时间和地点拥有旅游产品。从更广泛的角度来看,这个市场包括不同类型的旅游者。从广义上讲,旅游市场由游客、消费者、消费欲望及消费权利四个关键要素组成,它们共同构成了一个完整的旅游体系。

(二)旅游市场的基本特征

旅游市场作为旅游产品交易的场所和旅游经济运行的基础,具有不同于一般市场的独特性,主要体现在以下六个方面。

1.全球性

通过对历史的研究,我们可以看出,旅游业的发展已经走上了一条跨越国境的道路。早期,人类的出境旅行主要集中在某个特定的地域,因此,当时的旅游业主要集中在某个特定的国家。但随着周边各个国家之间的交流和合作,这种情况逐渐改变,出现了许多跨国的旅游业,并且这种情况逐渐蔓延至整个世界,使得现代的旅游业已经具备了跨越大洲的能力。

2.多样性

旅游业的多元化体现在它的产品种类上,无论来自哪个国家、哪个地区,都能够让游客体验到独特的风土人情。此外,旅游业的多元化还决定了它的供给量,因为每个国家和地区都有独特的旅游资源,所以每个旅行社都会提供不同的旅游产品。旅游产品的购买方式和交易关系变得更加多样化。

3.异地性

旅游市场与旅游目的地之间存在着明显的差异,因为旅游者大多数都是外来人口,而且其需求也在不断变化。为了满足这种需求差异,旅游企业必须密切关注旅游市场的变化,及时调整产品结构、市场经营策略,以便更好地满足消费者的需求,并获得更大的竞争优势。

4.竞争性

竞争是市场的一种重要组成部分,它不仅体现在商品交换活动中,而且也反映在旅游市场上。在过去,竞争主要集中在争夺客源地、增加市场份额等方面,但随着国内外旅游业的快速发展,旅游市场已经从国内、区域扩展到了全球范围,竞争不仅体现在对客源地的抢夺,也体现在对潜在客源地的开发。随着综合旅游竞争的不断升级,旅游市场的竞争变得越来越激烈,竞争范围和手段也变得越来越多元化。

5.季节性

旅游市场往往带有季节性,是因为旅游目的地受自然气候的季节性影响。旅游市场的季节性受到多种因素的影响,包括客源地的自然气候、社会文化习俗、节假日等。这些因素都会导致旅游者的出行时间受到明显的季节性限制。因此,我们在选择旅游目的地时,应该根据当地的客流量来决定。旅游活动时空分布不均的现象,使得旅游企业处在不利的地位,旅游市场常常在旺季出现供不应求的现象,而在淡季出现供过于求的现象。为了实现旅游市场的平衡,开发淡季市场已成为旅游企业必不可少的一环,这也是其长期以来采取的市场开发策略。

6.波动性

由于全球国民经济的不断增长,当今的全球旅游业也正处在旺盛的成长期,然而,与其他商业领域相比,它的波动性要显著得多。各种复杂的环境因素,如政治形势的剧烈震荡、国际社会的不断变迁、自然灾害的频发以及重要庆典的召开等,都会使游客的组成、数量以及消费方式发生改变。由于这个原因,旅游观光的变化可能会很大。这就要求旅游经营者必须经常分析影响旅游市场的诸因素,充分掌握和预测旅游市场的变化趋势,不断开发和优化旅游产品,使之较快地适应千变万化的旅游需求。

(三)旅游市场的分类

旅游者受文化、价值观、收入、闲暇时间、居住地等因素影响,会产生不同类型的旅游欲望与诉求。无论哪个国家、哪个地域、哪个旅行社,都无法彻底消除全球旅游业的供需矛盾。因此,每个旅游企业应该明确其服务对象,并制定出适合其特点的服务策略,来满足特定群体的出行要求。从目前旅游市场的特点和发展趋势来看,它可按不同标准进行分类。

1.按地域划分

根据地域的不同,旅游市场可以划分成六大区块,包括欧洲、美洲、东亚、非洲、中东、南亚。这一划分清晰表明,全球旅游业正在经历着一个多元的变化,并且受到越来越多的游客的青睐。

2.按国境划分

根据国界的不同,旅游市场可以分为国内和国际两大类。前者指的是位于中国境内的旅游市场,主要由本国居民参与;而后者则是指位于中国境外的旅游市场,既有本国居民参与,也有外国游客参与。

3.按旅游活动的组织形式划分

根据旅游活动的组织形式的不同,旅游市场可分为两种:团队旅游和个人自助旅游。这两种形式都需要提前预约,并在预约的地点进行登记。在完成预约之前,需要支付相应的费用。一般来说,集体出行的优势在于可以节约时间、提高安全性、减少沟通上的困扰,而且在一些文化差异较小的国家或地区,集体出行的优势会变得更加突出。然而,集体出行也存在一定的弊端,即无法充分满足每位游客的独特喜好。

散客旅游是一种独立的、自由的旅行方式,旅游者可以根据自己的兴趣爱好,选择不同的景点及不同的交通方式,以满足自我实现。这种方式的优势在于,可以更加自由地探索周边的风景,以及更加轻松地完成各种旅行任务,但也存在一定的出行障碍。

4.按消费水平划分

根据消费水平的不同,旅游市场可以划分为豪华、普通、商务以及经济等不同级别。

受收入、职业、年龄和社会地位等多种因素制约,人们外出旅游的消费水平表现出很大的差别。一般而言,国际旅游市场中高档消费居多,国内旅游市场中低档消费居多。因此,在旅游供给市场的产品结构设计上,旅游企业要依据实际情况,统筹规划,合理组织。

5.按旅游目的和需求划分

按照旅游目的和需求,旅游市场可进行不同的细分。在传统旅游市场中,根据人们的旅游目的和需求,旅游市场一般可划分为观光、度假、商务、会议、文化等各种旅游市场,尤其是观光旅游市场一直在传统旅游市场中占据主导地位。

近年来,随着旅游业的迅速发展,不仅有传统的旅游市场,还产生了一些新兴的旅游市场,比如体育、疗养、狩猎、修学、学艺、探险、秘境、惊险、游艺等,它们旨在满足人们的健康养生、事业发展和心理需求等,并且在不同的地方提供不同的服务。

微课链接

旅游市场需求特征

【思考讨论】大学生的旅游需求体现在哪些方面?

二、旅游市场调查

(一)调研准备工作

在这一阶段,我们需要明确三个方面的问题。

1.确定调查目标

第一步,我们需要确定旅游市场调查的目标,并对现有信息进行评估,以便明确需要解决的问题。在调查工作开展前,参加调查工作的人员必须明确本次调查的目标。

2.制订调研计划

根据旅游市场调研的目标,编写具体的市场调研计划,包括市场调查工作的人员分工、调研地点、调研时间、调研人群、抽样数目、经费使用、调研方法等。

3.培训调查人员

调查人员需要具备一定的专门知识,因此在调查工作实施前需要进行专门的培训。培训的内容一是职业道德,二是专业技能。

(二)明确调查类型

我们应根据调查任务,选择调查类型,如可以根据调查目的、选择对象、资料来源、交流方式等确定调查类型。

1.按调查目的分类

按调查目的,调查可分为探索性调查、描述性调查和因果性调查(见表3-4)。

表3-4 调查目的分类

类型	说明	优缺点
探索性调查	收集初步资料的调查方法;常见的形式有访谈、经验调查、查找资料;用于了解现状、发现问题,为制定更加翔实的调查方案做前期准备	优点:简便易行 缺点:准确性低
描述性调查	如实记录和反映市场的客观情况;常用于调查旅游者社会、人口方面的属性,如年龄、收入、性别、受教育程度等;用于市场消费类型判断	优点:调查结果客观、准确 缺点:工作量大
因果性调查	适用于探寻市场现象之间的因果关系,或某项市场试验;了解外界因素的变化对项目进展的影响程度	优点:调查结果直观 缺点:不能涵盖所有的市场变量和情境

2.按选择对象分类

按选择对象,调查可分为全面调查、典型调查和抽样调查(见表3-5)。

表3-5 选择对象的方法分类

类型	调查对象	优点	缺点	适用范围
全面调查	所有对象	全面准确	工作量巨大	普查
典型调查	典型代表	工作量小	对象选择难以把握	同质性、数量多、比较熟悉
抽样调查	随机抽取部分对象	经济性好、时效性强、适应面广	不稳定,有所偏差	以部分情况估计和推断整体情况

3.按资料来源分类

按资料来源,调查可分为第二手资料调查、第一手资料调查和观察调查(见表3-6)。

表3-6 资料来源分类

类型	数据获取	特点
第二手资料调查	外部、内部资料	局限性,数据有效性
第一手资料调查	实地调查	精确可靠,但成本高
观察调查	旁观,借助仪器,无提问,无交流	间接性,客观性

【思考讨论】观察法适用于哪些市场数据调研?

4.按交流方式分类

按交流方式,调查可以分为面谈法、电话询问法、邮寄调查法、留置问卷法、新闻媒介调查法、网络调查法(见表3-7)。

表3-7 交流方式分类

方法	交流方式	优点	缺点
面谈法	预约访问街头采访	方便灵活,回答率高,可靠性强,情感沟通,了解态度	成本高,受人员影响大,不宜单独使用
电话询问法	电话	速度快,费用低,覆盖面广	时长受限,不宜复杂,配合度低
邮寄调查法	邮寄问卷	送达率高,成本低,接受度高	用时长,回收率低
留置问卷法	留置预约时间收回	回收率高,不受影响,思考时间充足	不宜广泛开展,时间长
新闻媒介调查法	电视、广播、报刊	广泛性、时效性、公开性,客观性	误差不易控制,受媒介影响大
网络调查法	网络问卷	快捷方便,易统计	受访者结构单一,真实性难以控制

(三)梳理调查内容

旅游规划的市场调查主要包括旅游市场环境调查、旅游市场需求调查、游客人口学特征调查、游客购买动机和行为调查、旅游市场竞争调查、旅游营销信息调查等方面的内容。

1.旅游市场环境调查

旅游市场环境是指对旅游市场产生直接和间接影响的各种外在因素。通过旅游市场环境调查,可从中发现各种机会、风险和约束条件。旅游市场环境主要包括自然地理环境、社会经济环境、社会文化环境和政策法律环境等几个方面。

1)自然地理环境

自然地理环境包括调查区域与旅游市场的距离、旅游市场的地理环境、旅游资源情况等。

2)社会经济环境

经济支付能力是实现旅游活动重要的外部条件之一,因此决定游客收入水平的经济环境对旅游市场的旅游需求结构与需求量会产生巨大的影响。

经济环境要素主要包括国内生产总值、人均国内生产总值、个人可自由支配收入、居民储蓄存款情况、消费水平、消费结构、物价指数、城市化水平等。

3)社会文化环境

社会文化环境的多样性可以从客源地的人口数量、素质、自然结构、职业和行业结构、民族多样性、宗教信仰、风俗习惯、语言、审美观念以及价值观等方面来考察。

4）政策法律环境

政策法律环境主要包括与旅游业发展有关的方针政策和法律法规，如关于国民经济与社会发展的规划、旅游业发展的方针政策、对外经济贸易政策、环境保护政策等。

2.旅游市场需求调查

旅游需求是在一定的时期内、一定的价格上，游客愿意且能够购买的旅游产品的种类和数量，即游客对某一旅游目的地的需求数量。旅游消费者的需求可以通过其可支配的财力来衡量，而这种财力是影响旅游市场规模的关键因素，也是旅游市场需求调查的重点。

1）旅游需求总量调查

旅游需求总量调查主要是通过抽样调查来推算总体的购买数量。一般调查的主要内容包括以下两方面。

（1）旅游购买力调查。旅游购买力是衡量一个国家或地区旅游消费者的经济实力的重要指标，特别是居民的消费能力。它反映了消费者在旅游市场中的消费水平，因此一直是旅游业发展的关键因素。

（2）居民可供支配收入调查。收入是产生旅游需求的必要条件之一，尤其是可供支配的收入。了解游客的收入和旅游需求之间的联系，可以据此进行旅游需求的分析和预测。因此，居民可供支配收入的多少是决定居民旅游购买力大小的主要因素。可自由支配收入是经济发展的重要驱动力，其产生的需求变化范围广泛，具有较高的弹性。

2）潜在旅游需求调查

潜在旅游需求是旅游调查中的重要方面，因为潜在游客受到外在的刺激或者内在的动机被激发以后会转变为现实的游客。潜在旅游需求调查主要包括以下两个方面。

（1）潜在游客，包括潜在游客的特征、数量、需求特点等。

（2）旅游需求趋向，包括游客会将其旅游购买力用于何处、购买旅游产品的类别、购买的时间和出游的地区等。对旅游需求趋向的调查，可为旅游目的地及旅游企业加强市场预测、合理组织开发适销对路旅游产品、开展有效的营销活动和制定合理的产品价格等提供参考依据。

3.游客人口学特征调查

人口学特征是决定市场细分的关键因素，因此，在进行调研时，必须全面考察消费者的基本情况，包括但不限于总体人口数量、家庭结构、地域分布、年龄和性别比例、受教育程度以及文化传统习俗等。此外，由于个人基本信息大多属于个人的隐私，从鼓励受访者回应提问、提升调查的有效性角度考虑，有关个人信息的调查不应过于详细。调查设计时，应该以研究目的为导向，仅询问与研究和规划有关的信息，无关的信息不要过多涉及。

1）客源地域分布

客源地是一个重要的概念，它涵盖了不同地域的文化、经济、社会、政治、生态环境。它可以帮助我们更好地了解世界各地的文化、经济、社会状况，从而更好地满足不同地域的文化、经济、社会发展的需要。研究客源地可以为我们提供关于当前区域市场的重要信息,从而使我们更好地理解当前区域的经济情况。

2)家庭结构

随着散客化趋势的兴起,以家庭为基本单位来进行旅游消费所占比例越来越大。另外,在我国人口政策和生活观念的变革中,家庭结构也出现了由过去几代同堂的大家庭向三口之家的小家庭发展的趋势,这对旅游需求也产生了影响。

3)年龄构成

不同年龄的游客对旅游产品和服务有不同的需求。如年轻人的消费观念比较超前,乐于一些享受性的服务,喜欢刺激、具有参与性的旅游活动;而老年人则对休闲度假、康体保健型的旅游产品比较热衷。当然这也不是一概而论的,在不同的地区、不同的时期会有不同的特点,这都要通过市场调查去了解和把握。

4)性别差异

由于性别不同,游客对旅游产品的需求和旅游行为存在显著差异。女性更倾向于在旅游目的地方面做出更加明智的选择,但是她们在做出购买决定时,往往会受到外界因素的影响,需要经过一番思考和斟酌才能最终做出决定。相比之下,男性则更加自主,在做出旅游决定时更加果断。

5)职业构成

职业不同,旅游需求的差异也比较明显。不同的职业对目的地和景区的选择差异很大。

6)教育程度

随着教育水平的提高,游客对旅游消费的需求也在发生变化。一般而言,受过良好教育的游客更倾向于选择具有深厚文化底蕴的景区和景点,比如博物馆、历史遗迹等,而且他们更愿意购买具有独特文化价值的旅游商品,在选择旅游商品时也更加理智。

4. 游客购买动机和行为调查

1)游客旅游动机调查

旅游动机是指人们出于某种目的而产生的购买欲望或意图,这些欲望或意图往往是由外部环境或其他因素引起的。对游客旅游动机进行调查,我们可以更好地了解其背后的原因,并采取有效的激励措施来激发游客的旅游兴趣。目前,常见的出游动机主要有观光、度假、购物、美食、商务、研修、公务、探亲、访友等。对旅游动机的调查能够帮助规划者进一步了解目的地当前的吸引力结构。

2)游客购买行为调查

游客的消费行为反映了他们的购买意愿,因此,我们需要对他们的消费模式和习惯进行深入的研究,以更好地了解他们的消费偏好。一般来说,研究游客购买行为的内容涵盖了多个领域,包括旅游偏好、决策过程、消费习惯、居住环境以及满意度等。

5. 旅游市场竞争调查

旅游市场竞争调查主要包括:同类产品、景区、旅游目的地的服务提供情况、市场占有率;现有旅游产品或服务有无新产品或服务来代替,竞争对手(同类型的旅游企业或旅游目的地等)状况,它们的产品或服务的质量、数量、成本、价格、技术水平、发展潜力等。

拓展阅读

影响旅游者消费行为的因素

微课链接

旅游市场定位

需要指出的是,在旅游市场中,不同区域或旅游企业之间的关系,并非单纯的竞争关系,更多是竞争与合作并存。因为只有通过合作才能更好地提升区域旅游吸引力,共同壮大客源市场。

6.旅游营销信息调查

旅游营销信息调查就是调查区域、企业、景区的旅游营销方式、营销渠道和营销效果,主要包括:旅游景区、旅游企业、目的地的旅游营销商的经营能力,目前销量和潜在销量,效果最佳的营销渠道以及广告媒体等。

(四)设计调查问卷

调查问卷,也被称为调查表,是一种记录和反映旅游市场信息的方法,它在旅游市场调查中扮演着至关重要的角色。

问卷调查是一种有效的调查方式,旨在收集受访者对调查问题及其相关结果的反馈,以便更好地了解受访者的真实情况,并且可以有效地利用时间,以达到更好的调查效果。调查问卷要简单明了,便于被调查者回答,良好的调查问卷是调查工作成功的重要保证。

1.问卷的结构

一份完整的问卷应当由问卷标题、问卷说明、被调查者的基本信息、调查主体内容、编码等部分组成。问卷标题应简明扼要,易于引起被调查者的兴趣;问卷说明首先是问候语,并向被调查对象简要说明调查的主题、目的、填表方法与要求,同时消除被调查对象对于回答问题的顾虑,并请求当事人予以协助;被调查者的基本信息主要用于了解被调查者的相关资料,以便对被调查者进行分类,一般包括被调查者的性别、年龄、职业、受教育程度、收入等;调查主体内容是问卷的核心部分,组织单位将所要调查了解的内容具体化为一些问题和备选答案提供给被调查者;调查问卷加编码,便于分类整理;在调查问卷的最后,简短地向被调查者强调本次调查活动的重要性以及再次表达谢意。

2.问卷中问题的形式

在提问方式中,问题所采用的形式主要分为直接性和间接性两种。直接性问题可以让受访者立即获取答案,比如,您是否曾经参观过某个景点?而间接性问题则更多地关注受访者的个人经历。

在调查问卷中,问题所采用的形式主要分为开放式和封闭式两种。封闭式问题的特点是提供固定的备选答案,已知答案范围,答案数量有限,例如,题干为"您去过××景区吗",备选答案为"A.去过"和"B.没去过"。开放式问题可以以自己的方式任意作答,答案复杂、无法预知,属于探讨性问题,如"您喜欢哪种形式的旅游活动"。

问题所采用的形式主要分为机动性和意见性两种。通过动机性问题,我们可以深入了解受访者行为背后的原因,比如他们为何会选择前往某个景点旅游;而意见性问题则可以更好地探究受访者对于某些事情的看法,比如他们对于这次导游讲解服务的评价。

3.问题的设计方法

问卷中问题的设计方法很多,在旅游市场调查中常用的问题设计方法主要有二项选择法、多项选择法、顺位法、数值尺度法、自由回答法(见表3-8)。

表3-8 问题设计方法

设计方法	说明
二项选择法	答案形式为"是与否"或"有与无",被调查者选择其一,可以短时间得到明确答案,使中立者的意见偏向一方,答案属于非A即B型,否则在分析时会导致主观偏差
多项选择法	一个问题提供三个以上答案,选择一项或几项符合的答案,答案需包含所有可能情况,答案不宜过多
顺位法	要求被调查者从所列问题的答案中,按照一定标准进行排序的方法
数值尺度法	根据程度上的判断,赋予每个答案分值
自由回答法	设计问题容易,获取信息多样,受调查者影响大

4.问卷的试用

如果问卷出现模糊的、无法回答的问题,其作答率会很低,作答率低会严重影响问卷调查结果的可靠性。因此,为了提高作答率,需要对问卷进行试用。将调查问卷交给相关专家或有经验者过目,征求他们对问卷内容和结构的意见和建议,也可请目标人群中的一些代表人员进行试答,以识别哪些地方存在问题。

5.调查问卷的设计技巧

1)问卷设计要点

在描述问卷题目时,应该确保代词、动词、形容词等词语的排列顺序一致,以确保整份问卷的内容和表达的一致性,从而使得阅读更加轻松、容易理解;使用通用、简单易懂的词语,问卷中字词的使用应和被调查者的知识水平相一致,问题描述要简单明了,语句意思要清楚,不能模棱两可;不能使用有偏差或容易误导的字眼,问卷中所用的字句对所有被调查者而言,在认知上有一个相同的意义;不要暗示,问题设计应使被调查者在回答时不必进行估计或一般性的陈述;不要隐藏其他答案或方案,一个问句只问一个事物或概念,在同一问题中希望获得两个答案的问题,应尽量避免;句子要短而集中,长话短说。

2)问题顺序的确定

问卷的问题应当按照一定的顺序排列,这样才能使得问卷的结构更加清晰明了。问题顺序应先易后难、先简后繁。前面的几个问题必须是简单易答的问题,把复杂的问题放在后面,以增强被调查者的信心,让其感觉到有能力去回答所有问题。

3)问题答案的设计

(1)答案要满足互斥性和全面性。为了确保调查结果的准确性,问题的答案必须完整无缺,而且不能存在任何重复或矛盾的情况,以免被调查者出现双重选择的情况。因此,必须把所有可能的答案都列出来,以确保每个受访者都能够得到满意的答案。

在实践中,互斥性的把握相对容易,但要达到全面性却需要更多的努力。因此,设计者需要深入了解这个问题,并采取多种措施,如研讨、试调查等,以获得更完善的答案;如果无法确定,可以考虑设置"其他"选项,以填补空缺。

(2)答案要有中立性。设计问卷时必须站在中立的立场,避免个人主观看法,尤其在设计备选答案时要避免片面化,否则无法反映实际情况。问卷的设计要通过研讨听取不同的声音,这样才能保证公正、科学。

(3)设置模糊型答案。面对封闭式问题,有的被调查者遇到一个不知道或不了解的问题而没有办法作答时,往往会胡乱勾选答案,为了避免这种情况的出现,可在答案中会设置"不知道""无所谓"之类的模糊答案。

(五)实施调研与总结

1.实地调研

在此期间,我们的重点工作将是根据预定的目标,全面收集第一手、第二手资料,同时严格控制整个调研流程,以确保结果的准确性与可靠性。

2.处理调查信息

对调查中所获得的数据、资料进行统计、整理,进行数据输入、分析、计算、制表等,将调查的直观问题汇总。

3.撰写调查报告

将整个调查过程、调查结论以文字、图表等形式制作成调查报告,为分析和预测旅游市场提供依据。

三、旅游市场预测

(一)旅游市场预测的内容和方法

预测旅游市场的未来需求就是通过分析过去和现在的情况来预测未来的发展趋势。

1.明确预测内容

旅游市场预测的主要内容包括以下几个方面。

(1)旅游人数及年均增长率。

(2)人均停留时间。

(3)人均旅游消费水平。

(4)旅游收入及年均增长率。

(5)旅游目的。

(6)旅游客源结构。

2.收集预测材料

预测材料分为第一手资料和第二手资料。对旅游市场的预测是建立在历史数据的基础之上的,历史数据需要预测者精心收集、细致整理和分析。但是有些市场预测,仅靠已有的第二手资料是无法完成的,这时需要根据预测目标和内容,有针对性地开

拓展阅读

旅游市场调查问卷(大纲)

展市场调查,收集第一手资料,以便预测工作顺利开展。

3.选择预测方法

究竟选择哪种预测方法或预测模型,要根据预测的对象和拥有的历史数据而定,预测方法或模型的选择是否恰当,不仅关系到预测能否顺利进行,还会影响预测结果的准确性和可靠性。在旅游规划中,旅游市场的预测主要分为两类。

一类是有历史数据的预测,通常使用成长率预测法、比率法、加权序时平均数法、移动平均法、滑动平均法和一元线性回归预测法等;另一类是没有历史数据的预测,通常使用旅游者意图调查法、销售人员综合意见法、德尔菲法和类似项目比较预测法等。

4.分析预测结果

通过预测所有必要的指标和数据,我们能够更准确地评估它们的可靠性,并且能够对预测结果进行有效的校验和修正。

(二)确定市场范围和细分标准

企业一旦制订了运作计划,便开始考虑如何将其产品推向更多的客户。为了实现这一点,企业首先要进行全面的市场调研,以了解当前的竞争环境。然后,根据企业的实际情况,对产品和服务进行细致划分,并制订适当的销售计划。最终,企业将根据实际情况,精心挑选适宜的产品和服务。

通过旅游者的特征细分,我们可以将整个市场划分为多个不同的旅游者群。这些旅游者群可以帮助我们更好地选择合适的目标市场,从而为旅游规划提供有力的支持。

影响旅游市场需求的因素是多样的,一般说来,常见的旅游市场细分标准有以下几个类别。

1.地理细分

对全球范围内的市场进行精准的地理细分,可以从多个角度来定位和把握商机,从而更好地实现企业的战略定位。

2.人口细分

对旅游者的年龄、性别、家庭成员、类型、经济状况、工作类型、文化背景、学历水平、宗教信仰、民族特征等多个维度的数据进行相应的分类,然后将其归纳为一个特定的客户群体,可以更加准确地把握其消费偏向,从而更有效地实现市场营销目标。

在进行旅游市场的人口细分时,单一人口因素的有效性往往不太理想。例如,单纯以年龄指标细分的市场,景区就不一定能够发现其所需要的目标市场,因此,在旅游市场细分过程中,更多的是采取多因素联合的人口细分方式。例如,将收入和年龄结合起来作为旅游市场细分的标准,或将职业、家庭、人口及年龄等要素联合起来进行旅游市场细分。

3.心理细分

根据旅游者的个人特征、喜好和需求,将旅游市场划分为不同的类别,这些类别可以通过社会地位、生活习惯和个性特征来衡量。

4.行为细分

旅游行为细分旨在根据游客的旅游动机、价格偏好、品牌偏好、旅游方式、旅程距离和旅程时长等因素,对旅游市场进行精准定位。

(三)分析市场需求

在确定市场范围之后,规划者应该根据细分的标准和方法,深入了解当前和未来消费者的所有需求,并对其进行系统归类,以便更好地满足不同市场的需求,从而为市场细分提供可靠的依据。

规划者应该先仔细研究潜在旅游者的地理位置、人口构成、行为习惯及心理特征,以便更好地了解他们的需求。

然后针对旅游者的不同需求,规划者应当采用抽样调查的方式,结合年龄、性别、收入水平、婚姻状况、地域范围和个性等多种因素,对市场进行细分,以更好地满足消费者的需求。通过这种方式,规划者可以更准确地把握旅游者的消费偏好,从而更好地满足消费者的需求。然而,不能过度细分市场,因为大多数旅游胜地很难满足每一个独特的需求。

通过对消费者需求的深入研究,我们可以更好地分析潜在的市场。在进行这项工作时,我们既要考虑消费者的需求特点,也要结合我们的经验来进行估算和决策。

(四)调整与命名细分市场

每个领域都应当独立于其他领域,并且每个领域都应当拥有与其他领域不同的特点。此外,每个领域的消费者都可能会表现出类似的消费习惯。在这些细分市场中,首先应去掉现实中不存在的子市场,然后再去掉一些无利可图的市场,对于剩余的一部分细分市场,规划者要进一步分析各市场的特点,以明确有没有必要对各细分市场再做细分。

经过精心的市场细分,我们应该以最直观的方式来识别每一个潜在的市场,并且根据它们的需求和消费者行为特点,给它们起一个恰当的名字。

(五)选择目标市场

对旅游地而言,有效的目标市场选择不仅仅要考虑到它们的特点,还要考虑到它们的可持续性,以及它们的可扩张性。因此,旅游地必须综合考虑它们的优势、竞争情况、消费者的偏好,以及它们的可持续性,再来决定哪些细分市场最有价值,以及如何将这些资源有效地整合到一起,以达到最佳的发展效果。

1.有效的目标市场应遵循的原则

(1)目标市场应具有可测量性。一个市场的规模、消费者的需求和未来的发展趋势,这些信息可以通过测量来获得。

(2)目标市场应具有可进入性。可进入性意味着所选择的市场必须具备良好的经济、政策和文化条件,以确保其有效运作。对于进入门槛较高的细分市场,除非能够肯定从中受益大于所付出的成本,否则将不是理想的目标市场。

(3)目标市场应具有可盈利性。从经济效益的角度来看,盈利能力是旅游开发的核心,因此,在选择目标市场时,应当确保其能够持续带来可观的经济收益。

(4)目标市场应具有可操作性。可操作性是指在特定的细分市场中,采取适当的营销策略,以吸引消费者的关注度和购买力。例如,在某个国外的细分市场,由于地理位置、文化背景等因素,可能无法满足消费者的需求,从而导致营销计划难以实施,这样的细分市场就不应被纳入目标市场。

2.旅游目标市场选择的方法

1)按单一变量选择目标市场

按单一变量选择目标市场可以有以下几种划分方式。

(1)按空间距离来确定目标市场。根据旅游目的地的空间位置和时间距离,我们可以将其划分为近期、中期和远期三个不同的市场。这样做可以更好地满足不同需求,并且更有效地实现经济效益。

(2)按接待量来确定目标市场。根据旅游目的地的可能接待量,我们可以将其划分为主要市场、次要市场和机会市场。旅游目的地应重点发展主要市场,积极开拓次要市场,机会市场则是今后开发的对象。

(3)按旅游动机来确定目标市场。我们可以根据规划区域旅游资源、旅游产品、市场影响因素来确定目标市场。比如,有的旅游目的地的目标市场可能是观光市场,有的可能是度假市场,有的则可能是休闲市场。

(4)按年龄来确定目标市场。不一样的年龄所选择的目标市场是不一样的。比如,运动型旅游目的地主要将年轻人确定为自己的目标市场,文化观光型旅游目的地则将中老年人确定为自己的目标市场。

(5)按收入情况来确定目标市场。由于旅游产品的价格高低悬殊,目标选择应与收入水平直接相关。比如,度假型旅游目的地主要将中高收入者作为目标市场,很难将没有直接收入的学生作为目标市场。

(6)按职业来确定目标市场。职业与收入水平有紧密的关系,旅游区在确定目标市场时也应充分考虑这一因素。比如,公务旅游目的地主要以公务人员为目标市场,休闲旅游目的地主要以白领市场为主。

2)按综合变量选择目标市场

在多种细分旅游市场中逐一选择目标市场,然后进行综合考量,形成一个特定的、针对性强的目标市场。

3.目标市场选择的策略

一般来说,三种主要的目标市场选择的策略分别是无差异市场策略、差异性市场策略、集中式市场策略。

1)无差异市场策略

采取无差异市场策略,即不考虑各个细微的区别,将全局视为拥有共同或类似需求的巨型消费群体,通过多样化的营销活动来满足其特定的消费群体。为此,必须借

微课链接

旅游目标市场选择的方法和策略

助多元化的分销网络、强势的公关活动，努力塑造出良好的消费者印象。当采用无差异市场策略时，可以显著降低市场研究和生产管理的成本，从而提高效率。然而，这种策略也存在一定的局限性，因为要想让所有的消费者都满意，就必须考虑到多种因素。

2）差异性市场策略

根据当前的市场情况，我们应该采取具体的措施来提升产品的竞争力，并为其量身打造最适宜的营销策划。采取差异化的市场策略可以满足旅游者个性化的需求，提升旅游地的形象和竞争力，从而提高销售。

3）集中式市场策略

采用集中式市场策略，可以通过精心筛选出一个或少量几个特定的市场，并充分利用有限的资源，从而获得更大的市场份额。采用集中化营销方案可以使企业获得更大的竞争优势。这种方法不仅提供了更加精准和个性化的产品，还可以降低成本、提升投资效益。然而，这种方法存在一定的风险。

当代年轻人旅行图鉴

年轻人的新玩法，意味着不循旧途，也意味着即时满足。

年轻人谈论旅行时，已经不仅仅是去远方。他们出门的理由，也早已从某个城市、某个景点变成一场音乐节、一个艺术展、一座博物馆，甚至一样时令美食。不拘一格、不囿一地、玩法多样，年轻人的"旅行"正变得越来越个性化。

请问：年轻人还会追求"机票＋酒店"标配套餐吗？四通八达的高铁、灵活自由的自驾、挑战自我的骑行，他们的选择不只是"飞来飞去"。个性、颜值、体验、社交都是年轻人住宿选择的重要标准，民宿、房车、帐篷都可以成为充满惊喜的"栖身之地"。

自2021年以来，各大旅行平台都将目光放到了更小颗粒度的旅行产品上，以及更具个性化的体验上。换言之，根据"Z世代"旅游者消费习惯的改变，每周都要玩好、高铁游才够酷、帐篷搭在风景里……这些出行诉求已成为刚需，不断促使各大旅行平台必须在"玩法"上保持敏感、不断创新。

查询相关资料，梳理"Z世代"年轻旅游者的旅游需求，思考未来基于年轻旅游者的旅游项目开发重点与方向。

项目小结

旅游资源是指自然界和人类社会凡能对旅游者产生吸引力，可以为旅游业开发利用,并可产生经济效益、社会效益和环境效益的各种事物和现象。

旅游资源调查是依照一定标准和程序,针对旅游资源开展的询问、勘查、实验、绘图、摄影、录像、记录、填表等活动。旅游资源的调查是旅游规划、开发利用和保护的基础。

旅游资源的调查内容包括旅游资源形成背景条件调查、旅游资源赋存调查和资源外部开发环境调查。

旅游资源评价是选择某些评价因子,按照某些标准,运用一定的方法对旅游资源的价值做出评判和鉴定。常见的旅游资源评价角度主要包括旅游资源自身评价和旅游资源开发评价。常见的旅游资源定性评价法有"三三六"评价法、"六字七标准"评价法,常见的旅游资源定量评价法有旅游资源国标评价法、单因子定量评价法、层次分析法、指数评价法。

旅游市场调查是指运用科学的方法和手段,系统地、有目的地收集和分析市场信息,做出评价,提出建议,为旅游产品的开发和营销决策提供依据的活动。

旅游市场调查主要包括旅游市场环境调查、旅游市场需求调查、游客人口学特征调查、游客购买动机和行为调查、旅游市场竞争调查、旅游营销信息调查等方面的内容。

预测旅游市场的未来需求就是通过分析过去和现在的情况来预测未来的发展趋势,需要确定市场范围和细分标准、分析市场需求、调整与命名细分市场、选择目标市场。

项目训练

一、知识训练

1. 按照《旅游资源分类、调查与评价》(GB/T 18972—2017)的资源分类标准,旅游资源主要包括哪些主类和亚类?
2. 旅游资源评价主要包括哪些内容?
3. 旅游市场调查通常包括哪些步骤?
4. 旅游市场预测的价值和意义何在?

二、能力训练

1. 选择熟悉的××旅游景区或者××古村落,收集和整理其旅游资源,要求完成以下内容:①选择其中任一旅游资源单体,完成单体调查表的填写;②结合所学旅游资源分类知识,依据其旅游资源类型,按照国家标准要求,填写旅游资源分类表;③评述现有旅游资源开发现状。

2. 请以周边××景区为案例点,进行客源市场调查与预测。要求包括以下内容:①××景区旅游发展概述;②选择某一调查方法对景区现有客源市场进行调查;③进行旅游目标市场选择。

在线答题

项目测试三

项目四
构思发展定位

项目概述

构思发展定位是开展旅游规划工作的重要前提,是一切规划工作的重中之重。如何解读上位政策,结合经典理论,确立正确的发展战略对规划工作有着重要意义。旅游规划的战略定位是指导区域旅游产业发展的重要依据,它为旅游产业设定愿景、制定发展战略,是旅游规划的灵魂。旅游发展目标按内容划分,分为总体目标和阶段目标;按目标属性划分,又分为经济水平目标、社会效益目标、环境保护目标和文化发展目标。

旅游规划的所有内容都应围绕旅游规划的发展定位展开。旅游规划的发展定位主要包括主题定位、功能定位、形象定位、产业定位和产品定位。在确定发展定位时,常用到竞争定位法、资源-利益定位法、层面定位法。

学习目标

知识目标
1. 熟悉解读宏观政策的方法。
2. 掌握不同类型旅游规划的总体目标。
3. 掌握不同类型旅游规划的发展定位。
4. 熟悉确定发展定位的方法。

能力目标
1. 精准找出与规划对象有关的宏观政策,并做出正确解读。
2. 根据宏观政策,结合相关理论,确立旅游目的地的发展战略。
3. 从经济、环境、社会、文化等角度为规划对象制定合理的目标。
4. 依据发展战略与目标,明确旅游目的地发展定位。

素质目标
1. 深刻理解社会主义新时代社会经济发展总目标和旅游发展战略目标。
2. 坚持以文塑旅、以旅彰文,积极推进文旅融合发展,传播中国文化、坚定文化自信。

项目四　构思发展定位

知识导图

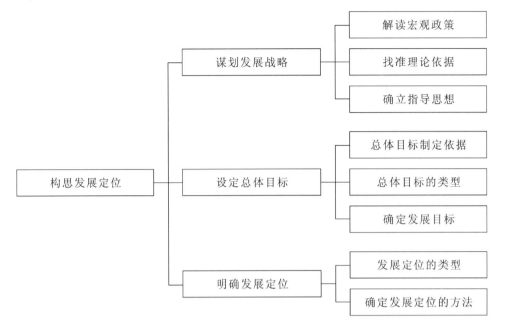

案例导入

《"十四五"文化和旅游发展规划》（节选一）

指导思想

高举中国特色社会主义伟大旗帜，深入贯彻党的十九大和十九届二中、三中、四中、五中全会精神，坚持以马克思列宁主义、毛泽东思想、邓小平理论、"三个代表"重要思想、科学发展观、习近平新时代中国特色社会主义思想为指导，全面贯彻党的基本理论、基本路线、基本方略，紧紧围绕经济建设、政治建设、文化建设、社会建设和生态文明建设的总体布局和全面建设社会主义现代化国家、全面深化改革、全面依法治国、全面从严治党的战略布局，立足新发展阶段、贯彻新发展理念、构建新发展格局，紧紧围绕举旗帜、聚民心、育新人、兴文化、展形象的使命任务，坚定文化自信，增强文化自觉，坚持稳中求进工作总基调，以推动文化和旅游高质量发展为主题，以深化供给侧结构性改革为主线，以改革创新为根本动力，以满足人民日益增长的美好生活需要为根本目的，统筹发展和安全，大力实施社会文明促进和提升工程，着力建设新时代艺术创作体系、文化遗产保护传承利用体系、现代公共文化服务体系、现代文化产业体系、现代旅游业体系、现代文化和旅游市场体系、对外和对港澳台文化交流和旅游推广体系，推进文化铸魂、发挥文化赋能作用，推进旅游为民、发挥旅游带动作用，推进文旅融合、努力实现创新发展，为提高国家文化软实力、建设社会主义文化强国作出积极贡献。

案例分析

任务一　谋划发展战略

任务描述：本任务主要学习宏观政策对旅游规划的指导意义，确立旅游规划发展战略的理论依据及原则。

任务目标：通过任务学习，能够准确查找相关宏观政策，解读并提炼政策内容。

一、解读宏观政策

政策复杂多样，在进行旅游区的规划设计时，应有目的、有意识地选取与旅游地所在地紧密关联的政策。为保证政策的真实性及可靠性，查找政策的主要渠道应为当地政府的官方网站，以及实地到政府部门进行咨询。

政府的政策方针按性质来分，可以分为国家政策、区域政策、产业政策三种。其中，国家政策主要由国家层面的政府机构颁布实施，区域政策分为省域层面、地级市层面和县级层面，产业政策是政府为了实现经济和社会目标而对产业的形成及发展进行干预的各种政策的总和。

旅游规划指导思想的编制一定要与国家、地方政府的政策方针紧密保持一致，深入贯彻落实科学发展观和社会主义核心价值观，坚持在生态文明建设的总体要求和美丽中国建设目标下，把握旅游产业发展机遇，推进旅游产业健康快速发展。编制指导思想时，国家层面的政策主要体现在省域旅游产业发展的指导思想中，而一般地级市或县域旅游规划的指导思想则需要结合当地的实际情况。

在确定政策来源真实可靠的前提下，对政策进行分类总结，结合旅游区具体项目，选择相关程度高、紧密性强的政策进行解读，找到对项目发展有力的政策支持。如《高举中国特色社会主义伟大旗帜 为全面建设社会主义现代化国家而团结奋斗——在中国共产党第二十次全国代表大会上的报告》中指出，要"坚持以文塑旅、以旅彰文，推进文化和旅游深度融合发展"。从这些话语中，我们可以解读到文旅融合呈现出前所未有的活跃态势，已成为影响未来文旅产业和区域发展的重要因素。

二、找准理论依据

旅游规划指导思想的编制应遵循相关理论依据。

（一）竞争力理论在旅游规划中的应用

1. 为旅游竞争力分析提供工具

随着旅游市场竞争的加剧，一个旅游地的旅游产业在旅游市场中的竞争能力日益受到人们的关注，当前旅游规划的目标之一就是提升规划对象在市场中的竞争力。因

明确指导政策

此,在确定旅游发展目标和方向时,必须运用一般竞争力理论分析规划对象在旅游市场中的竞争状况。可以说,旅游竞争力分析已经成为旅游规划编制中的一个重要组成部分。同时,旅游地竞争力理论的提出还大大丰富了旅游规划的内涵。

2. 为旅游发展战略的制定提供依据

旅游发展战略是以提升旅游地的市场竞争力,实现旅游地经济、社会、环境效益与可持续发展为导向的,是对旅游地今后发展道路的总体指导。这就要求旅游发展战略的制定必须依据旅游竞争力分析的结论,必须找出旅游发展的差距所在,明确其制约因素,调整规划目标与重点,最终提升旅游地或旅游产业的竞争力。

(二)旅游地生命周期理论在旅游规划中的应用

1. 预测旅游地发展走向

旅游地生命周期理论自产生以来就受到人们的关注,它的应用也从最开始描述和分析旅游地的历史发展过程推广到预测旅游地未来的发展趋势,指导旅游地营销策略,从而达到延长旅游地生命周期的目的。作为一种计划工具,旅游地生命周期理论主要描述和分析旅游地从起步到衰落的整个发展轨迹,可以使管理和营销机构意识到旅游地的发展会随着时间的变化而变化,并且旅游地在不同发展阶段应该采取不同的旅游营销策略。

2. 提供旅游规划调整依据

旅游规划在实施一段时间后往往要根据实施情况进行一定的调整,以更加适应旅游地的发展。而旅游地生命周期理论则为调整性规划提供了很好的依据。在调整性规划中,往往要根据旅游地所处的阶段及时进行适应性调整、开发、拓展与深入;以提高旅游地的接待能力,改善旅游地的服务设施,进而延长旅游地的生命周期,实现经济、社会、环境效益的最大化。

3. 指导旅游产品创新开发

作为一种控制策略,旅游地生命周期理论有助于目的地管理和营销机构凭借旅游地已有的旅游吸引物来类推即将开发的新的旅游吸引物可能产生的绩效,以及旅游地是否有必要根据一些典型的迹象来开发新的旅游吸引物,这些迹象包括旅游者数量是否稳定、旅游者增长数量是否稳定,以及旅游者重游率的高低等。因此,旅游地生命周期理论可以为旅游产品的创新开发提供指导。成功的旅游产品创新可以为旅游地的新发展注入动力和活力,有助于旅游地在稳固已有客源市场的基础上,开发新的客源市场从而创造新的效益。

(三)旅游可持续发展理论在旅游规划中的应用

可持续发展是旅游业发展的终极目标,旅游可持续发展理论对旅游开发与规划具有深远的指导意义,为旅游规划提供了一个全新的旅游承载力思维框架,即旅游开发要综合考虑旅游地的环境承载力和社会承载力,以实现旅游发展的综合效益。

其中,旅游承载力也称旅游容量,它是在一定时间条件下,既定空间范围的旅游地所能容纳的最大旅游活动的能力,是反映旅游地对旅游活动强度的承受能力大小的综合指标。旅游承载力强调了土地利用强度、旅游经济收益、游客密度等因素对旅游地承载力的影响,包括了资源承载力、环境生态承载力、社会承载力等基本内容,一个旅游地的旅游承载力是这些承载力的综合反映。

同时,旅游可持续发展理论的运用可以有效地避免旅游开发过程中的低层次重复建设以及过度开发,对于旅游环境保护和现实中没有条件开发的旅游资源的保护具有重大意义。此外,可持续发展理论要求旅游规划要有一定的弹性,不能盲目开发,为未来进一步开发保留一定的空间。

旅游可持续发展理论

三、确立指导思想

旅游规划指导思想的确立应遵循以下三个原则。

(一)"大旅游""大产业"的原则

新一轮旅游规划一定是在"大旅游""大产业"的视角下进行编制的。从大旅游的角度出发整合各类资源,包括旅游资源、产业资源和社会资源;从大产业的角度出发推进旅游与第一产业、第二产业和第三产业的融合发展。因此在编制相应的旅游规划指导思想时,一定要高屋建瓴、高瞻远瞩地从"大旅游""大产业"的视角切入,将该理念贯穿于整个指导思想当中,强化旅游规划指导思想的新思维方式。

(二)因地制宜的原则

旅游规划的指导思想具有一定的宏观性,因此,它在大方向、大方针的指引上就会出现雷同、相似的局面。在编制旅游规划指导思想时,一定要结合旅游地的社会、政治、经济、环境及旅游产业发展特色,因地制宜进行编制。尤其是在编制政府的旅游产业发展规划时,当地政府出台的政策文件将成为指导思想编制的重要参考。

(三)综合协调的原则

旅游规划指导思想的编制还要体现出一定的综合性、协调性。首先,旅游产业发展的趋势表明旅游产业融合发展的态势,而旅游规划的指导思想作为指导产业发展的思想旗帜,其内容一定要考虑到其他相关产业的发展;其次,旅游规划的指导思想还要体现多方的价值诉求,旅游产业发展是当地政府、企业、社区与旅游者共同支撑起来的,指导思想的编制也要考虑其利益诉求。旅游规划指导思想的主要内容一般由三个部分构成,即"政策文件指导+发展实施路径+总体发展目标",三个部分之间通过合适的词语进行连接。如《浙江省旅游业发展"十四五"规划》中的指导思想:坚持以习近平新时代中国特色社会主义思想为指导,深入贯彻党的十九大和十九届二中、三中、四中、五中全会精神,把握新发展阶段、贯彻新发展理念、构建新发展格局,忠实践行"八八战略",奋力打造"重要窗口",聚焦高质量、竞争力、现代化,以扩大内需为战略基点,以深化供给侧结构性改革为主线,以社会主义核心价值观为引领,以满足人民日益增长的美好生活需要为根本目的,以数字化改革为总抓手,主动把握和适应旅游发展新态势,进一步扩大开放,推进文化和旅游深度融合,构建现代旅游业体系,把浙江人文优势与生态优势转化为旅游发展优势,优化产品结构,提升旅游品质,拓展旅游市场,扩大旅游消费,壮大旅游经济,用旅游载体讲好浙江故事,促进共同富裕,努力为争创社会主义现代化先行省贡献力量,为全国旅游现代化建设贡献经验。

通过该指导思想我们可以看出,《浙江省旅游业发展"十四五"规划》编制参考的重要政策文件是《浙江省国民经济和社会发展第十四个五年规划和二〇三五年远景目标纲要》,其总体目标为努力打造新时代文化高地。以党的创新理论为引领的先进文化、以红船精神为代表的红色文化、以浙江历史为依托的优秀传统文化、以浙江精神为底色的创新文化、以数字经济为支撑的数字文化全面繁荣发展,公共文化服务体系和文化产业体系更加健全,文化和旅游深度融合,文化及相关产业增加值达到6400亿元,文化自信充分彰显、文化形象更加鲜明、文化素质显著提升,形成具有国际影响、中国气派、古今辉映、诗画交融的文化浙江新格局,在人的现代化方面走在前列。

微课链接

确立指导思想

慎思笃行

《浙江省旅游业发展"十四五"规划》(节选)

主要原则

坚持以文塑旅,以旅彰文。发挥旅游载体作用,让旅游成为人民感悟优秀文化、增强文化自信的过程,让广大游客在旅游体验中感受文化之美,陶冶心灵情操,促进人的全面发展。

坚持主客共享,惠民富民。以提高游客和当地居民满意度获得感为核心,发展大众旅游、全域旅游;发挥产业优势,扩大投资,增加群众收入,促进共同富裕示范区建设。

坚持生态优先,品质至上。注重提高标准,突出特色发展、绿色发展,拓展"绿水青山就是金山银山"理念的旅游转化通道,提升核心竞争力,实现量的有效增长和质的大幅提升。

坚持数字赋能,创新驱动。用数字化技术、数字化思维、数字化认知对旅游治理进行全方位系统性重塑,创新体制机制,推进旅游业从资源和要素驱动向创新驱动转变,催生新产品、新业态、新服务。

坚持依法治理,优化环境。加强旅游法治体系建设,运用法治思维和方法推动旅游市场发展,营造法治化的营商环境,依法维护旅游者和经营者合法权益。

坚持系统观念,整体智治。统筹发展和安全、保护和利用、国内与国际、城市和乡村、线上和线下等关系,加强全局性谋划,整体闭环推进"诗画浙江"建设,构建新发展格局,推动旅游与经济社会全局实现高度融合、联动发展。

知行合一
Zhixing Heyi

阅读《浙江省旅游业发展"十四五"规划》,分析该规划中主要原则提出的政策背景、理论依据和指导思想。

任务二 设定总体目标

任务描述:本任务主要学习设定旅游规划的总体目标,从内容和属性两个角度解析旅游规划总体目标的内容。

任务目标:通过任务学习,掌握旅游规划总体目标的类型以及制定的依据与原则。

一、总体目标制定依据

在确定旅游区旅游发展总体目标时,主要依据国家级旅游发展相关规划,如《"十四五"文化和旅游发展规划》和《"十四五"旅游业发展规划》,以及各省级旅游发展纲要(如《浙江省旅游业发展"十四五"规划》),重点考虑如下几点因素:①根据世界旅游组织预测,中国将从亚洲旅游大国迈向世界旅游强国;②我国高速公路、高速铁路等交通设施日益完善,使沿海地区与内陆地区的联系更加紧密;③各省市积极实施项目带动旅游发展战略,为旅游业的发展带来新机遇。

旅游区旅游规划总体目标的制定主要遵循以下四个原则:①旅游业的发展速度适当高于国民经济的增长速度;②国内旅游的增长速度适当高于入境旅游的增长速度;③旅游收入的增长率适当高于旅游接待人次的增长率;④旅游人数和旅游收入的增长要考虑不同的旅游业发展态势。

经济目标的预测主要包括以下内容:旅游人次预测、旅游消费预测、旅游收入预测、酒店床位数预测、景区发展质量预测等。

社会目标的预测主要包括一元钱的投资能产生多少效益,能提供多少就业岗位等。

二、总体目标的类型

(一)按照旅游发展目标的内容分类

按照内容,旅游发展目标可分为终极目标和阶段目标,如图4-1所示。所谓终极目标就是该旅游地经过长时间的发展后要达到的要求,通常包括以下几个内容:需要该地区旅游相关行业和部门支持的旅游需求;对该地区旅游发展的未来可能性所做的预期;对该地区旅游发展战略的一般性指导方针;对该地区旅游发展意义的揭示等。

相对于旅游发展的终极目标,阶段目标较为细致和具体。一般而言,根据人们的习惯,往往将旅游发展的阶段目标分为近期、中期、远期三个部分。

近期目标通常对旅游发展中,如基础设施建设、旅游产品组合、旅游市场划分、行业队伍整顿等基本内容和亟须解决的问题做出规定。

中期目标是在前期成果的基础上对旅游纵深发展,如旅游理念提升、旅游形象塑造、旅游精品开发、旅游市场推广等提出要求。

远期目标则是为旅游发展持续动力的规划和创新目标的设计提供蓝图。

此外,近期目标还可以按照目标的表述形式分为概念性目标和数值性目标。概念性目标主要为采取描述性的语句,对旅游地未来发展所期望达到的目标和效果加以说明。而数值性目标则需要通过相关的研究,借助具体的量化指标来探讨旅游地未来发展需要达到的具体标准。如某时期接待境内外旅游者人数、旅游创汇额、国际国内旅游收入等指标。发展环境具有不稳定性,因此,通常还会给数值性目标制定一个数值目标区间,以基本目标为下限,以激励目标为上限。

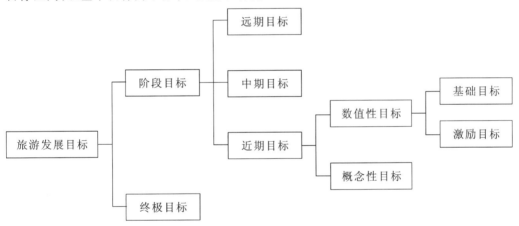

图 4-1 按内容分类的旅游发展目标

(二)按照旅游发展目标的属性分类

按照属性,旅游发展目标可分为经济水平目标、社会效益目标、环境保护目标和文化发展目标(见图 4-2)。

经济水平目标是反映其最终产业规模和经济收益状况的系列指标,包括境内外旅游者人数、旅游总收入与创汇、地方居民收入水平、占 GDP 的比重、投资回收期、乘数效应等。

社会效益目标主要涉及特定时期下旅游的发展将会产生怎样的社会效果,包括提供的就业机会、地方居民的支持率、社会风气、旅游者的满意度、从业人员服务质量等指标。

环境保护目标直接关系到旅游可持续发展的问题,主要包括自然风景资源保护、历史文化资源保护、环境综合治理指标、绿色覆盖率、水资源环境、大气资源环境等内容。

文化发展目标需要体现旅游发展对当地文化的影响和与文化互动的预期结果,包括当地文化的完整性、文化个性、文化整合的程度、交叉文化的吸引力等指标。

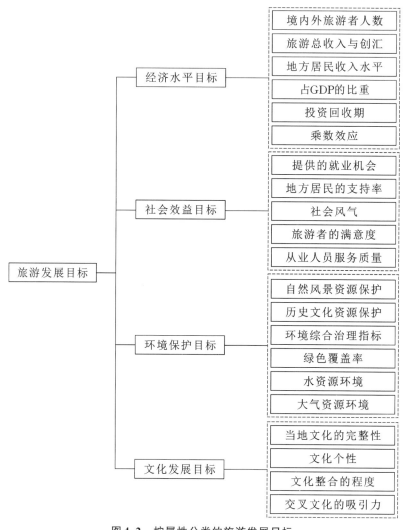

图4-2 按属性分类的旅游发展目标

三、确定发展目标

旅游发展目标的定位基本上是从旅游地发展的角度,即站在东道主的立场上对旅游发展进行目标设计。但是,在旅游规划与开发中,其目标的确立不仅要关注当地的发展同时还应将旅游者的需求和满足感置于较为重要的位置。因此,在旅游规划中,确立旅游发展目标时,通常将区域国民经济发展总体目标、区域旅游产业发展总体目标与旅游区的自身发展、旅游者的旅游体验相结合。目前,为旅游规划界所公认的旅游发展目标框架如下。

（一）满足个人需求

不同的旅游者，他们的旅游动机都不尽相同。因此，在市场经济条件下，满足旅游者个人需求是旅游发展的根本目标之一。它主要包括以下几个方面：安静与休息，同时参与消遣和体育运动；回避喧嚣的同时与当地居民适当接触；接触自然与异域风俗，但拥有家庭舒适感；隐匿或独居，但有安全保障与闲暇机会。

（二）提供新奇经历

对大多数游客而言，他们所向往的旅游经历是远离常规生活中的高密度人群、快节奏的生活压力与严重污染的环境。因此，旅游发展目标应体现出"回归自然"的特色，如安静、生活节奏变慢、放松身心等，与大自然亲密接触，异质文化与生活方式的新型体验。

（三）创造具有吸引力的"旅游形象"

旅游规划应尽可能赋予旅游区一种新颖的个性特征，同时使得这种个性特征易于被游客辨识、记忆和传播。可以利用地区资源特色，采用当地材料进行设施建设；展示地区属性，创造特别的旅游"气氛"；对设施进行富有想象力的处理，反映区域风貌与气候属性；为旅游者提供与当地居民、工艺品与风俗习惯接触的机会。

值得一提的是，上述旅游发展目标的类型和内容只是为旅游发展目标的制定提供了理论框架和方法。在旅游规划实际工作中，发展目标体系需要以当地的发展态势为依据，进行具有针对性的内容设计。

慎思笃行

Shensi Duxing

微课链接

设立总体目标

《"十四五"旅游业发展规划》（节选一）

发展目标

到2025年，旅游业发展水平不断提升，现代旅游业体系更加健全，旅游有效供给、优质供给、弹性供给更为丰富，大众旅游消费需求得到更好满足。疫情防控基础更加牢固，科学精准防控要求在旅游业得到全面落实。国内旅游蓬勃发展，出入境旅游有序推进，旅游业国际影响力、竞争力明显增强，旅游强国建设取得重大进展。文化和旅游深度融合，建设一批富有文化底蕴的世界级旅游景区和度假区，打造一批文化特色鲜明的国家级旅游休闲城市和街区，红色旅游、乡村旅游等加快发展。旅游创新能力显著提升，旅游无障碍环境建设和服务进一步加强，智慧旅游特征明显，产业链现代化水平明显提高，市场主体活力显著增强，旅游业在服务国家经济社会发展、满足人民文化需求、增强人民精神力量、促进社会文明程度提升等方面作用更加凸显。

展望2035年，旅游需求多元化、供给品质化、区域协调化、成果共享化特征更加明显，以国家文化公园、世界级旅游景区和度假区、国家级旅游休闲城市和街区、红色旅游融合发展示范区、乡村旅游重点村镇等为代表的优质旅游供给更加丰富，旅游业综合功能全面发挥，整体实力和竞争力大幅提升，基本建成世界旅游强国，为建成文化强国贡献重要力量，为基本实现社会主义现代化作出积极贡献。

阅读《"十四五"旅游业发展规划》相关内容，分析其旅游发展目标设定的依据以及前期目标与中远期目标的关联性。

任务三　明确发展定位

任务描述：本任务主要学习如何确定旅游规划的发展定位，从主题、功能、形象、产业和产品五个方面解读发展定位。

任务目标：通过任务学习，掌握旅游规划中确定发展定位的方法。

一、发展定位的类型

战略定位的概念最初起源于营销学，经过几十年的发展，战略定位的思想已经延伸到更广泛的领域。在旅游规划过程中，旅游区的发展战略定位即结合旅游区的资源状况及未来愿景，在市场分析的基础上做出的关于旅游区在主题、功能、形象、产业、产品五大方面的定位，使旅游区在市场竞争中拥有强大竞争力，从而取得有利竞争地位的一种过程。旅游规划的战略定位是指导区域旅游产业发展的重要依据，它为旅游产业设定愿景、制定发展战略，是旅游规划的灵魂。旅游规划的所有内容都是围绕旅游规划的战略定位展开的。按照定位内容的划分，旅游区的战略定位主要包括主题定位、功能定位、形象定位、产业定位、产品定位。

（一）主题定位

主题定位是旅游目的地发展的核心，旅游产业的功能要凸显主题，旅游吸引物的布局要围绕主题展开。旅游主题定位一般确定旅游目的地"举什么旗、打什么牌和走什么路"。

主题定位一般有三个来源，即旅游发展目标、旅游功能和旅游形象。旅游发展目标是未来旅游发展的方向,确定旅游发展目标必须充分考虑资源优势、内外部环境等各种影响因素。一旦确定旅游发展目标,那么旅游产业的功能及旅游形象必须围绕发展目标来设计。因此,在确定旅游主题定位的过程中,发展目标是最基本的要素。

旅游功能是根据旅游发展目标确立的,同时也要考虑旅游资源和社会经济发展水平。旅游功能与目的地所拥有的旅游资源类型有很大的联系,这是因为旅游功能需要有相应的旅游项目作为支撑,而旅游项目与旅游资源密切相关。

旅游形象是展示旅游目的地风貌的载体,目的地往往通过明确的旅游形象来向旅游者传递相关信息。因此,旅游形象从根本上而言是确定目的地旅游特质的过程,是旅游发展目标和功能的具体表现,概括了旅游发展目标和功能。

由以上分析可以看出,旅游的主题由三大要素构成,其中旅游发展目标是最基本的要素,旅游功能则是由发展目标决定的内在功能,旅游形象是发展目标的外在表现。所以在发展旅游的过程中,必须明确不同阶段旅游目的地的主题定位,针对不同的发展阶段,提出不同的形象口号。

例如,山东省整体上以"好客山东"为主题形象,各地级市在统一的形象下分别有各自的主题,如"泉城济南""奥帆之都,多彩青岛""葡萄酒城,魅力烟台""放飞梦想,逍遥潍坊""中华泰山,天下泰安""走遍四海,还是威海"等。

(二)功能定位

功能定位是确定旅游目的地今后发展将具备哪些功能,以及以哪些功能为主要的发展方向。从重要性来看,旅游功能可以分为主导功能、支撑功能和辅助功能;从内容上来看,旅游功能具有综合性、多元性和复杂性的特征。所以在确定旅游目的地旅游功能时,要从多个方面加以衡量。总的来说,旅游功能要考虑三大效益,即经济效益、社会效益和环境效益。

经济效益,即旅游产业在目的地经济产业结构及区域市场格局中扮演的角色的定位。

社会效益,即旅游产业发展不仅要体现其经济效益,还要与社会发展相适应,要满足旅游者与市民的休闲需求,满足文化遗产保护的需要。

环境效益,即在旅游发展过程中要注意与环境协调一致,注重旅游环境的营造。

从旅游功能的影响因素来看,旅游的功能可以从四个方面进行交叉定位(见图4-3)。

旅游功能既有单一的旅游功能,如观光旅游、文化旅游、生态旅游、城市旅游、购物旅游、度假旅游、工业旅游、修学旅游、科考旅游、徒步旅游、会议旅游、展

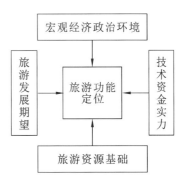

图4-3 旅游功能定位示意图

览旅游、节事旅游、奖励旅游和邮轮旅游等;又有复合型的旅游功能,如休闲观光、生态度假、会议展览、文化休闲、城市游憩、山地休闲、科考探秘和康体娱乐等。从未来旅游发展的趋势来看,具备复合型旅游功能的旅游目的地将越来越受到市场欢迎,并且国内一些受欢迎的单一的旅游目的地也开始逐渐向复合型旅游目的地转变,如峨眉山建设的温泉度假小镇、温泉公园、主题酒店和国际度假社区等项目助力峨眉山由观光型向休闲度假型转变。

(三)形象定位

所谓旅游形象是指在旅游规划与开发中,借助旅游目的地的景观、环境氛围、服务展示、公关活动、信息传递等要素,在旅游者心目中形成的综合感知形象。旅游主题形象是旅游者认知旅游地的重要途径,是旅游者选择旅游地的决策因素之一。借助此形象定位,旅游地在旅游市场中便拥有了明确的立足点和独特的营销优势。旅游区的营销策划围绕着旅游区的主题形象定位展开,是旅游区实现盈利目标的重要前提。旅游区的营销策划在旅游规划与开发过程中主要关注和解决三个方面的内容,即目标市场的选择、营销渠道的设计及营销战略的策划。

(四)产业定位

产业定位是指对旅游产业未来发展方向与目标的定位。产业定位主要考虑三个因素:一是旅游产业目前在目的地国民经济发展中的地位;二是未来旅游产业可能在国民经济中占有什么地位;三是本省或国家对旅游产业的定位。

(五)产品定位

微课链接
明确定位
类型

产品定位是对旅游目的地未来发展哪些旅游产品进行选择。旅游产品的发展是随着旅游业的发展逐渐演变的。在旅游刚刚兴起的时代,旅游产品主要以观光旅游为主。我国从改革开放至1994年,旅游市场的供给基本以观光旅游产品为主。这一时期,我国旅游业刚刚起步,旅游开发基本围绕旅游资源的观赏功能进行。1994年至2006年,这一时期的旅游市场开始出现休闲产品、度假产品,但是观光产品仍然占据主流,这一时期是我国大众旅游迅速发展的时期。2006年之后,随着旅游者旅游需求的多样化,旅游市场上的旅游产品种类也越来越多,并且产品细分的趋势越来越明显,观光产品、休闲产品和度假产品衍生出更多种类的专项旅游产品。

二、确定发展定位的方法

随着旅游发展定位成为旅游规划的重要内容,国内学术界对旅游发展定位方法的研究也取得了一些成果。研究者从不同的角度总结出多种类型的旅游形象定位方法,如竞争定位法、资源-利益定位法、层面定位法等。

（一）竞争定位法

竞争定位法主要是从旅游目的地与其竞争者（周边旅游地）之间的关系入手进行定位的方法，主要有领先定位、比附定位、逆向定位、空隙定位、重新定位等具体方法。

1. 领先定位

领先定位又称领袖定位，适用于对唯我独尊、世界唯一或同类中的"之最"进行定位。由于人们总是对第一名印象最深，因此，这种定位方式最能引起人们的注意。领先定位常见的表达方式：多以"之都""第一""世界""天下""最""中心""唯一"等词汇概括，如"动感之都——香港""黄果树瀑布——天下第一瀑""桂林山水甲天下"等；也可以用较隐晦的方式表达，如"五岳归来不看山，黄山归来不看岳"，"五岳"是中国名山的集中代表，黄山超过了"五岳"，自然就是天下第一了。但领先定位不能随意使用，要基本符合事实。

2. 比附定位

主动避开第一，抢占第二的定位策略。实践证明，与处于领先地位的第一品牌进行正面竞争通常非常困难，因此，抢占第二反而能让人印象深刻。例如，苏州没有定位为世界第一水城，而采用了"中国威尼斯"的定位，无疑会在西方游客心中留下深刻印象；位于大西北的银川，以山清水秀的江南为比附——"塞上江南"，也收到很好的效果。但是，比附定位不适合后来再跟进的旅游地。比如，苏州是"中国的威尼斯"，其他地方就不能再以"××地区的苏州"来进行形象定位。在比附的基础上再不断比附，其吸引力就会不断下降，达不到在旅游者心目中产生清晰印象的效果。另外，比附定位也要恰当，不能随意比附。如"周庄——东方威尼斯"，威尼斯是世界闻名的水城，而周庄则是以江南古典园林小镇著称，两者的氛围、意境迥然不同，不能进行比附。

3. 逆向定位

逆向定位强调并宣传定位的对象是消费者心中第一形象的对立面和相反面，从而开辟出一个新的易于接受的形象。例如，深圳野生动物园的旅游形象定位"人在笼（车）中，动物在笼外"，此定位与早已为人熟知的普通笼式动物园相反，而是将游客与动物的活动方式对调的开放式动物园。

4. 空隙定位

空隙定位的核心在于树立一个与众不同、从未有过的形象。目前旅游地数量持续增长，特别是人工景点相互模仿，从形式到内容都十分雷同。在这种情况下，只有那些个性鲜明、形象独特的景点才能吸引游客，空隙定位就是寻找还没有的形象定位。例如，随着周庄古镇、丽江古城的成功开发，我国出现了古镇旅游热。在此背景下，位于成都市近郊的洛带古镇也进行了旅游规划。在进行旅游形象定位时，洛带古镇是继续沿袭已成功开发的古镇的形象定位思路，还是另辟蹊径呢？规划者在对洛带古镇进行地方性分析的基础上，寻找已有古镇旅游形象定位的空隙，最终以"中国西部客家第一镇"为形象定位。

5.重新定位

重新定位又叫作再定位。需要重新进行旅游形象定位,主要有以下三种情况。第一,进入衰退期阶段的旅游地,原有旅游形象的吸引力急剧下降,需要新的旅游形象代替。例如,深圳锦绣中华景区在游客量不断下降时,果断地将其旅游形象重新定位为珠江三角洲的爱国主义教育基地。第二,不成功的旅游形象也需要重新定位。例如,浙江安吉原来将"中国竹乡"作为旅游形象定位,效果不好,经过对自然旅游资源和客源市场进行综合分析和科学论证后,重新定位为"黄浦江源头",一举成功。第三,旅游地的环境发生大的改变,为顺应形势的变化,旅游形象定位也要随之更改。例如,1997年香港回归这一重大变化,使香港重新进行形象定位,新的形象定位透露出香港人团结一致、香港不会发生改变、香港明天会更好等信息,因此产生了较好的效果。

(二)资源-利益定位法

从旅游地不同的资源类型及特定客源市场的利益角度,旅游发展定位可以采用资源-利益定位法,具体包括资源支撑法、利益指引法、综合描述法和交叉定位法等。

1.资源支撑法

资源支撑法是指从旅游资源的角度进行旅游形象定位,主要是将旅游地最具独特性的旅游资源提炼后作为旅游形象定位。例如,四川眉山尽管拥有众多的旅游资源,但真正具有唯一性、垄断和排他性的旅游资源是三苏祠,故将"三苏故里"作为其旅游形象定位。

2.利益指引法

利益指引法是指从旅游客源市场的角度进行旅游形象定位,即重点突出旅游者的特殊利益,针对特定的客源市场来定位。例如,南岳衡山将"天下独寿"作为旅游形象定位,迎合了现代旅游者追求健康、长寿的心理需求。

3.综合描述法

较大范围的旅游地,同时拥有多种类型的旅游资源,且旅游资源之间吸引力的强弱很难判断时,往往就需要采用综合描述法。例如,湖北灿烂的荆楚文化、壮美的长江三峡、绮丽的神农仙境、神奇的武当胜地、迷人的三国遗迹、宏伟的三峡大坝等均可成为旅游形象,因此,湖北省整体旅游形象定位为"华中地区最多姿多彩的地方"。

4.交叉定位法

交叉定位法就是将上述几种方法结合起来使用。

(三)层面定位法

根据旅游资源、旅游功能和理念等不同层面,旅游发展定位也可相应地分为资源定位法、功能定位法、理念定位法,以及几个层面结合的兼有型定位法。

1.资源定位法

资源定位法主要将旅游地的独特旅游资源提炼出来作为旅游定位,如"天下第一秀水"(千岛湖)、"三峡风光地,世界水电城"(宜昌)。这种定位方法具有直观、具体的景观指称,对知名度较低以及处于旅游业发展初期的旅游地来说,易突出自身特点,尽快树立起自身的旅游形象。

2.功能定位法

功能定位法以旅游地的旅游资源和环境为基础,分析其所能提供给旅游者的各种功能(观光功能外),如休闲度假、购物、修学、科考等。如"长三角度假后花园"(合肥)、"小商品海洋,购物旅游天堂"(义乌)等。这种定位法是对旅游资源和环境的实用旅游价值开发的彰显,适用于具有一定观光旅游基础的发展升级型旅游地,以及具有某方面优越条件的特定功能型旅游地。这种定位方法较为直观,直接对应旅游者的某一旅游需求。但这种定位法要考虑相应定位的市场规模,忌定位过窄。

3.理念定位法

从旅游地的资源和功能出发,又不完全拘泥于二者,而是将旅游者认同、追求的理念概括出来的一种旅游形象定位方法,如"精彩深圳,欢乐之都"(深圳)、"变化的苏州,永远的天堂"(苏州)。这种定位方法与前两种定位方法相比,具有更强的包容性。但纯粹的理念定位较抽象,对处在旅游业发展初期的旅游地来说,不好把握;而对于已经具有很高知名度、旅游业发展成熟的旅游地,它更具有战略意义。

4.资源-理念兼有型定位法

资源-理念兼有型定位法就是从旅游地的旅游资源和旅游者较为认同的理念两方面出发进行旅游形象定位。例如,湖北的旅游形象定位为"一江两山、神奇浪漫"。"一江两山"是指湖北著名的旅游资源长江、神农架和武当山,运用了资源定位法;"神奇浪漫"则是一种理念定位法。这种定位方法虚实结合,具象与抽象结合,既有明确的景观指称,又有很强的包容性。

5.资源-功能兼有型定位法

资源-功能兼有型定位法就是从旅游地的旅游资源和能为旅游者提供的功能出发进行旅游形象定位。例如,佛山南海将其旅游形象定位为"岭南山水、休闲驿站","岭南山水"是具象的,是对南海旅游资源的概括,"休闲驿站"则是对南海旅游资源和环境能提供给旅游者的功能的总结。

6.功能-理念兼有型定位法

功能-理念兼有型定位法就是从旅游地能为旅游者提供的旅游功能和旅游者对旅游地期望的理念出发进行旅游形象定位。例如,广东汕头的旅游形象定位是"海滨邹鲁、美食之乡"。"海滨邹鲁"是古人对潮汕地区的美称,意指该地文人辈出,是教化之地,可与孔子的故乡鲁国和孟子的故乡邹国相媲美,是旅游者对汕头的一种期望,属于理念定位;"美食之乡"则属于功能定位,定位于旅游六要素的"食"。

微课链接

明确发展定位

慎思笃行

网友建议淄博烧烤转型

淄博烧烤爆火转冷并非淄博烧烤独有的现象。其实,很多旅游景点都曾出现过类似的情况。这种现象本质上还是消费者追求性价比的体现,是由于旅游消费边际效用锐减和旅游消费成本过高导致的。

首先,许多人去旅游的原因是为了追求新奇,而游过之后,其新奇性下降,去淄博吃烧烤的效用就变为烧烤本身,即边际效用锐减。而当吃烧烤的效用比不上游客为之所付出的成本时,游客则不会再次去淄博吃烧烤。

其次,游客去淄博吃烧烤的成本过高,主要是因旅游这种产品的产销同地性(即产品消费地和生产地一致)所产生的附加成本过高而导致的,附加成本主要包括时间、交通、住宿等方面的成本,即游客去淄博要花一定的时间(有些潜在消费者可能有钱无闲),支付较高的交通费用和住宿费用。

再次,烧烤作为一种餐饮类型,类似于麦当劳、肯德基、海底捞,具有较强的可复制性。

网友提出,淄博可以将淄博烧烤店开到消费者家附近,使得全国(具有潜在消费能力的)消费者与淄博人民一样,仅需支付吃烧烤的费用就可以享用淄博烧烤。这样一来,不仅原来去过淄博的游客可能有复购的意愿,还可能激发那些原来受制于附加消费(时间、成本等)约束,又有一定吃淄博烧烤意愿的潜在消费者的消费。

最后,淄博烧烤可以通过门店展示来维持品牌热度。同时,淄博烧烤连锁店可通过原料淄博化,实现经济的在地性,例如出售淄博产的啤酒、饮料。并利用淄博烧烤品牌延长和扩展产业链,注册系列淄博商标,使淄博商品走出去。

知行合一

阅读案例,查询相关资料,思考未来淄博烧烤与淄博旅游业的发展定位。

项目小结

构思发展定位是旅游规划工作中非常重要的一环。在实际工作中,一般先谋划发展战略,再设定总体目标,最后明确发展定位。在谋划发展战略时,应该通过解读上位政策来明确指导思想。同时,竞争力理论、旅游地生命周期理论、可持续发展理论等也为谋划发展战略提供了重要参考。

总体目标是旅游目的地未来发展的愿景,按内容可划分为总体目标和阶段目标;按属性可划分为经济水平目标、社会效益目标、环境保护目标和文化发展目标。

发展定位是旅游规划的核心,主要包括五个定位,即主题定位、功能定位、形象定位、产业定位和产品定位。旅游项目及产品的设计都需要围绕发展定位来进行。

项目训练

一、知识训练

1. 按照属性分类,旅游发展目标可分为哪些子目标及具体指标?

2. 旅游区的战略定位通常包括哪些方面?

二、能力训练

1. 以某一旅游目的地为例,分析旅游可持续发展理论在其旅游规划实践中可以在哪些方面指导旅游发展定位策略。

2. 分析某一旅游区旅游发展定位的主要内容,并运用适宜的定位方法为其定位提出建议。

在线答题

项目测试四

项目五
整合功能布局

项目概述

为加强旅游规划编制工作的技术规范与报批管理,2003年我国颁布了《旅游规划通则》(GB/T 18971—2003)。《旅游规划通则》从概念上进一步明确了旅游区、旅游资源、旅游客源市场、旅游产品及旅游容量的定义,划分了旅游规划的类型,在内容上规定了旅游规划编制的基本原则、程序、内容及成果要求,以及规划评审的方式,并对旅游规划编制人员和评审人员的组成和素质提出了要求,是编制各级旅游发展规划和各类旅游区规划的规范性文件,也是我国旅游规划设计行业较为系统的指导性法规。

学习目标

知识目标
1. 掌握旅游空间布局的基本内涵。
2. 掌握旅游功能分区的原则。
3. 理解旅游空间布局的典型模式。

能力目标
1. 能够阐释旅游空间布局的理论价值。
2. 能够分析旅游功能分区的现实意义。
3. 能够在旅游规划中进行空间布局和功能分区具体实践。

素质目标
1. 强化生态文明和绿色发展理念,树立长远发展科学理念,改善民生福祉。
2. 树立保护生物多样化与可持续发展观念,凸显旅游规划利益相关者协调发展。

知识导图

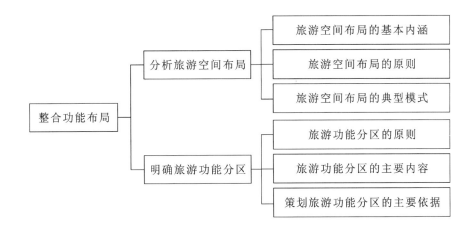

案例导入

《"十四五"旅游业发展规划》(节选二)

优化旅游空间布局

依据相关规划,落实区域重大战略、区域协调发展战略"十四五"规划重点任务、主体功能区战略,整合跨区域资源要素,促进城乡、区域协调发展,构建推动高质量发展的旅游空间布局和支撑体系。

(一)构建旅游空间新格局

综合考虑文脉、地脉、水脉、交通干线和国家重大发展战略,统筹生态安全和旅游业发展,以长城、大运河、长征、黄河国家文化公园和丝绸之路旅游带、长江国际黄金旅游带、沿海黄金旅游带、京哈—京港澳高铁沿线、太行山—武陵山、万里茶道等为依托,构建"点状辐射、带状串联、网状协同"的全国旅游空间新格局。健全京津冀协同发展、长江经济带发展、粤港澳大湾区建设、长三角一体化发展、黄河流域生态保护和高质量发展等区域重大战略旅游协调机制,推进跨行政区域旅游资源整合利用。加强区域旅游品牌和服务整合,支持京张体育文化旅游带、黄河文化旅游带、巴蜀文化旅游走廊、杭黄自然生态和文化旅游廊道、太行山区等旅游发展。持续推进跨区域特色旅游功能区建设。继续推出一批国家旅游风景道和自驾游精品线路,打造一批世界级、国家级旅游线路。鼓励各地区因地制宜实现差异化发展。

> **专栏　跨区域特色旅游功能区和国家旅游风景道布局**
>
> 　　建设跨区域特色旅游功能区。重点推动建设香格里拉民族文化旅游区、太行山生态文化旅游区、武陵山生态文化旅游区、长江三峡山水人文旅游区、大别山红色旅游区、罗霄山红色旅游区、乌蒙山民族文化旅游区、秦巴山生态文化旅游区、长白山森林生态旅游区、大小兴安岭森林生态旅游区、中原文化旅游区、海峡西岸旅游区、南海海洋文化旅游区、北部湾海洋文化旅游区、六盘山生态文化旅游区、祁连山生态文化旅游区、南岭森林生态文化旅游区、塔里木河沙漠文化旅游区、滇黔桂民族文化旅游区、浙皖闽赣生态旅游协作区。
>
> 　　建设国家旅游风景道。重点推动建设川藏公路风景道、大巴山风景道、大别山风景道、大兴安岭风景道、大运河风景道、滇川风景道、滇桂粤边海风景道、东北边境风景道、东北林海雪原风景道、东南沿海风景道、海南环岛风景道、贺兰山六盘山风景道、华东世界遗产风景道、黄土高原风景道、罗霄山南岭风景道、内蒙古东部风景道、祁连山风景道、青海三江源风景道、太行山风景道、天山世界遗产风景道、乌江风景道、西江风景道、香格里拉风景道、武陵山风景道、长江三峡风景道。

　　东部地区加快推进旅游现代化建设，建立完善休闲度假体系，提升旅游核心竞争力。中部地区加快完善旅游业体系，加大旅游资源整合力度，促进旅游品牌升级。西部地区发挥自然生态、民族民俗、边境风光等方面优势，加强旅游基础设施和公共服务体系建设，发展特色旅游。东北地区推进旅游业转型升级，提升旅游服务水平，大力发展寒地冰雪、生态旅游等特色产业，打造具有国际影响力的冰雪旅游带。国家在政策、品牌创建、市场对接等方面加大对中西部和东北地区的支持，进一步促进区域旅游协调发展。

　　支持革命老区、民族地区、边疆地区和欠发达地区发挥特色旅游资源优势，加快旅游产品培育，打造一批红色旅游融合发展示范区、休闲农业重点县、美丽休闲乡村、少数民族特色村镇、民族文化旅游示范区、边境旅游试验区和跨境旅游合作区。推进新藏滇桂边境旅游带等建设。实施"旅游促进各民族交往交流交融计划"，推动各民族在空间、文化、经济、社会、心理等方面全方位嵌入，增进各族群众民生福祉，铸牢中华民族共同体意识。继续加强"三区三州"旅游大环线建设和品牌打造，优化提升丝路文化经典线、边境极限体验线、滇藏茶马古道寻踪线、大香格里拉人间乐土线。边境地区在发展旅游业的同时，要守好外防输入的第一道防线，建立健全专门防控机制，压实旅游经营者主体责任和行业监管责任，防止疫情通过边境旅游传入境内。

　　（二）优化旅游城市和旅游目的地布局

　　建设一批旅游枢纽城市，逐步完善综合交通服务功能，提升对区域旅游的辐射带动作用。支持桂林等地建设世界级旅游城市，打造一批重点旅游城市、特色旅游地。

> **专栏　旅游城市布局**
>
> 　　建设旅游枢纽城市。集中打造北京、上海、香港、澳门、广州、成都、杭州、深圳、昆明、南京、重庆、天津、武汉、西安、长沙、郑州、乌鲁木齐、贵阳、海口、哈尔滨、长春、沈阳、济南、福州、南宁、石家庄、合肥、南昌、太原、兰州、西宁、银川、呼和浩特、拉萨等旅游枢纽城市。
>
> 　　建设重点旅游城市。加快推进厦门、青岛、大连、宁波、珠海、苏州、无锡、桂林、延安、遵义、黄山、张家界、喀什、林芝、洛阳、承德、秦皇岛、伊春、大理、丽江、乐山、赣州、宜昌、大同等重点旅游城市建设。
>
> 　　建设特色旅游地。积极支持韶山、井冈山、敦煌、都江堰、曲阜、平遥、崇礼、漠河、满洲里、石河子、延吉、凯里、安吉、武夷山、常熟、婺源、义乌、香格里拉、稻城等特色旅游地建设。

突出重点,发挥优势,分类建设一批特色旅游目的地。依托全国红色旅游经典景区,弘扬伟大建党精神、井冈山精神、长征精神、延安精神、西柏坡精神等革命精神,打造一批红色旅游目的地。依托世界文化遗产、国家历史文化名城及各级文物保护单位等,在加强保护基础上切实盘活用好各类文物资源,打造一批历史文化旅游目的地。依托特色地理景观、自然资源和生态资源,完善综合服务功能,建设一批山岳、海岛、湿地、冰雪、草原、沙漠、湖泊、温泉、康养等旅游目的地。推进河北雄安新区旅游创新发展,加快海南国际旅游消费中心、平潭国际旅游岛建设。

(三)优化城乡旅游休闲空间

推动更多城市将旅游休闲作为城市基本功能,充分考虑游客和当地居民的旅游休闲需要,科学设计布局旅游休闲街区,合理规划建设环城市休闲度假带,推进绿道、骑行道、游憩道、郊野公园等建设,提升游客体验,为城乡居民"微度假""微旅游"创造条件。

在城市群规划建设中,立足满足同城化、一体化旅游休闲消费需求,科学布局并配套完善旅游休闲功能区域,优先保障区域旅游休闲重大项目,做好交通衔接和服务配套。

在城镇规划布局中,围绕推进以人为核心的新型城镇化和美丽乡村建设,提高空间配置效率,优化旅游休闲功能,合理规划建设特色旅游村镇,因地制宜推动乡村旅游差异化、特色化发展,推进多元功能聚合,营造宜居宜业宜游的休闲新空间。

(资料来源:中华人民共和国国家发展和改革委员会官网,https://www.ndrc.gov.cn/fggz/fzzlgh/gjjzxgh/202203/t20220325_1320209_ext.html)

案例分析

任务一　分析旅游空间布局

任务描述:本任务主要学习旅游空间布局的内涵、原则和模式,并对旅游空间布局的典型模式进行系统性解析,对与旅游空间布局密切相关的区位理论、点轴理论、增长极理论、圈层结构理论等基础理论知识进行拓展学习。

任务目标:通过任务学习,掌握旅游空间布局的基本内涵,理解旅游空间布局的原则,能够分析旅游空间布局的典型模式。

一、旅游空间布局的基本内涵

旅游空间布局是旅游系统中各个要素之间的空间组织关系,包括诸要素在空间中的相互位置、相互关联、相互作用等,以及诸要素如何在空间中生成、运动和发展。旅游空间布局是一定区域内旅游要素在空间上的投影,是目前旅游要素的相对区位关系和分布表现形式,是在长期旅游发展过程的累积结果。旅游空间布局是否合理,直接影响旅游目的地能否健康、持续地发展。

一般来说，由于旅游资源空间具有不可移动性，旅游空间布局主要是以旅游资源为核心，对旅游服务设施进行空间布局，而旅游服务设施，包括住宿设施、娱乐设施及旅游商店，一般布局在客流集散地，即旅游客流出入口处，将客流从该地分流到目的地的其他地区。

旅游设施空间布局具有明显的等级性。单个旅游景点一般配备简单的旅游商店和娱乐设施，而住宿设施布局则是根据旅游者在景点的停留时间来决定的。同时，为了吸引更多的旅游者并延长他们的逗留时间，或为了方便旅游线路安排和配备旅游设施，主要景点的周边地区经常会开发一些次级景点或旅游活动，以增强景区对旅游者的整体吸引力。因此，在旅游区内部的主要景点附近或旅游区主要入口处，要形成一个旅游集散地，与外界和旅游区内各个部分相连接，将旅游设施和服务设施集中。

【思考讨论】规划旅游地的空间布局有何重要意义？

区位理论

区位是指人类行为活动的空间。具体而言，区位除了解释为地球上某一事物的空间几何位置，还强调自然界的各种地理要素和人类经济社会活动之间的相互联系和相互作用在空间位置上的反映。区位就是自然地理区位、经济地理区位和交通地理区位在空间地域上有机结合的具体表现，在旅游领域，还会涉及旅游区位、文化区位等。

区位理论是关于人类活动的空间分布及其空间中的相互关系的学说，具体来说，它是研究人类经济行为的空间区位选择及空间区内经济活动优化组合的理论。区位理论在农业、工业、现代服务业等社会经济领域被广泛运用。

增长极理论

增长极理论由法国经济学家佩鲁在1950年首次提出，该理论被认为是西方区域经济学中经济区域观念的基石，是不平衡发展论的依据之一。增长极理论认为：一个国家要实现平衡发展只是一种理想，在现实中是不可能的，经济增长通常是从一个或数个"增长中心"逐渐向其他部门或地区传导。因此，应选择特定的地理空间作为增长极，以带动经济发展。

佩鲁首先提出了一个完全不同于地理空间的经济空间。他主张经济空间是以抽象的数字空间为基础，经济单位不是存在于地理上的某一区位，而是存在于产业间的数学关系之中,表现为存在于经济元素之间的经济关系。其次,佩鲁认为经济发展的主要动力是技术进步与创新。创新集中于那些规模较大、增长速度较快、与其他部门的相互关联效应较强的产业中,具有这些特征的产业佩鲁称之为推进型产业。推进型产业与被推进型产业通过经济联系建立起非竞争性联合体,通过后向、前向连锁效应带动区域的发展,最终实现区域发展的均衡。这种推进型产业就起着增长极的作用,它对其他产业(或地区)具有推进作用。最后,佩鲁认为增长极理论的核心是推进型企业对被推进型企业的支配效应。支配,是指一个企业和城市、地区、国家在所处环境中的地位和作用。

法国的另一位经济学家布代维尔认为,经济空间是经济变量在地理空间之中或之上的运用,增长极在拥有推进型产业的复合体城镇中出现。因此,他定义:增长极是指在城市配置不断扩大的工业综合体,并在影响范围内引导经济活动的进一步发展。布代维尔主张,通过最有效的规划配置增长极并通过其推进工业的机制来促进区域经济的发展。美国经济学家盖尔在研究了各种增长极观点后,指出影响发展的空间再组织过程是扩散-回流过程,如果扩散-回流过程导致的空间影响为绝对发展水平的正增长,即扩散效应,否则是回流效应。

二、旅游空间布局的原则

旅游空间布局是根据区域内的资源分布、土地利用、项目设计等状况对旅游区内部进行系统划分的过程,是对旅游区内经济要素的统筹安排和配置。旅游空间布局是进一步确立功能分区不可缺少的依据,需遵循以下几个方面的原则。

(一)凸显特色,以点带面

旅游空间布局应注意突出特色,进而以点带面地促进地区旅游业的发展。因此,通过硬件和软件开发来突出其特色是旅游地的生存之道,如特色景观、文化史韵、区位地貌、风土人情等。旅游地各区域的命名或重命名应体现当地特色,有利于旅游形象传播与接收,同时要尊重当地的风俗习惯,注意禁忌。

(二)产业协调,产品互补

旅游空间布局时要根据旅游资源的类型、级别和规模等,把一个大的旅游区划分成若干个具有差异性的小的旅游区,选择主导产业,合理确定其分布、发展规模和速度,协调主导产业与其他非主导产业的关系。提高各区域的互补性与产业间的关联度,避免出现负效应;开发互补型旅游产品,形成景点景区间的规模效应。避免因产品雷同而造成的恶性竞争。

微课链接

旅游空间布局概念解读

(三)布局完整,整体开发

旅游地布局的完整性原则主要体现在三个方面。一是旅游地资源特色开发的完整性,如避免人文资源与自然资源的人为分割;二是旅游区域开发的行政区域的完整性,因为目前我国旅游区域市场的开发与经营主体仍以地方政府为主;三是要考虑旅游地各组成部分之间的关联,使其与整体形象、主题、内涵相一致。同时,旅游地的空间布局应注意迎合游客的需求,为游客提供便利,如快捷方便的交通工具、合理布局的景观和游憩设施等。

(四)注重效益,长远谋划

旅游空间布局必须建立在保护自然环境与社会环境的基础之上,同时兼顾经济效益、社会效益和环境效益,保护与发展并举。另外,旅游规划可将旅游地划分为现状旅游地和远景旅游地,并根据资源和市场发展状况来确定优先发展区域和次级发展区域的时机,以保证旅游业的可持续发展。

三、旅游空间布局的典型模式

对于旅游空间布局,许多专家从大量实践中抽象出一些经典的理论模型,较常见的旅游空间布局模式有同心圆式布局模式、环核式布局模式和社区-旅游吸引物式布局模式三种。

(一)同心圆式布局模式

同心圆式布局模式源于景观设计师弗斯特(Forster)1973年提出的旅游区空间开发"三区结构模式"。在此模式中,旅游区从里到外依次为核心保护区、游憩缓冲区以及密集游憩服务区(见图5-1)。其中,核心保护区是受到严密保护的自然区,限制乃至禁止游客进入。围绕它的便是游憩缓冲区,在规划游憩缓冲区时,通常配置了野营、划船、越野、观景点等服务设施。最外层是密集游憩服务区,为游客提供各种服务,有酒店、餐厅、商店或高密度的娱乐设施。

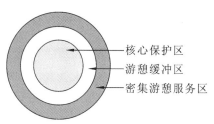

图5-1 同心圆式空间布局

(二)环核式布局模式

所谓环核式布局模式是指旅游地空间布局以核心景观(或项目)为重点,相关的旅游接待、服务设施以及娱乐项目等全部围绕核心景观(或项目)进行布局的模式。一般而言,吸引物较为单一的旅游区的空间布局往往会采用环核式布局模式,在此模式下,旅游接待服务设施与旅游吸引物之间由交通联系呈现出伞骨或车轮形状,如图5-2所示。

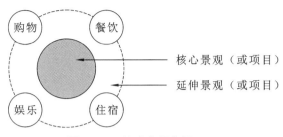

图 5-2　环核式空间布局

(三)社区-旅游吸引物式布局模式

社区-旅游吸引物式布局模式于1965年由甘恩(Gunn)首先提出,是在旅游区中心布局一个社区服务中心,外围分散形成一批旅游吸引物,在服务中心与吸引物之间有交通连接,如图5-3所示。

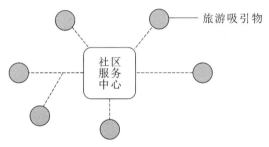

图 5-3　社区-旅游吸引物式空间布局

社区-旅游吸引物式布局模式与环核式布局有一点相似,即在上述两种布局模式下都会出现环状分布。其不同之处在于,在社区-旅游吸引物式布局模式下,位于环状中心的是具有旅游接待功能的社区服务中心。而在环核式布局模式下,位于环状中心的是旅游吸引物。因此,社区-旅游吸引物式布局模式是在旅游资源较为丰富,但布局较为分散的情况下产生的一种分布形式。在此形式下,为了增强社区内的交通便捷性,往往会在社区与旅游资源,以及旅游资源之间修建交通线,最终形成车轮状交通格局。

【思考讨论】除了以上三种比较典型的空间布局模式,还有哪些布局模式?

点 轴 理 论

点轴理论是我国学者陆大道先生于1984年最早提出的,"点"指各级居民点和中心城市,"轴"指由交通、通信干线和能源、水源通道连接起来的"基础设施束","轴"对附近区域有很强的经济吸引力和凝聚力。轴线上集中的社会经济设施通过产品、信息、技术、人员、金融等,对附近区域有扩散作用。扩散的物质要素和非物质要素作用于附近区域,与区域生产力要素相结合,形成新的生产力,推动社会经济的发展。

点轴开发模式是增长极理论的延伸,从区域经济发展的过程看,经济中心总是集中在少数条件较好的区位,呈斑点状分布。这种经济中心既可称为区域增长极,也是点轴开发模式的"点"。随着经济的发展,经济中心逐渐增加,点与点之间,由于生产要素交换需要交通线路以及动力供应线、水源供应线等,相互连接起来这就是轴线。这种轴线是为区域增长极服务的,并且轴线一经形成,对人口、产业也具有吸引力,吸引人口、产业向轴线两侧集聚,并产生新的增长点。点轴贯通,就形成点轴系统。因此,点轴开发可以理解为从发达区域大大小小的经济中心(点)沿交通线路向不发达区域纵深发展。

点轴理论的实践意义在于揭示了区域经济发展的不均衡性,即可能通过点与点之间资源要素的跳跃式配置,进而通过轴带的功能,对整个区域经济发挥牵动作用。因此,我们必须确定中心城市的等级体系,确定中心城市和生长轴的发展时序,逐步使开发重点转移扩散。

圈层结构理论

圈层结构理论的内涵:城市是一个不断变动着的区域实体,从外表形态来说,它是指有相当非农业人口规模的社会经济活动的实际范围。城市和周围地区有密切的联系,城市对区域的作用受空间相互作用的"距离衰减"法则的制约,这样必然导致区域形成以建成区为核心的集聚和扩散的圈层状的空间分布结构。从建成区到外围,从城市中心到郊外,各种生活方式、经济活动、用地方式都是从中心向外围呈现圈层状的有规律的变化。

圈层结构理论的基本特征:"圈"实际上意味着向心性,"层"体现了层次分异的客观特征。圈层结构反映着城市的社会经济景观由核心向外围呈规则的向心空间层次分化。城市和周围地区由内到外可以分为内圈层、中圈层和外圈层。内圈层,即中心城区或城市中心区域,是完全城市化了的地区,基本没有大田式的种植业和其他农业活动,以第三产业为主,人口和建筑密度都较高,地价较贵,商业、金融、服务业高度密集。中圈层,即城市边缘区,既有城市的某些特征,又保留着乡村的某些景观,呈半城市、半农村状态,人口和建筑密度较低,以第二产业为主,并积极发展城郊农业。外圈层,即城市影响区,土地利用以农业为主,农业活动在经济中占绝对优势,与城市景观有明显差别,人口和建筑密度低,是城市的水资源保护区、动力供应基地、假日休闲旅游之地。外圈层也许会产生城市工业区、新居住区的"飞地",并且一般在远郊都有城市卫星镇、农村集镇等。

【思考讨论】选择一处旅游目的地或旅游景区,分析其旅游空间布局模式。

任务二　明确旅游功能分区

任务描述:本任务主要学习旅游功能分区的原则、内容和策划旅游功能分区的依据,对旅游功能分区规划的规律进行分析总结,拓展学习相关基础理论知识。

任务目标:通过任务学习,理解旅游功能分区的原则,能够针对旅游规划项目展开旅游功能分区规划实践。

一、旅游功能分区的原则

科学的功能分区是做好旅游区规划的重要基础。根据突出旅游资源特色、发挥交通及城镇体系在旅游开发中的作用,充分结合市场需要和旅游资源的开发潜力,以及方便管理和有利于产业发展等要求,对旅游区进行科学、合理的功能分区。

(一)高效利用旅游资源

我国旅游资源数量丰富、类型多样,在各区域旅游规划与开发实践中,高效整合利用旅游资源尤为重要。因此,在进行功能分区和定位时应综合考虑旅游资源的特色和分布,注重对旅游资源进行优化重组,即通过功能定位有效盘活旅游资源,促进区域旅游业的发展;除了丰富的自然旅游资源,还要盘活丰富的文化旅游资源和生态旅游资源等特色资源,旅游功能的定位与分区布局更要体现资源整合这一特征,实现旅游资源的优化组合,以达到旅游资源的合理利用与品质的提升。

(二)凸显旅游形象特色

鲜明的旅游形象对区域旅游发展而言,具有重要意义,能有效促进区域旅游的市场推广。目前,很多地区旅游资源虽然丰富,但仍未形成鲜明的旅游形象,影响了当地旅游整体竞争力的提升。在旅游功能定位与分区的基础上,以特色化的旅游项目建设支撑体现旅游区的功能特征,即在旅游功能分区建设的过程中,以旅游项目建设为基本元素,旅游功能的体现和旅游产品体系都需要通过项目建设来实现,把最具特色的核心旅游项目建设放在第一位。

(三)旅游产品持续创新

区域旅游功能定位最终要落实到产品上。因此,旅游地应抓住区域旅游开发的机遇,对旅游产品体系进行调整和优化:一方面,大力开发旅游产品,丰富产品内容;另一方面,对原有的旅游产品和线路进行重新包装和设计,并根据旅游产品组合涉及的区域进行旅游功能定位与分区,增强旅游产品组合的有效性,以及旅游功能和旅游产品的对应性,以达到优化旅游地旅游产品结构、提高旅游产品竞争力的目的。

(四)功能定位顺势优化

在区域旅游发展过程中要把提升旅游功能作为旅游功能定位的指导原则,以促进整个区域旅游空间格局的优化和旅游功能的整体提升。旅游区的功能定位不是一成不变的,应该顺应旅游市场发展需要,顺势而为,适时优化调整。定位旅游功能既要尊重各个地区旅游发展的现状,也要对原有的旅游功能进行优化提升,以达到整合资源、指导今后旅游产品开发的目的。

(五)重视区域协作发展

区域协作是推进旅游发展的重要战略。旅游发展的功能定位与分区布局要体现区域协作与联动的指导思想,将未来的协作区域整合在一个功能体系中,使区域旅游功能得到更好的体现;同时也要通过旅游产业组织将协作区域紧密联系在一起,通过区域协作、功能互补,推动旅游地整体高质量发展。

二、旅游功能分区的主要内容

旅游功能分区是旅游地开发中进行项目布局和空间结构划分的工作,是对旅游发展在时间和空间上的组织和安排。它决定着旅游地的内部结构,对旅游地产生深远影响。

(一)旅游功能分区的必要性

(1)旅游功能分区的设计与设置,应秉持以游客服务为核心、以游客满意为目的的运营管理理念,为游客提供更加方便、贴心、人性化的旅游服务。

(2)旅游功能分区能够充分展示景区主题文化,不断提升景区的体验感和美誉度。

(3)科学合理的功能分区可以避免景区资源浪费,有效降低成本投入,实现景区的可持续发展。

(二)旅游功能分区的一般规律

1.集散功能——景区大门区域

景区大门区域的基本功能是蓄客,是游客的短暂休息地,游客在广场通过导视标识牌的指引寻找到目的地，如卫生间、游客中心、商店、餐厅等。

2.咨询功能——景区游客中心区域

景区游客中心区域是为游客提供信息、咨询、游程安排、讲解等旅游设施和服务功能的专门场所，属于旅游公共服务设施。

3.核心区域——观赏游乐区域

核心景观区分区，是指根据景区规划，将景区的核心资源分成不同的功能区，如自然观赏区及游乐设施体验区，供游客参观游览及体验项目。

4.导览信息功能——全景区范围

景区导览图或标识可以是固定的也可以是可移动的，但必须与周围景观相协调，导览图尺寸大小应与周边空间协调。景区可设置多种类型的信息发布形式，将导览图等放置在不同的位置。

5.配套服务——全景区范围

旅游景区向游客提供遮阳避雨设施，如遮阳棚、避雨棚等，方便游客体验项目时有最佳的游乐体验；景观小品及绿化在细节上需要与景区风格契合，做到一草一木、一步一景都能强化主题特色，更好地与游客互动。

三、策划旅游功能分区的主要依据

（一）旅游资源分布状况

旅游资源是旅游规划与开发的客体，也是旅游功能分区的重要依据。在进行旅游功能分区策划时，规划小组必须对整个区域的旅游资源进行完整、仔细的调查并分类，旅游资源调查及评价工作有利于规划者掌握规划区的具体情况，明确旅游区的资源赋存状况及类型。

在明确规划区资源分布状况及类型的前提下，规划小组应根据旅游资源调查及评价的内容，如旅游资源的类型、等级、疏密程度及特色等进行合理的功能分区规划，例如，生态旅游资源较为富集的区域可划为生态旅游休闲区，文化旅游资源较为集中的区域可划为文化体验区。

（二）规划区内的自然要素状况

首次进行旅游规划与开发的区域往往是人类活动很少涉及的地方。旅游功能分区在很大程度上受制于规划区内的自然要素，这里的自然要素主要指山川、河流等。山地型旅游区地形起伏较大，旅游资源较为分散，此时如何对山地型规划区进行功能分区，做到既考虑交通、环境保护等因素，又给游客带来最佳的游客体验就是一个难点。

微课链接

旅游功能分区

【思考讨论】选择一处具有代表性的旅游景区，分析其旅游功能分区现状。

《大理州"十四五"文化和旅游发展规划》政策解读

"十四五"时期,是大理州文化和旅游高质量发展的重要阶段和机遇期。为此,《大理州"十四五"文化和旅游发展规划》(以下简称《规划》)全面对接国家文旅部《"十四五"旅游业发展规划》《"十四五"文化发展规划》《云南省"十四五"文化和旅游发展规划》《大理州国民经济和社会发展第十四个五年规划和二〇三五年远景目标纲要》等相关规划和文件,以党的十九大和十九届历次会议精神,以及习近平总书记考察云南重要讲话和对大理工作重要指示批示精神为指导,以省委省政府提出的万亿级支柱产业及州委州政府提出的千亿级核心产业为导向,紧扣"两城一区、三个走在前"战略目标,以新发展理念为统领,以供给侧结构性改革为主线,以高质量跨越发展为主题,以文旅深度融合为重点,确定了大理州"十四五"文化和旅游发展目标和主要任务,为努力把大理文旅产业打造成为"千亿级产业"与"世界级文旅产业"提供科学指导和依据。

发展定位:《规划》提出深入挖掘历史文化资源,弘扬民族特色文化,推进历史文化资源"合规性保护、合理化利用、活性化发展",名城管理达到国际一流水平,加快名副其实的历史文化名城建设;以全域旅游建设为方向,以国际化标准全面提升智慧管理服务水平,着力把大理建设成为名副其实的国际旅游名城;最大限度发挥好历史文化、美丽山水、自然资源和区位优势,加快"六个大理"建设,深度融入和打造大滇西旅游环线建设示范区;升级创新产品业态,发挥文化旅游融合发展新优势,打造世界级文旅产业和以"一带三道十八廊"为核心的"漫步苍洱"世界级康旅品牌。

发展目标:《规划》提出到2025年,全州文化和旅游发展的体制机制更加完善,服务效能显著提升;文化影响力进一步提升,旅游业对国民经济综合贡献度不断提高,现代化文旅产业体系更加健全,具有国际影响力的文化旅游中心城市能级大幅提升。到2025年,推动全州文旅产业从空间布局上,实现苍洱旅游单中心向全域多中心转变;从产品结构上,实现传统观光型为主向支撑高品质旅游目的地新业态富集转变;从产业效益上,实现单纯文旅经营收益向产业体系综合带动效益倍增转变,旅游接待规模与综合效益之间的关系比更加适宜,涉旅行业税收显著增长。文化产业增加值力争达到56亿元至60亿元,旅游总人数力争达到5600万人次至7500万人次,旅游总收入力争达到1000亿元至1500亿元。

(资料来源:大理白族自治州人民政府官网,http://www.zgnj.gov.cn/dlrmzf/xxgkml/202207/4a18cfa63f0e4fcb809ecc9067966bb8.shtml)

知行合一
Zhixing Heyi

阅读《大理州"十四五"文化和旅游发展规划》，归纳大理州"十四五"期间文旅产业发展空间布局核心要点。

项目小结

旅游空间布局是根据区域内的资源分布、土地利用、项目设计等状况对旅游区内部进行系统划分的过程，是对旅游区内经济要素的统筹安排和配置。空间布局决定了旅游区的内部结构，对于区域内的景观设计、交通线路设计等都会产生深远影响。

旅游功能分区是旅游地开发过程中进行的项目布局和空间结构划分的工作，是对旅游发展在时间和空间上的组织和安排。合理的分区能促进旅游业较好地实现规模扩张、效益增长和竞争力提升，为其实现可持续发展打下坚实的基础。

整合旅游地的空间布局和功能分区都需要遵循相应的原则，抓住重点内容，运用科学的方法，要在明确资源分布状况、区内自然要素的前提下确定旅游区的功能分区形式。

项目训练

一、知识训练

1. 简述旅游区空间布局的原则。
2. 简述旅游功能分区的原则。
3. 讨论分析旅游功能分区的现实意义。

二、能力训练

选择一个景区，以小组任务形式开展实地调研或网上查阅资料，团队协作完成《×××景区空间布局规划调研报告》，至少应包括以下内容：①空间布局和功能分区现状分析；②空间布局和功能分区规划提升建议方案；③若干与上述内容相对应的旅游规划图件。

在线答题

项目测试五

项目六 配置项目产品

 项目概述

旅游产品由旅游项目组成,旅游项目是旅游产品的基础。旅游产品的成功经营依赖于旅游项目策划的成功。好的旅游项目会给旅游产品经营带来巨大的市场发展空间。而旅游项目是旅游产品规划创意的思维单元,旅游项目是旅游者追逐的目标,旅游项目所在地是旅游者追逐的旅游目的地。旅游项目受旅游者旅游理念的影响,表现出一定的规律性,形成相对稳定的类型。在旅游规划中,配置项目产品是非常重要的一环,一个成功的旅游项目和产品需要结合当地的文化资源、自然资源、市场需求等多方面因素进行精心设计和配置。通过本项目的学习,学生可以策划出具有吸引力和可行性的旅游项目产品,也将获得一定的实践经验和技能,为未来制定旅游规划奠定基础。

 学习目标

知识目标

1. 了解旅游项目的概念、分类和基本原则。
2. 掌握旅游项目策划的内容与程序。
3. 了解旅游产品概念、类型和影响因素。
4. 掌握创新旅游产品的策划和设计过程。
5. 掌握旅游线路规划的基本步骤和要素。

能力目标

1. 能够进行市场调研和客户需求分析,设计适合目标客户群体的旅游项目。
2. 能够整合旅游资源,进行旅游产品和线路行程规划。

素质目标

1. 具备高度的责任心和敬业精神,始终以客户满意为导向。
2. 具备创新思维和适应变化的能力,能够灵活应对旅游市场的变化和挑战。

知识导图

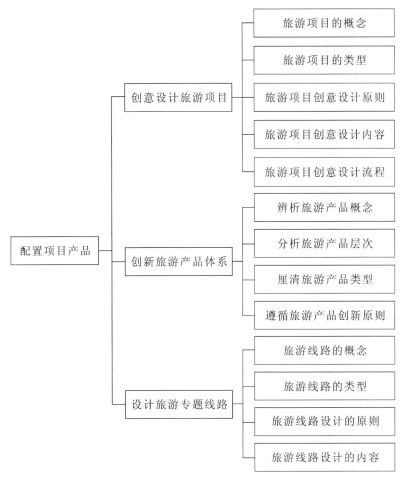

案例导入

上海迪士尼度假区

上海迪士尼度假区是由华特迪士尼公司与上海申迪集团共同投资的合作项目。合作双方投资设立了两家业主公司(上海国际主题乐园有限公司和上海国际主题乐园配套设施有限公司)和一家管理公司(上海国际主题乐园和度假区管理有限公司)。上海申迪集团持有业主公司57%的股份,华特迪士尼持有剩余的43%股份。在管理公司中,华特迪士尼持有70%的股份,上海申迪集团持有30%的股份。管理公司代表业主公司负责度假区的创意、开发和运营工作。

关于华特迪士尼公司在中国:华特迪士尼公司及其子公司和附属机构,是领先的多元化国际性家庭娱乐公司,公司拥有四大业务部门。迪士尼在中国放映的第一部动画片可以追溯到20世纪30年代,而今,公司在北京、上海和广州共有超过3000名员工。公司致力于创造高品质娱乐体验并在中国打造本土及迪士尼系列人物。公司在华业务范围广泛，包括影视娱乐、主题乐园及度假区、媒体网络、消费品和互动媒体。2015年5月，中国首家迪士尼商店在上海开业。2005年9月，迪士尼在中国的首座主题乐园——香港迪士尼乐园度假区正式开园迎客。2016年6月16日，由华特迪士尼公司与上海申迪集团共同投资的合作项目上海迪士尼度假区盛大开幕。迪士尼公司是道琼斯30种工业指数的成份股，公司在2015财政年度营收超过525亿美元。

关于华特迪士尼乐园及度假区：华特迪士尼乐园及度假区是梦想成真的地方。60多年前，华特·迪士尼创造了一种全新的娱乐方式，在这里，家人可以共享美好体验并沉浸在极致氛围及多彩故事中。如今华特迪士尼乐园及度假区拥有六个世界一流的度假目的地，包括加州迪士尼乐园度假区、佛罗里达华特迪士尼世界度假区、东京迪士尼度假区、巴黎迪士尼乐园、香港迪士尼乐园度假区、上海迪士尼度假区。华特迪士尼乐园及度假区还拥有迪士尼游轮、迪士尼度假俱乐部、Aulani迪士尼水疗度假区及Spa、迪士尼探险之旅导览式的家庭度假体验，以及华特迪士尼幻想工程（负责设计和建造迪士尼主题乐园、度假区、游轮、景点及娱乐演出）。

上海申迪集团：上海申迪(集团)有限公司是经上海市政府批准设立的国有企业，于2010年8月8日注册成立，负责与美国华特迪士尼公司合作，通过三家合作企业共同投资、建设和运营上海迪士尼主题乐园和配套设施，同时承担上海国际旅游度假区的土地开发、基础设施建设和相关产业发展任务。

资料与数据：上海迪士尼度假区是游客们远离尘嚣、共度美好时光的绝佳去处。度假区包括上海迪士尼乐园（一个由七大主题园区组成的独特主题乐园）、上海迪士尼乐园酒店和玩具总动员酒店两家主题酒店、迪士尼小镇（大型购物餐饮娱乐区）、一座百老汇风格剧院、星愿公园以及其他户外休闲区域。上海迪士尼乐园是一座神奇王国风格的主题乐园，通过专为中国游客量身定制的文化体验和主题设计，呈现经典迪士尼故事讲述和角色。上海迪士尼度假区致力于为每一位游客创造独特体验——在迪士尼全球闻名的世界级游客服务中尽享惊险刺激的冒险体验、郁郁葱葱的花园以及丰富多彩的互动体验。

（资料来源：上海迪士尼度假区官方网站，www.shanghaidisneyresort.com）

案例分析

任务一　创意设计旅游项目

任务描述：本任务主要学习旅游项目的概念和类型，以及旅游项目创意设计的原则、方法、内容与程序，运用创意思维和专业知识，结合目的地的特点和市场需求，设计有吸引力、可行性高的旅游项目。

任务目标：通过任务学习，了解市场需求和目的地特色，培养创新思维和创意设计能力，能够进行项目可行性评估和项目推广，在实践中锻炼团队合作和沟通能力。

一、旅游项目的概念

关于旅游项目这一概念的界定,有许多学者提出了相关的看法,如旅游项目是指旅游开发者为了达到特定的旅游发展目标而临时调集到一起的资源组合(黄郁成,2002);旅游项目是指借助旅游地的旅游资源而开发出的以旅游者和旅游地居民为吸引对象,提供休闲消遣服务,具有持续旅游吸引力,以实现经济、社会和生态环境效益为目标的旅游吸引物(马勇、李玺,2002)。苏格兰旅游委员会对旅游项目的定义如下:旅游项目应该是一个长久的旅游吸引物,旅游项目的主要目的是让公众和旅游者得到消遣的机会,做他们感兴趣的事情,或者是受到一定的教育,而不应该仅仅是一个游乐场、一场歌舞剧、一部电影、一场体育竞赛等。旅游项目不仅应该吸引严格意义上的旅游者,而且对当地居民也要具有一定的吸引力。旅游主题是旅游目的地的核心竞争要素与核心竞争力,它是旅游发展的思路,决定着旅游项目的内涵和功能。因此,旅游项目是旅游主题实现的载体,是旅游主题的具体表现形式。同时,旅游项目是旅游产品设计组合的基础,是旅游产品的组成要素。

微课链接
旅游项目内涵

二、旅游项目的类型

按照不同的分类标准,旅游项目有不同的类型。

(一)从性质来划分

从性质上,旅游项目可以分为观赏性项目、娱乐性项目、活动性项目、休闲性项目。其中,观赏性项目主要以自然景观和人文景观为对象,向旅游者提供各种观赏性活动。娱乐性项目是以各种游乐设施为吸引要素,向旅游者提供各种娱乐活动的项目。活动性项目是以各种展览、会议、商务活动为要素,向特定的旅游者提供各种活动服务的项目。休闲性项目是以各种休闲设施为吸引要素,向旅游者提供业余时间活动场所或服务项目。

微课链接
旅游项目类型

(二)从功能来划分

从功能上,旅游项目可以分为旅游游览项目和旅游接待项目。旅游游览是旅游项目的基本功能,也是旅游者购买旅游产品的原因、旅游产品设计的依据。旅游接待是旅游者顺利实现旅游活动的基本保障,也是旅游开发项目实现其经济价值的重要内容。

三、旅游项目创意设计原则

旅游项目的规划设计优劣对旅游目的地开发的成败有决定性的影响,因为旅游项目既是对旅游资源利用整合的手段,又是旅游产品组成的基本要素。依据一定的原则设计旅游项目,实际上是要求设计旅游项目应遵循一些基本的理念。

（一）创新原则

创新原则要求旅游项目设计根据时代变换和市场需求趋势对旅游资源做出新的理解，提出新的开发方式。例如，水体旅游资源在早期可能主要设计为观光旅游项目，而在追求参与性、体验性的旅游时代，则更多地设计为参与性旅游项目，当其作为旅游产品时就实现了旅游产品的升级换代。旅游项目的创新主要包括主题、内容和品质三个方面。随着时代的发展，旅游项目的同质化现象越来越严重，旅游项目的生命周期不断缩短，只有差异化、个性化的旅游项目，才能在市场中站稳脚跟。所以，创新原则是旅游项目设计中的核心原则。

（二）突出特色原则

特色是核心竞争力的重要组成部分。旅游在本质上追求的是一种异质体验，而特色正是旅游资源、旅游项目、旅游产品的异质所在。突出特色原则要求在旅游项目中将自己的独特性充分展示。旅游项目开发是从地方的资源评价与资源挖掘开始的，一般包括自然资源、历史文化资源两个方面，也可从地脉、文脉、人脉三个角度进行资源的挖掘，目的是寻求其特色性。特色性最核心的内涵是地方性。特色性的塑造不是简单地堆砌建筑材料和制造景观，而是创造性地适当改造固有的场所特征，使之适合新的使用方式，如开发作为旅游项目等。

（三）市场导向原则

旅游项目只有在被市场接纳认可后才能成为成功、可行的项目。市场导向原则要求旅游项目规划应做市场调查分析，开展 SWOT 分析。市场决定着项目开发的方向、内容、层次和规模。市场导向原则主要体现在把握未来旅游市场趋势，立足竞争优势和地方性来设计旅游项目，满足市场需求。旅游项目策划是在市场调研、旅游市场总体把握的基础上，进行项目的市场定位，对应目标市场需求，进行创意策划、游憩方式设计和游线设计，最后进行市场核算与运作策划。这主要是利用有限的资源，使旅游项目有获得市场收益的机会。

（四）整体性原则

旅游项目的设计要从全局均衡发展的角度出发，优先选择对区域发展有较大推动作用的项目类型。同时，旅游项目的设计要关注项目之间，以及项目与资源、环境之间的相互作用与影响，从旅游地整体发展的角度来全面综合审视项目设计方案的可行性。

四、旅游项目创意设计内容

（一）定位主题

主题是旅游项目的灵魂，反映了旅游项目的开发理念，也是旅游项目形成竞争优势并保持长久生命力的有效工具,项目建设和实施必须围绕目标和主题进行。旅游项目一般都需要主题,如果有了清晰独特、引人入胜的主题,并且项目能够体现主题,其旅游吸引力就会得到极大的提升。因此,定位主题在旅游项目策划中处于关键地位,起到了凝聚要点、指明方向的作用,直接关系到项目策划的成功与否。一般来讲,定位主题要做到特色与创新相结合。定位主题一般基于旅游项目所在地的要素,结合当地的地脉、文脉、人脉等特征,运用各种方法和技巧进行充分论证、反复推敲和归纳总结。

(二)明确名称、风格和布局

在主题定位的基础上命名旅游项目名称。旅游项目名称是旅游者了解该项目的第一信息。能否发挥项目的吸引力,名称起到至关重要的作用。有创意的名称能够激发旅游者的无限联想和向往。旅游项目风格涉及旅游者对旅游地的第一印象,是旅游项目发挥吸引力的重要载体。建筑风格主要涉及建筑与环境之间的风格协调性以及建筑自身风格的一致性。建筑风格的内容具体包括:旅游项目中主要建筑物的规模、形状、颜色和材料;旅游项目中建筑物内部的装修风格,如建筑物内部的分隔装修和装饰的材料;旅游项目相关的旅游辅助设施的外观和风格,如旅游项目的路标、垃圾箱、停车场、购物商店、洗手间以及旅游餐厅等。在此基础上,还需确定旅游项目的具体地理范围和开放空间,并按照旅游六要素进行生产要素配置与布局。

(三)设计产品体系和游憩方式

旅游项目是构成旅游产品的基本要素,因此,旅游项目的设计应同时考虑规划地区未来旅游产品体系的构成,确定旅游项目所能提供的产品类型以及主导产品或活动进行游憩功能结构设计。产品体系的构思既指规划地区所有项目的不同组合,也指某项目重复出现在不同的产品中。如苏州规划的传统美食区,既是购物休闲游产品的有机组成部分,也是美食游的主要品牌。同时,要设计整个系统的综合游憩模式,并按照观赏方式与观赏线路设计、游乐内容策划、故事编撰与场景布置策划、体验模式策划特色餐饮策划、特色住宿策划,形成游程游线结构,构建吃、住、行、游、购、娱六要素互补镶嵌的系统结构。

拓展阅读

旅游项目创意设计方法

(四)建立旅游项目管理体系

旅游项目管理体系包括合理的人员搭配、充足的资金保障以及恰当的评价标准与监控体系。其中,人员搭配是指环境、经济、市场、旅游、地理、园林等方面专业人才的组合;资金保障是指要有明确的资金来源渠道。同时,旅游项目实施是一个长期的、后效的、不稳定的过程,要建立一个连续且便于监控的经济、社会、环境目标评价系统,并根据旅游项目的特殊性,建立有效的政府或社会监控体系。

五、旅游项目创意设计流程

（一）分析旅游开发地环境

旅游项目的环境可分为旅游地内部环境和旅游地外部环境。旅游地内部环境分析主要是分析旅游地的自然资源、人力资源、物力资源和财力资源；旅游地外部环境分析主要是分析旅游市场的需求状况、旅游地之间的竞争状况和旅游市场上的旅游需求发展趋势等。在上述分析的基础上，旅游项目策划还要建立对旅游地的社会文化背景的充分认识以及对旅游市场的深入了解。

（二）分析旅游资源特色

旅游项目的特色是由当地的旅游资源特色决定的。这是因为旅游项目布置于旅游地，需要与区域旅游环境和氛围保持一致。项目特色是项目设计的灵魂，因此，旅游项目策划者需要在策划前对旅游资源进行详细调查，通过与竞争对手比较，发现本地旅游资源的与众不同之处，挖掘旅游资源特色，以此作为设计该旅游项目的基调。

【思考讨论】以迪士尼乐园为代表的主题公园项目策划，是典型的"无中生有"。这是否意味着景区资源条件的评价并不重要？随着旅游者关注重点的转移，景区的生态环境可能更为游客所看重，这意味着什么？

（三）初步构思旅游项目

在进行旅游项目设计时，设计者要提出旅游项目的大致思路。这个大致思路源于自创或借鉴，但它只是一个概念性的构思，其可行性需要进一步论证。一般情况下设计者会提出几个思路，以供筛选。

（四）评价旅游项目构思

在设计人员提供的数个可选择构思的基础上，从市场需求和资源特色等角度对其进行甄别，从经济可行性、社会可行性和环境可行性等层面进行分析，淘汰可行性小的构思，保留可行性大的构思。

【思考讨论】你身边熟悉的旅游景区，哪些是符合现代旅游者的消费需求特征的？其支撑项目或产品是什么？

（五）设计旅游项目

在对已有的旅游项目构思进行甄别之后，就是旅游项目设计的最后一步，即将旅游项目的构思落地，成为实实在在的旅游项目创意，并着手编写项目策划书。

项目策划书的主要内容包括以下七个方面：①封面，主要包括策划主办单位、策划组人员、日期、编号;②序文,主要阐述此次策划的目的,以及构思、策划的主题层次等;③目录,策划书内部的层次排列,方便读者对策划内容进行整体把握;④内容,即策划创意的具体内容,应文笔生动,数字准确无误,运用方法科学合理,层次清晰;⑤预算,为了更好地指导项目活动的开展,需要在策划中体现项目预算;⑥策划进度表,包括策划部门进行创意设计的时间安排以及项目活动本身进展的时间安排,在制定时间进程时要留有余地,具有可操作性;⑦策划书的相关参考资料,项目策划中所引用的二手信息材料要有明确来源,以便查阅。

编写策划书时要注意以下五个要求:①文字简明扼要;②逻辑性强,时序合理;③主题鲜明;④适当运用图表、图片、模型来增强项目的主体效果;⑤具有可操作性。

慎思笃行
Shensi Duxing

微课链接

旅游项目创意设计流程

江西婺源:非遗让中国最美乡村更有"味道"

婺源,位于江西东北部,与皖、浙两省交界。唐开元二十八年(公元740年)建县,古属皖南徽州"一府六县"之一。土地面积2967平方千米,总人口约31万人(截至2020年11月1日零时),婺源是镶嵌在赣、浙、皖三省交界处的一颗文化生态明珠,因"蓝天青山碧水,粉墙青砖黛瓦,小桥流水人家"的田园景致,被誉为"中国最美乡村"。婺源悠久的徽商历史和深厚文化底蕴,在这片热土上遗存下了丰富灿烂的非物质文化遗产,古朴神秘的傩舞、唱腔独特的徽剧、巧夺天工的三雕、精美绝伦的歙砚等,无不让人叹为观止。截至2023年4月,婺源有徽剧、傩舞、徽州三雕、歙砚制作技艺、绿茶制作技艺、甲路纸伞制作技艺6项国家级非物质文化遗产,12项省级非物质文化遗产,25项市级非物质文化遗产,52项县级非物质文化遗产;有各级代表性传承人442人,其中国家级非遗项目代表性传承人8人,省级代表性传承人28人,市级125人,非遗项目和传承人总量位居全省前茅。

婺源将非物质文化遗产与旅游景区、研学游等融合,全县国家4A级以上景区目前均有非遗项目常驻展示,有效提升了景区的文化内涵。还将徽剧、傩舞、抬阁、地戏、灯彩等非遗项目展示融入参观游览项目,推出了严田古樟民俗园、篁岭民俗文化村、茶马古道文化园等一系列文化展示体验类景点。

知行合一
Zhixing Heyi

近些年,婺源按照文旅融合、非遗先行的思路,积极探索促进非遗保护和旅游发展的共赢之路,将婺源丰富的文化资源转化为产业发展资源,逐渐走出一条独具特色的、优秀传统文化与乡村旅游有机融合的发展之路。婺源"非遗+旅游"的发展模式发挥了哪些资源优势?对其他旅游地旅游项目设计有哪些借鉴意义?

任务二　创新旅游产品体系

任务描述：本任务主要学习旅游产品体系的构成、特点及创新方法。

任务目标：通过任务学习，掌握旅游产品体系的基本概念和创新方法，并通过实践操作和团队协作等方式培养学生的创新思维和实践能力。

一、辨析旅游产品概念

对于不同主体而言，旅游产品的内涵是有所不同的。因此，我们可以从旅游产品的生产提供方和旅游产品的消费购买方两个角度理解旅游产品的概念。从旅游消费需求的角度看，旅游产品是指旅游者为了获得物质与精神上的满足和实现旅游过程，而支付一定的货币购买的有形的物质产品和无形的服务。从旅游企业供给的角度看，旅游产品是指能够提供给客源市场并引起人们的注意，使其获取、使用或消费，以满足人们的旅游欲望或需要的任何东西，包括各种有形产品、设施设备、个性服务、组织文化和想法。

无论从哪个角度看，旅游产品都既包括旅游资源和设施等有形产品，也包括各种服务、企业文化等无形产品。旅游产品是为满足旅游者旅游活动需求而提供的旅游服务的总称，旅游产品和旅游活动安排实际上体现了策划者的创意及构思意图，旅游规划与开发的核心是设计具有吸引力、竞争力和生命力的旅游产品，为旅游者创造满意的体验。

旅游产品和旅游项目是两个不同而又相互联系的概念。旅游产品是将各种旅游项目和旅游服务以及基础设施组合起来，进行对外销售的无形产品。旅游产品可以被无限出售，基本上不存在磨损和折旧。旅游项目则是各种旅游吸引物的综合体，与旅游产品相比，它包含的内容较少，但稳定性相对较高。而旅游产品体系是指旅游地根据市场需要而供给的旅游产品组合。在旅游规划与开发过程中，人们通常对区域内可以开发的旅游产品种类进行规划，共同构成类型多样、功能完善的旅游产品体系。

二、分析旅游产品层次

旅游产品包括资源、设施和服务这三项构成要素，旅游者真正需要的是不是这三项要素的组合呢？这需要我们从四个层次上研究旅游产品：核心产品、配套产品、衍生产品和扩展产品（见图6-1）。

图 6-1　旅游产品的层次构成

(一)核心产品

真正打动旅游者购买企业旅游产品的核心是什么？这就是旅游产品最核心、最基本的层次——核心产品。正像所有成功的牛排馆都深谙"别卖牛排,卖呲呲声"、咖啡馆"别卖咖啡,卖香味"一样。对旅游而言,旅游者真正需要的并不一定是美丽的景观,也不一定是舒适的服务,而是在特定情形下因美丽景观、美好人物或美妙活动等而产生的审美愉悦,以及由恰当的服务而感受到的轻松惬意。旅游产品策划必须能够识别旅游产品给特定旅游者带来的核心利益。

虽然在特定情形下,部分旅游者的满意度并不受旅游资源的品级、景观的美丽程度与服务技能的娴熟程度等影响,但是大部分旅游者的满意度还是直接与美丽的景观、恰当的服务直接相关。因此,旅游产品的核心利益必须依托有形的旅游资源,这样才能得以彰显,这里的"资源"即旅游吸引物。旅游吸引物是指一切能够对旅游者产生吸引力的旅游资源及各种条件,它是旅游者选择旅游目的地的决定性因素,也是一个区域能否进行旅游开发的先决条件和构成旅游产品的基本要素。旅游吸引物可以是某个物质实体,如名山大川、文物古迹,也可以是某个事件或习俗,如摩梭人的走婚习俗、蒙古族的那达慕大会。旅游吸引物的区位、数量和质量等因素的综合在很大程度上决定了旅游产品的市场规模。

(二)配套产品

配套产品是指旅游者在购买消费核心产品时必须提供的配套物品或服务。没有配套产品,旅游者就无法消费核心产品,旅游体验也会大受干扰。例如,某游客因马尔代夫的蓝天白云、水清沙白、椰林树影而去休闲度假,则该游客在消费马尔代夫优质自然资源的同时,必然需要内部交通、度假小屋、特色餐饮、海洋娱乐等配套设施。因此,在策划旅游产品时,除了需要了解目标细分市场对产品核心利益的期望,还需要了解目标细分市场对配套产品的相应要求。

(三)衍生产品

衍生产品是针对核心产品所追加的代表额外利益的产品,它起到与竞争产品相区别的作用。一个完整的旅游产品一定包含核心产品和配套产品,这样才能使旅游者充分体验其核心利益,但并不是每个旅游产品都包含衍生产品。例如,杭州黄龙饭店在客人办理入住登记后,酒店的智能管理系统就会自动引导客人进入客房;部分旅游景区也逐步推进智慧景区的建设,利用手机 APP 软件、二维码、无线网络等技术,进一步提高管理水平与个性化服务水平。这些都是整个旅游产品中的衍生产品。

事实上,配套产品和衍生产品的边界并不总是很清楚。对不同的目标细分市场而言,在不同的产品竞争中,它们可以相互转换。例如,在 21 世纪初期,宽带网络刚刚进入办公场所和家庭时,酒店客房提供宽带上网服务是一项衍生产品,它可以吸引更多需要方便上网的商务型游客,酒店提供这项服务就是为了支持作为核心产品的客房。而现在,大部分酒店都提供宽带上网服务,甚至是免费的无线网络服务。因此,大部分游客已经将网络服务作为酒店配套产品,而不再是衍生产品了。

理想的产品策划必须使核心产品设计具有竞争优势,并且拥有不容易被竞争对手复制的衍生产品。值得注意的是,衍生产品应该具有专业水准,以保证整个旅游产品的质量。提供非专业的衍生产品,有可能导致画蛇添足、弊大于利。也就是说,作为整个产品的配套产品或衍生产品,其产品质量必须与核心产品一致,否则就会张冠李戴。例如,某主题游乐型旅游景区基本上不具备幽静的休闲度假条件,而硬要推出针对游客的配套休闲或住宿型产品,其结果可想而知。

要确保衍生产品发挥竞争优势,就必须针对目标细分市场的旅游消费行为特征,进行系统、科学的设计并积极落实到位,衍生产品只有满足甚至超过游客的期望,才能产生积极的效果,真正履行其在产品整体中的功能——提供更多的竞争优势。

(四)扩展产品

扩展产品通常包括可进入性或易得性、消费氛围、旅游者与服务人员的互动、旅游者参与,以及旅游者之间的互动等可以加强旅游体验的因素。旅游产品的策划应尽力强化扩展产品的功能。但有很多因素不受企业的直接控制,有时甚至是计划外的产品内容。例如,旅游团队中一位游客因为随身携带的休闲娱乐装备丢失,导致无法参与景区组织的具体活动,从而对整个团队游客的旅游体验造成影响,并留下不好的印象和回忆。

从策划的角度看,核心产品提供了旅游产品策划的主题或焦点,它是产品存在的基础,也给了旅游者一个购买产品的理由;配套产品是将产品核心价值转移给旅游者所必不可少的;衍生产品是竞争市场中使产品保持竞争优势的重要内容;扩展产品则带给旅游者良好的体验和产品附加值。

三、厘清旅游产品类型

旅游产品是一个以旅游者的消费需求为中心的整体概念,通常包括吃、住、行、游、购、娱六大功能要素。需求不同,对旅游产品的功能要求不同,对各个要素的组合要求也不同,于是形成了不同类型的旅游产品;地域不同,旅游产品的功能、形态及表现方式也不同;价格不同,旅游产品的质量等级也存在较大差异。梳理旅游产品类型是做好旅游产品创新的基础和前提。

(一)按产品功能分类

按照产品功能,旅游产品可分为观光游憩旅游产品、休闲度假旅游产品、文化娱乐旅游产品、商贸购物旅游产品等。

1. 观光游憩旅游产品

观光游憩旅游产品是指旅游者以观赏和游览自然风光、名胜古迹、城市风光等为目的的旅游产品,它构成了旅游产品的最主要且最基础的部分。通过观光旅游,人们可获得美的享受,愉悦身心。观光游憩旅游产品又可分为传统观光游憩旅游产品和新兴观光游憩旅游产品两种,前者主要包括自然风光、城市风光、名胜古迹等,后者主要包括国家公园、主题公园等。

2. 休闲度假旅游产品

休闲度假旅游产品指旅游者利用非工作时间进行休养、消遣和娱乐的旅游产品,强调休闲和度假,可以消除旅游者因工作带来的紧张与疲劳,调节身心健康。休闲度假旅游地通常自然景色优美、气候温和宜人、住宿设施令人满意、娱乐设施齐全完善、餐饮富有特色、交通便捷、通信便利等。休闲度假旅游产品有海滨度假、乡村度假、森林度假、野营度假、滑雪度假、高尔夫度假、游艇度假、温泉度假等众多种类,已成为国内外较受旅游者欢迎的旅游产品之一。

3. 文化娱乐旅游产品

文化娱乐旅游产品指以旅游者了解、参与异国他乡文化或某类主题文化为目的的旅游产品,通常蕴含着较为深刻而丰富的文化内涵或较为突出的主题内涵。文化旅游可以使旅游者对异国他乡的文化艺术、风土人情、生活方式进行比较全面的了解,以开阔视野、丰富知识。文化娱乐旅游产品种类繁多,主要有民俗旅游、艺术欣赏旅游、博物馆旅游、怀旧旅游、修学考察旅游、宗教旅游等。文化娱乐旅游产品可使旅游者对某类主题文化内涵产生深入了解,可以是传统文化民俗,也可以是现代乃至未来特定主题的文化活动。

4. 商贸购物旅游产品

商贸购物旅游产品指满足人们经营洽谈、商务活动、交流信息、商品购物等需要的旅游产品类型。它强调旅游设施和服务的舒适、便捷和档次,活动计划性强,包括奖励旅游、大型商业性活动、公务出差、节庆会展等众多类型。商贸购物旅游产品是比较传统的产品类型,但随着现代旅游经济的发展,商贸购物旅游越来越频繁,相关旅游设施和服务也迅速向现代化发展。目前,商贸购物旅游产品在现代旅游产品结构中占有重要地位。

(二)按组成要素分类

旅游产品是一种综合性产品,由酒店、餐馆、景区、交通等企业生产的单项产品组合而成。旅游者在根据自己的需要购买旅游产品时,既可以选购整体旅游产品,也可以购买组合产品中不同的单项产品。按照组成要素,旅游产品可分为旅游餐饮产品、旅游住宿产品、旅游交通产品、旅游游览产品、旅游购物产品和旅游娱乐产品等种类。

1. 旅游餐饮产品

2012年5月,随着中央电视台播出美食类系列纪录片《舌尖上的中国》,美食迅速成为大江南北的热点话题。美食必然是游客主要关注的产品内容之一。旅游餐饮产品有两个层次的功能:其一,为了满足旅游者旅途中的基本生理需要;其二,包含着品尝异国他乡的风味美食及体验不同地区、不同民族的饮食文化差异的需要。所谓"民以食为天",中国饮食文化历史悠久、源远流长,民众基础深厚。在策划旅游餐饮产品时,应当注重地方特色饮食文化的开发,使其对旅游者产生文化吸引力,实现第二个层次的功能。

2. 旅游住宿产品

旅游住宿产品主要是为了满足旅游者放松身心、恢复体力等基本生理需要。但在现代旅游活动中,住宿设施在满足旅游者基本生理需要之外,还设有购物、康体、娱乐等丰富多样的服务项目,以满足旅游者精神享受的需要。特别是在度假旅游中,度假酒店通常是旅游者活动的中心点,向旅游者提供有多种选择的综合性旅游产品。一些著名的度假酒店本身就是一个独立的旅游吸引物,如迪拜帆船酒店、新加坡滨海湾金沙酒店等。

住宿设施的多少和服务质量的高低,往往成为评价一个国家或地区旅游接待能力的重要指标。旅游者需求的多层次性决定了旅游住宿设施也必然是多种多样的。就使用特点而言,旅游住宿设施分为汽车旅馆、商务酒店、会议酒店、度假酒店、公寓式酒店、经济型连锁酒店、乡村民宿等;按质量等级分,我国酒店有一星级到五星级五个档次,它们有严格的星级质量标准,不同星级的酒店所提供的服务项目也存在较大的差异。值得注意的是,近年来国内外主要旅游城市均出现了特色文化主题酒店,即酒店以某一特色文化为主题,彰显其建筑风格和装饰艺术及特定的文化氛围,让客人获得富有个性的文化体验;同时将服务项目融入特色文化主题,以个性化的服务取代一般化的服务,让客人获得欢乐、知识和刺激。

3. 旅游交通产品

旅游交通产品能为旅游者提供由常住地到旅游目的地的往返服务及在旅游区内的往返服务,其核心功能是帮助旅游者实现空间位移。旅游者购买旅游交通产品,是购买了从一地安全地到达另一地的交通服务,而不是交通工具本身,交通运输部门在旅途中为旅游者提供的特殊体验也构成了旅游交通产品的一部分。一个国家或地区的旅游交通产品越丰富、越优良,就越有利于旅游业的发展。事实上,随着旅游者消费观念的转变,旅游交通工具及道路交通设施亦逐步成为新型的旅游吸引物,如浙江宁海的国家登山健身步道与徐霞客古道,已经吸引了国内外诸多游客慕名而来。

【思考讨论】目前,国内很多城市纷纷效仿杭州,推出城市公共自行车的免费租赁服务,这已然成为到访游客解决内部交通问题的重要方式,也成为一种重要的旅游产品类型。此举措对促进地方旅游经济有什么作用?

4. 旅游游览产品

旅游游览产品主要指旅游吸引物。游览观光是旅游活动的核心内容和主要目的，游览观光的对象就是各种旅游吸引物。旅游资源是旅游吸引物的基础条件，一个国家或地区的旅游业兴旺与否，一方面取决于它客观上拥有旅游资源的丰富程度，另一方面还取决于它在主观上开发、利用和保护这些旅游资源的程度和合理性。旅游者的兴趣爱好多种多样，其旅游动机也各不相同，单一的旅游资源、单调的游览产品难以满足旅游者的多层次需求。因此，多元地进行旅游资源开发和旅游景点建设是一种趋势，这主要表现在三个方面：一是强调自然资源、人文资源的综合开发，二是强调相关互补的旅游景点组合，三是注重旅游资源的创新性开发。

5. 旅游购物产品

旅游购物产品指旅游者在旅游活动中所购买的对旅游者具有实用性、纪念性、礼品性的各种物质形态的旅游商品。旅游者到达旅游目的地后大都要购买一些旅游纪念品、工艺美术品、土特产品及生活用品。这些商品大部分在旅游结束后留作纪念、欣赏或使用，或作为馈赠亲友的礼品，具有某种纪念意义。旅游购物产品从某种意义上是旅游活动的延伸。在吃、住、行、游、购、娱等各项旅游消费中，前四项收入是基本消费，而购物是非基本消费。只要旅游者喜欢，购物消费往往是没有上限的。从这点来看，旅游购物产品可挖掘的经济效益潜力巨大，因此，世界上旅游业发达的国家和地区都十分重视发展旅游购物，鼓励旅游者在旅游期间购买本国或本地区的产品，以提高整体经济效益。

6. 旅游娱乐产品

旅游娱乐产品指满足旅游者在旅游活动过程中娱乐需要的产品。旅游者在旅途中，特别是晚间，需要通过娱乐来放松精神，加深旅游者之间的交流。因此，旅游娱乐产品成为大多数旅游者的一种基本需要。娱乐产品的体验性、多样性、新颖性、趣味性和知识性，可以充实旅游产品的内涵，从而更广泛地吸引具有各种爱好的旅游者，以提高目的地的旅游收益。

理解旅游产品特征

【思考讨论】在旅游产品设计过程中，如何设计旅游购物产品才较为合理？如何利用夜间经济业态丰富旅游产品类型？

四、遵循旅游产品创新原则

（一）依托资源原则

旅游产品创新，尽管需要创意和分析市场，但最核心的还是以当地的旅游资源为基础。在旅游产品组成的各要素中，旅游资源是核心要素。离开旅游资源，设计出的旅游产品容易失去地方特色，在市场竞争中处于不利地位。因此，在旅游产品的规划设计中,先要摸清规划区域的旅游资源家底,找出特色,再进行旅游产品创新。在现实中,为什么主题公园类旅游产品的竞争特别激烈?为什么许多主题公园开业不久就会出现难以为继的现象呢?其根本原因是,主题公园不是依托旅游资源生产出来的旅游产品,没有独占性和垄断性,很容易被模仿。

(二)面向市场原则

许多旅游区的旅游资源数量和类型众多,不能简单地将这些旅游资源全部设计成旅游产品。因为在目前的旅游市场上,可供人们选择的旅游产品琳琅满目,简单地将旅游资源加工成旅游产品,市场认可度不高,旅游开发效益就不好。因此,将哪些旅游资源转化为旅游产品就有一个选择的问题,选择的标准主要就是对市场的分析和判断。市场不认可的旅游产品,尽管它在某一方面有很高的价值和地位,在开发时也要十分谨慎。比如,重庆龙骨坡遗址距今大约200万年,属于全国重点文物保护单位,在国际考古界引起巨大震动,但能否将其开发为旅游产品应十分慎重,因为市场对这类专业性强的旅游产品的认可度可能并不高。

(三)突出主题原则

旅游产品的设计与开发要围绕一个主题,体现出鲜明的特色,才容易吸引目标客源。特色鲜明、主题突出的旅游产品便于形成规模效益,便于进行市场营销,提高整体竞争力。比如,竹海旅游区可以设计出竹海览胜(游)、夜宿竹楼(宿)、竹笋宴席(食)、乘坐竹滑竿(行)、竹海休闲(娱)、竹制工艺品(购)等系列产品。这些旅游产品均突出了翠竹景观、竹文化等主题。

(四)注入文化原则

只有具有文化内涵的旅游产品,才有长久的生命力和吸引力。旅游产品的设计不能只是简单地将旅游资源、旅游设施、旅游服务组合在一起,而应在有形的旅游资源之外,尽可能注入文化内涵,使旅游产品更具独特性。

(五)形成系列原则

旅游产品在突出主题的前提下,应尽可能形成系列。系列化的旅游产品容易给旅游者留下深刻的印象,增强旅游产品的市场竞争力。例如,以茶园为主体的旅游区可以规划设计出以茶园风光、采茶制茶、茶文化为中心的系列旅游产品。

(六)塑造品牌原则

目前,人们的消费已从实物消费进入品牌消费的时代。品牌是一种购买导向,只有在设计出的众多旅游产品中有一个或一类产品成为品牌旅游产品,才有利于市场推广。

知识卡片

旅游真实性理论

"真实性"(authenticity)一词源于希腊语,意思是"自己做的""最初的"。"真实性"概念最初用于描述博物馆的艺术展品,之后被借用到哲学领域的人类存在主义的研究中。19 世纪 70 年代,旅游者开始重视"真实性"的旅游体验,期望获得更真实、更深入的旅游体验,"真实性"概念延伸到旅游领域。1973 年,迈肯尼尔首次将真实性的概念引入旅游动机、旅游经历的研究,成为对旅游吸引物进行理论解释的核心概念之一,并引起各种讨论和分析。但由于"真实性"这个术语未加清晰界定就被引入旅游研究领域,造成了许多混淆,研究者很多时候是靠直觉来揣摩该术语的含义。又由于不同的情景,其概念更加模糊不清。在我国,"authenticity"也被翻译成原真性、原生性、可靠性、准确性和本真性等。

当前,我国的旅游发展正处于商业较为发达、现代化进程加快的大环境中,旅游者追求旅游"真实性"的欲望出现前所未有的高涨。他们在旅游过程中对"真实性"的感知,往往和他们的消费欲望成正比。"真实性"已成为旅游资源开发中的一大卖点。因此,深入探讨旅游"真实性"的相关理论,具有一定的现实价值。

关于旅游研究中的真实性理论,学界主要存在三种观点:客观主义真实性(objective authenticity)关注旅游客体的真实性,存在主义真实性(existential authenticity)关注主体体验的真实性,建构主义真实性(constructive authenticity)注重客体真实的基础上强调主体的差异性。

慎思笃行

《又见平遥》大型实景演艺项目

《又见平遥》大型实景演艺项目的演出场地是一座专门建造的剧场。剧场以黄土和瓦为主要元素,融传统和现代于一体,与拥有 2000 多年历史的平遥古城遥相呼应,真实再现了平遥古城最鼎盛时期商业活动的繁华景象。剧场内没有传统的观众席和舞台,观众在 90 分钟的时间里,步行穿过几个不同形态的主题空间,而表演者也会在观众中往来穿梭,甚至与观众对话。

剧场内部的建筑全部是仿古建筑,主要分为 A、B、C、D 四个区。

A 区(引导区):该区为观众等待区,约可容纳观众 300 人。该区以清末时期同兴公镖局铺面为蓝本,真实反映了平遥鼎盛时期的建筑特色,使观众在进入该区后,充分体验到从当代到清末的历史穿越,从而对平遥历史文化产生深切感受。

B区(商业文化展示区)：该区采用石雕、砖雕、木雕、磨砖对缝等传统工艺建造，全面真实地反映了平遥古城鼎盛时期商业活动的繁华景象。观众进入该区后可看到平遥古城在清末时的各种商业活动情况，真切地体会生活在百余年前的平遥人是如何用自己的聪明才智，在中国商业历史的舞台上，谱写非同寻常的华美乐章。

C区(生活场景展示区)：该区采用仿真的手法，复建了平遥古城最具代表性的民居建筑。同时，为了演艺的需要，部分建筑采用了局部解剖放大的方法，使该区更具有表演性和娱乐性。通过该区的建筑和表演，观众能够真切地体味到平遥古城最为富庶时期商贾家庭富可敌国的生活场景，以及悲欢离合的人生长歌。

D区(综合文化演艺区)：该区将采用现代化的声、光、电等表现手法，全方位为观众展示平遥古城2000多年的历史、政治、经济、宗教等方面的综合文化，使观众对平遥古城有一个全面而新鲜的认识。

知行合一
Zhixing Heyi

查阅《又见平遥》相关资料，阐述其项目策划亮点，探究其运用的基本原则及策划方法。

任务三　设计旅游专题线路

任务描述：本任务主要学习旅游专题线路的设计原则、方法和技巧，涉及不同类型的旅游专题线路，并强调创新思维和个性化设计的重要性。

任务目标：通过任务学习，了解旅游专题线路的类型、内容和设计原则，掌握旅游专题线路的设计方法和技巧，能够根据不同类型的专题设计合适的线路，理解市场需求和资源条件对旅游专题线路设计的影响，能够灵活运用市场分析和资源评估来优化线路设计。

一、旅游线路的概念

一个旅游区内的若干景观(点)在不同的空间位置，旅游活动的先后顺序也有多种不同的串联方式，由此组合成不同的旅游线路。旅游线路是规划者按照旅游交通线将一定区域内的旅游景点、旅游设施、旅游活动项目、旅游服务等因素串联起来的,方便旅游者游览的空间组合形态。

二、旅游线路的类型

(一)按空间尺度划分

保继刚、楚义芳等指出,从空间尺度划分,旅游线路分为两种基本类型:一是大尺度的旅游线路设计,它实际上包含了旅游产品所有组成要素的有机组合与衔接,旅行社或其他旅游经营部门在特定区域内,利用交通为外来旅游者设计的连接若干旅游点或旅游城市并提供一定服务的相对合理的线性空间走向,将区域内各种单项旅游产品有机地组合在一起,并涵盖旅游者在旅游目的地区域内吃、住、行、游、购、娱等各个旅游活动环节,通常是以城市和旅游区为线路上的节点,将航空线、铁路线、公路线、水路线串联,涉及的空间范围较大。二是小尺度的线路设计,即在旅游景观区或风景名胜区范围内,旅游者参观游览所要经过的路线。也就是说,它是指在一个具体的旅游景观区内,旅游者参观游览的必经之路,是一个行动轨迹,涉及的空间范围较小,旅游区规划中的区内旅游线路多为此类。

(二)按运行轨迹划分

1. 两点往返式

两点往返式线路,在远距离旅游时主要表现为乘坐飞机往返于两个旅游城市之间,在旅游城市内表现为住地与景点的单线联系。

2. 单通道式

单通道式线路,在远距离旅游时以乘火车的方式为典型,在旅游城市中表现为若干景点被一条旅游线路串联,旅游者一路上可以观赏不同的旅游景点。

3. 环通道式

环通道式线路是单通道式线路的变化形式。这种线路没有重复道路,基本不走回头路,连接的景观景点也较多,游览行程最划算。

4. 单枢纽式

单枢纽式线路以一个旅游城市为核心,其他所有旅游目的地都与之连接,形成一个辐射系统,有明显的集散地,便于服务设施的集中和规模效益的发挥。

5. 多枢纽式

多枢纽式线路以若干重要的旅游城市为枢纽连接其他旅游目的地,几个枢纽旅游城市间由线路直接连接。

6.网络分布式

网络分布式线路通过公路将区域内景点覆盖其中,可供旅游者任选景点与道路,是理想的旅游线路。

(三)按旅游目的划分

1.游览观光型

游览观光型线路以丰富多彩的自然风光和民族风情为主,以此来满足多数旅游者观光游览的需要,属于旅游中的基本层次。它包含的旅游点多,但在每个旅游点停留的时间较短。由于旅游者重复利用同一线路的可能性较小,因此这种类型的旅游线路成本较高。

2.休闲度假型

休闲度假型线路多用于满足游客休闲、度假的需要,旅游线路串联的旅游点少但旅游者在每个旅游点停留的时间长,旅游线路重复利用的可能性高。

3.专题型

专题型线路是以某一主题内容为基本思路串联各点而成的旅游线路。全线各点的旅游景观(活动)有比较专一的内容或属性,因此具有较强的文化性、指示性或趣味性。

三、旅游线路设计的原则

旅游规划编制者在进行旅游线路设计时应遵循以下原则。

(一)市场需求原则

成功的旅游线路设计,必须首先对市场需求进行充分的调研,以市场为导向,预测市场需求的趋势和数量,分析旅游者的旅游动机,根据市场需求对原有的旅游线路进行加工、完善和升级,并开发出新的旅游线路来满足旅游者的需要,以最大限度满足其需求,保证旅游线路对旅游者的持续吸引力。

(二)体验效果递进原则

旅游线路的设计,必须充分考虑旅游者的心理状态和体能,并结合景观类型组合排序等,使旅游活动安排做到劳逸结合、有张有弛,遵循体验效果递进原则。在交通合理、方便的前提下,同一线路旅游点的游览顺序应由一般的旅游点逐步过渡到吸引力大的旅游点,把高质量的旅游点放在后面,使旅游者的兴奋度不断提升,直至在核心旅游点达到兴奋顶点,促使旅游者对于下一个旅游点有一种迫不及待的感受并一直处于兴奋状态,激发旅游者的兴趣,满足旅游者的审美要求,从而让旅游者获得最佳的旅游体验。

（三）不重复原则

设计旅游线路，应慎重选择构成旅游线路的各个旅游点。最佳旅游线路是由一些旅游依托地和尽可能多的、不同性质的旅游点串联而成的环形线路，力避往返旅途重复，避免让旅游者感到时间和金钱的浪费。当依托地周围的旅游点之间距离较远，而且都与旅游依托地距离在一天行程之内时，为减少更换住宿地点的麻烦、增加旅游者的安全感，一般是重返原住宿处过夜，然后再前往其他旅游点，形成放射状旅游支线。

（四）多样化原则

组成旅游线路的各项内容，如旅游景区、旅游活动、餐饮、住宿、交通、服务等类型很多，完全有条件组合成各种各样的旅游线路以供市场选择。任何一次旅游中，交通费用和食宿费用均占相当大的比例。在进行具体的旅游线路组合时，可以选择不同类型的旅游点和不同等级的酒店，分别组合成不同档次的旅游线路供旅游者选择，以满足不同经济水平的旅游者的需求。

（五）时空优化原则

在时间上，旅游线路设计时要根据景观特征、分布和确定的主题，考虑安排在什么季节最理想、行程多长时间最佳以及具体活动日程安排的合理性。其目的是让旅游者在线路上能获取最佳的旅游体验。在空间上，应尽可能使整条线路有最便捷的走向，全程不走回头路，串起较多的旅游点，同时从区域整体出发，要求在不影响线路特色和不降低线路质量的前提下，根据旅游线路的主题和市场需求，有针对性地、适当地进行冷门与热门旅游点的组合，以拉动整个区域的旅游发展，体现区域旅游整体发展的思想。

（六）主题突出原则

主题和特色可以使旅游线路充满魅力、具有强大的竞争力和生命力。个性化旅游需求推动旅游走向主题化。旅游线路的特色或主题的形成主要依靠将性质或形式有内在联系的旅游点串联起来，并在旅游六要素方面选择与此相适应的形式。

（七）旅途安全原则

出门旅游，旅游者最担心的是安全问题。因此在设计旅游线路时，旅游规划编制者应遵循"安全第一"的原则。在旅游线路设计的过程中，旅游规划编制者必须重视旅游景点、旅游项目的安全性，把旅游者的安全放在首位。

微课链接

旅游专题线路设计

四、旅游线路设计的内容

旅游线路设计主要包括两个方面的内容：一是空间顺序安排，将不同节点的旅游活动安排在旅游线路的恰当空间；二是时间顺序的安排，要在确定的整个旅游线路的总时间的基础上细化，甚至要精确到以分钟为单位。当然，在时间安排上，既要精确，也要有意识地留有一定余地，方便旅游线路的实施。另外，需要说明的是，旅游线路定价主要针对旅行社推出的旅游线路，旅游规划编制者设计的旅游线路和旅游区内的游览路线，一般不考虑定价问题。线路设计完成后还需要进行多方案对比，对设计出来的多条旅游线路进行评估，将符合要求的旅游线路选出来作为正式的旅游线路。

（一）空间顺序的安排

1.选择旅游节点

旅游线路中的节点就是旅游景点、旅游景区、旅游城市，是构成旅游线路的主要组成部分。选择旅游线路节点的主要因素包括：旅游线路的主题、旅游线路的客源市场、旅游线路的交通通达状况、旅游线路的时间。

2.选择交通线路

交通线路是旅游线路的具体表现形式，选择恰当的交通线路和方式是实现旅游线路各项目标的基础。选择交通线路和方式时，既要考虑交通线路的现状，也要考虑缩短空间距离（选择空间距离较短的交通线路）和时间距离（使用较快捷的交通方式），并将两者兼顾。

3.选择住宿、餐饮、娱乐、购物

住宿、餐饮、娱乐、购物是旅游过程中的重要内容，是不可或缺的。旅游线路规划在选择这些旅游产品时，应着重考虑以下因素：一是价格，根据消费对象的经济承受能力进行选择，豪华旅游线路可选四星级、五星级酒店住宿，选择高档的娱乐场所；二是便利性，这些旅游产品一定要处于旅游线路的恰当位置，位于交通线附近；三是与旅游线路的主题相一致，住宿、餐饮、娱乐、购物可以强化旅游线路。

（二）时间顺序的安排

1.旅游者的总体时间安排

要对应旅游者的总体时间安排来进行线路规划。旅游者从出发地到旅游目的地的时间当然是越短越好。随着交通条件的改善，这部分时间会逐步调整。更重要的问题是，旅游者从出发地到旅游目的地的时间和游览时间的比例关系。一般来说，这个比例关系的底线是 1∶1，即旅游者去旅游目的地的途中花费 1 小时，往返累计 2 小时，那么在这个旅游目的地的游览时间至少应该是2小时。受旅游者路途时间的约束,很多地方的旅游资源存在是否适宜开发和市场范围的问题。在时间规划中,旅游者的总体时间安排是核心问题。

2.游览时间的安排

游览时间的安排首先要解决的是游览时间从哪里开始计算,即到哪个地方算是进入景区。现在一般是到了售票处以后才算进入景区,这是一个误区。一般来说,离开干线公路,到了支线公路,就应该算进入景区,但由于普遍存在误区,所以支线公路的状况不是很好。干线公路要求通畅,而支线公路已经进入景区,这对旅游者来说,游览速度就变缓慢了。在规划设计方面,这条路的主要功能除交通外,它还应是景观路、文化路、生态路,应尽可能使旅游者感觉兴奋,这就需要在路上规划设计一些景观,而不是只有到了景区门口看到一块大牌子,才觉得到了景区。这个问题在全国各地都普遍存在,而且在景区的规划设计中也是一个薄弱之处。

从进了景区大门开始,要规划设计旅游者的活动,争取达到每5分钟有一个兴奋点,每15分钟有一个高潮。兴奋点就是旅游者看了觉得有意思,高潮就是旅游者到这里会欢呼,并停下来拍照。如果在整个游览过程中始终有这样的感觉,旅游者就会认为这个地方真好。爬山时这样的感觉最典型,山上的风景很好,但是路上很枯燥。所以沿途必须安排一些景观,否则,即使景色再好,它带来的美好感受也会被一路的枯燥所抵消。

3.综合消费时间安排

综合消费时间就是以游览时间为主体,加上其他消费时间的总和,包括排队买矿泉水、坐下来歇息、吃东西、看看热闹等时间。

综合消费时间安排的大体概念是3小时有一顿饭,6小时可以住一个晚上。很多景区之所以摆脱不了单一的门票经济,就是在时间规划上没有下功夫。旅游者走马观花、行色匆匆,经营者没有其他的收入来源就只好在门票上做文章。但如果增加一些综合消费项目,就会增加一些停留时间,从而增加收入来源,并最终累积到综合消费时间上。而综合消费时间一旦超过了3小时或6小时的临界线,收入就会更上一个台阶。

项目小结

作为旅游规划与开发的重要组成内容,旅游产品策划的创新是否符合旅游者需求是衡量旅游业能否成功的重要指标。

旅游项目创意设计的内容主要包括:定位主题,明确名称、风格和布局,设计产品体系和游憩方式,建立旅游项目管理体系。

旅游产品创新的原则主要包括：依托资源原则、面向市场原则、突出主题原则、注入文化原则、形成系列原则和塑造品牌原则。

旅游线路设计的原则主要包括：市场需求原则、体验效果递进原则、不重复原则、多样化原则、时空优化原则、主题突出原则、旅途安全原则。

项目训练

一、知识训练

1. 简述旅游项目创意设计的程序。
2. 简述旅游路线设计的内容。

二、能力训练

以某一旅游景区为例，分析其旅游产品四个层次（核心产品、配套产品、衍生产品和扩展产品）的构成要素和逻辑关系，并尝试提出旅游产品的创新策略。

项目七
规划旅游专项设施

项目概述

旅游规划中的专项设施不仅涉及旅游业发展配套要素吃、住、行、游、购、娱,还涉及旅游业发展所需要的支撑要素,如水电、生态环境、数字信息、政策要素等。它是旅游得以有序发展的各个关键环节,也是旅游运行体系的重要基础,是为了能够让旅游者更好完成旅游活动的服务体系规划。

规划旅游专项设施主要包括保护与培育旅游资源和环境、规划旅游基础设施、规划旅游服务与管理设施、规划旅游解说系统。这些专项设施是为旅游者旅游活动提供服务所需的物质条件,通常在旅游开发投资中占比较大,规划建设不当会浪费巨额资金,影响游客体验,对生态环境和视觉环境产生严重污染。合理规划旅游专项设施,有利于旅游目的地的发展,以及旅游服务质量的提升,同时还能保护旅游目的地生态环境,为旅游可持续发展起到积极的推动作用。

学习目标

知识目标
1. 了解旅游资源、旅游环境保护的基本概念。
2. 了解旅游基础设施的基本内容及构成体系。
3. 理解旅游服务设施的基本内容及构成体系。
4. 理解旅游解说系统的概念、功能和分类。

能力目标
1. 理解旅游环境保护规划的原则、旅游资源培育的原则及基本内容。
2. 理解旅游基础设施的规划内容。
3. 掌握旅游服务设施的规划方法。
4. 掌握旅游解说系统的规划方法。

素质目标
1. 树立旅游资源规划与开发中的保护和可持续发展理念。
2. 培养专项规划设计的综合协调能力和创新思维能力。

知识导图

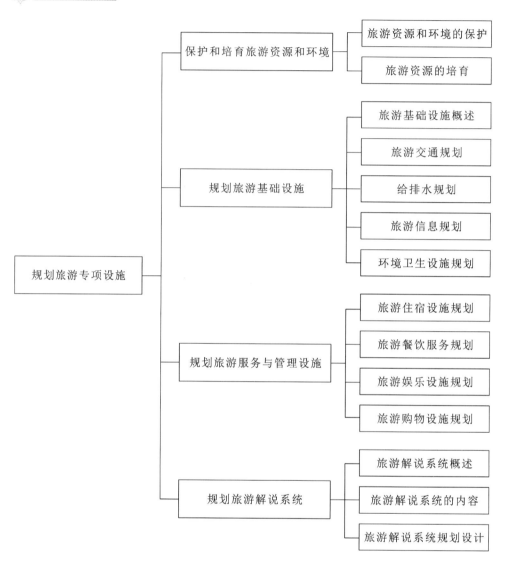

案例导入

新旅游时代下的古镇新颜——上海朱家角古镇

朱家角有"上海威尼斯"之称,是上海地区文化名镇之一。镇内古风石桥跨河而居,明清建筑依水而立,构成特有的自然价值景观。

发展策略

朱家角构建了"一心三带三区"的规划格局。

"一心"——古镇核心保护区:集古镇餐饮、特色工艺品、土特产品、主题客栈、精品景点、创意休闲等于一体,集中展现朱家角千年古镇风情的核心区域。

"三带"——水乡风貌体验带:沿漕港河,接淀山湖。以曾经的漕运繁华景象、时下的水乡古镇风情为主题,从西向东,分段式展现东方水乡的今风古韵。商业休闲发展带:祥凝浜路一线,古镇与老镇分界带,以服务于市民与游客双重功能出现的集餐饮、购物、休闲、娱乐于一体的特色发展带。新镇生态景观带:沿着珠溪路,古镇老镇与新镇的分界带,展现朱家角新镇绿色、生态、宜居的绿色景观大道。

"三区"——环湖综合度假区:环大淀湖,包括周围的酒店、地产、休闲项目,以大淀湖城市公园为基础,打造特色水岸昼观光夜休闲区域。新江南水乡居住区:新镇区拥有绿色、生态、舒适的居住环境,展现现代水乡宜居生活。老镇风貌协调区:老镇区内传统居住区,与古镇统一风貌,形成特色居住区。

古镇提升

规划对古镇街区的十余条主要步行游览街进行业态整合和主题定位,通过融入旧式体验业态,打造夜间休闲场所,让人真正走进古镇的记忆中,留下来,住下来。

1. 古镇"一街一品"

以"景点+主力店+辅助店"的模式,对每条商业街进行业态调整,形成"一街一品味,一路一风情"的差异化发展战略。为5A级景区的创建打开突破口,提供有力的支撑和保障。主力店:统领街区,展现主题,以精致代替数量,以个性风格代替低级模仿。

2. 旧时业态重现

恢复鼎盛时期朱家角内老式业态,如酒坊、油坊、米坊、布坊、酱坊,通过"前店后坊"式的布局,提升游客的体验感。以朱家角的涵大隆酱园为例,未来可从简单的观光门票和酱菜售卖,拓展到"门票+售卖+体验+餐饮+分店招商"的经营模式。

3. 丰富夜间休闲

做大做强夜间经济,对应"不夜江南"的发展策略,目前朱家角最出名的便是课植园内的实景园林版夜间表演《牡丹亭》,未来将夜游、夜宴等统统纳入夜间休闲活动,成就一个越夜越精彩的文化古镇。

(资料来源:绿维文旅,http://v.lwcj.com/w/14326315964384.html)

案例分析

任务一　保护和培育旅游资源和环境

任务描述:本任务主要学习旅游资源保护、旅游环境保护的基本内涵及方法,并对旅游资源保护、旅游环境保护的重要性进行深入解析。

任务目标:通过任务学习,掌握旅游资源保护的内涵特征,从而更好地理解旅游资源保护的意义。

一、旅游资源和环境的保护

旅游业的发展离不开丰富多样的旅游资源,旅游资源是旅游业发展的前提,它们是开展旅游活动的基础,也是旅游活动的重要组成部分,保护旅游资源,不仅是为了保护自然环境,也是为了保护旅业持续健康发展。旅游资源保护是指维护资源的固有价值,使之不受破坏和污染,保持自然景观和人文景观的原有特色,对已遭破坏的旅游资源进行治理。

(一)自然旅游资源保护

1. 科学监测旅游景区承载量

景区承载量是在保障景区内每个景点游客人身安全和旅游资源环境安全的前提下,景区所能容纳的游客数量。旅游景区承载量能够很好地反映景区游客量的饱和程度,从而更好地通过数据监测来进行合理调节,保障游客的游览舒适度。

科学监测旅游景区的承载量能够为游客旅游体验舒适度提供保障,旅游景区的旅游者人数在一定时期内若达到或超过该景区的极限容量,即旅游超载,就属于不合理容量,此时旅游将对环境造成破坏。

2. 制定正确的旅游资源开发策略

自然旅游资源是在亿万年自然地理环境的演变之中形成的,在开发过程中应该充分考虑资源的属性特点,从而制定正确的开发策略,从长远的角度出发,协调好景区开发与建设、环境建设、生态建设、资源保护之间的关系。在旅游资源规划与开发过程中,应进行严格的论证考察,以自然资源保护为前提、合理适度开发为原则进行规划建设。

3. 制定切实可行的保护措施

在对旅游资源进行开发建设的过程中,应该制定与旅游项目开发相关的保护措施,例如,对于景区内山体、水体、野生动植物等资源的保护措施。此外,对于一些稀有资源,要进行普查建档,制定相对应的监管保护措施。对景区的内部管理而言,应该制定相应的保护措施和规章制度,呼吁游客文明旅游参观,同时对于游客破坏景区内旅游资源的行为,要制定相应的约束机制,对景区进行合理有效的管理。

4. 提升整个景区的资源保护意识

首先,从景区内部管理来看,景区工作人员的资源保护意识尤为重要,景区应该定期举办相应培训,不断提升景区工作人员的资源保护意识;其次,景区相关部门还应制定资源保护预案,一旦遇到破坏旅游资源的行为,能够及时有效地采取措施;最后,应该建立行之有效的资源保护监测系统,对景区内的资源进行实时保护和监测。

拓展阅读

自然旅游资源开发原则

微课链接

地质地貌旅游资源保护规划

(二)人文旅游资源保护

1.历史遗迹类旅游资源保护

对于历史遗迹类旅游资源,应该遵循"保护第一"的原则,坚决摒弃为开发而开发、片面追求经济效益的错误思想。对于开发难度大、价值较高的资源,一般进行就地封存保护,也可以修建文化馆、博物馆、展览馆等来进行保护,还可依据现行的法律、政策,将保护与开发相结合,将历史遗迹的文化元素合理地融入旅游项目的开发建设之中。

2.古建筑旅游资源保护

对古建筑而言,由于人们的保护意识较差,古建筑年久失修、随意拆除,因此其保护更为任重道远。对于古建筑类旅游资源的保护,应该树立正确的保护意识,处理好保护与开发的关系,特别应处理好历史街区、特色民居建筑等古建筑的保护与现代城市化发展建设之间的关系;对于区域内连片古建筑群,在开发建设过程中应该与区域周围相协调,并且突出其特色;对于一些古村落遗迹,在开发的过程中应尽量采用修复与开发并举的措施,力争还原其本来面貌,同时在村落遗迹中适当增加一些现代元素,实现古村落遗迹的可持续发展。

3.园林建筑旅游资源保护

对园林建筑而言,其历史悠久,具体可追溯到春秋战国时期,自然山水园林已经萌芽,中国的山水园林主要体现的就是自然美,要求景物源于自然,又高于自然,使人工美和自然美融为一体。园林的保护应该强调还原历史,保持园林的真实性,在园林资源保护过程中应该充分保留古典园林修建的精神内涵,而不应过度地用现代的理念去随意开发,以免破坏园林建筑艺术的文化审美需求。对于国内的园林建筑景观,在制定具体保护措施时应该充分考虑园林景观造园艺术风格,切勿私搭乱建,进行破坏性开发。

4.民族民俗旅游资源保护

保护与传承民族民俗文化,能够增强一个区域内文化软实力,提升区域形象。对于民族民俗旅游资源的保护,首先应该运用科学的可持续发展理念对民族民俗旅游资源提出可行性建议,政府部门应该科学地制定行之有效的政策来指导民族民俗文化保护工作的开展;其次在进行城市规划发展改造时应该以保护为主,对区域内民族民俗文化进行有效保护和合理开发;最后在对民族民俗旅游资源进行开发利用时,不可过度开发,只有对民族民俗文化内涵进行合理的挖掘才能更好地丰富人们体验。

(三)旅游环境保护

1.旅游环境概述

旅游环境是一个由自然或者人文等多种要素组成的环境系统,在环境系统内可开展相应的旅游活动或者发展旅游事业。旅游环境是一个多维的空间结构,具有一定的

拓展阅读

周庄古镇的旅游开发

空间范围,人类旅游活动可以影响其范围的变化。旅游环境涉及面较广,包含了吃、住、行、游、购、娱等方面,具体可分为旅游自然环境、旅游人文环境和旅游资源。

2.旅游环境保护的原则

1)坚持保护与开发相结合

在进行旅游区域开发建设时,应制定行之有效的开发与保护措施,严禁对区域内资源、环境进行破坏性开发,应强化在保护中开发、开发中保护的意识,保护区域内旅游环境,以可持续发展理念维护区域内旅游生态平衡。

2)严格遵守国家政策法规

严格执行国家颁布的政策法规,如《旅游资源保护暂行办法》和《旅游景区可持续发展指南》(GB/T 41011—2021)等规章、标准及各地区出台的相关规定。

拓展阅读

旅游业对环境的影响

3)区域可持续发展与环境保护相结合

旅游地环境是区域旅游发展的基础,要实现区域可持续发展就必须与区域内环境保护相结合,在旅游目的地开发过程中,特别需要注意的是环境保护,只有保护好这一区域的旅游环境和资源,才能够更好地实现可持续发展这一目标。

二、旅游资源的培育

(一)旅游资源培育的必要性

1.景区旅游资源生命周期的制约性

产品生命周期是产品的市场寿命,即一种新产品从开始进入市场到被市场淘汰的整个过程。景区旅游资源的生命周期是指资源从投入到退出市场的全过程。虽然在实际经营中,未必所有的资源都会经历一个完整的生命周期过程。有些资源可能刚刚开发就已经宣告失败,而有的资源受生命周期的影响并不大,比如博物馆、展览馆等。旅游资源的不同生命周期阶段对游客具有不同的吸引力,会使游客产生不同的旅游体验,从而产生不同的经济效益、社会效益和生态效益。当某一旅游资源处于衰退期或完全退出市场的状态时,其作为旅游资源的价值就会下降或消失,旅游景区的正常经营就会受到影响或中断。针对这种情况,景区应基于旅游市场的需要,增加资源数量,扩大资源规模,延续资源的生命周期,对景区旅游资源进行积极的培育和管理,保证景区的可持续发展。

2.游客对旅游资源需求的多样化和深度化

随着大众旅游的普及和人们受教育水平的提高,以及旅游信息交流平台的便捷和畅通,人们的旅游经历越来越丰富,特别是出国旅游活动的增加,使人们对国外旅游业经营管理的了解更加全面和深刻。此外,国内某些著名景区或一流景区的旅游资源培育水平也在不断提高。受这些因素的影响,游客对国内旅游景区的开发和经营提出了更高的要求。游客不仅对景区的资源提出更高层次的要求,其需求还呈现出明显的多样化和深度化趋势。因此,旅游景区的经营管理者为了迎合和满足游客的需求,要及时更新景区资源、丰富资源内容、挖掘资源内涵、突出资源特色。

3.旅游景区的竞争日趋激烈

旅游景区所有权的转移和人们从事旅游业的兴趣和热情的高涨,加剧了景区的市场竞争。改革开放以前,中国的旅游业主要以接待为主,旅游景区秉持等客上门的观念,不存在市场竞争。改革开放后,特别是20世纪90年代初,随着旅游业的产业地位的确立,旅游业转变为经济产业,取得了突飞猛进的发展。旅游景区的经营权由以前的国家经营转变为国家、集体、股份、个人一起上的经营模式,从而大大加剧了景区的市场竞争。景区的竞争主要表现在两个方面:一方面是与其所处的同一地区内各景区之间的竞争,由于景区绝对数量的增加,同一地区的景区面临基本相同的客源市场,从而加剧了竞争;另一方面是与周边相邻地区替代性景区的竞争,给旅游景区的客源造成了一定程度的压力,导致了景区的市场竞争加剧。

(二)旅游资源培育的原则

1.以旅游资源本质属性为基础

旅游资源是旅游业发展的前提,是旅游业的基础,旅游资源主要包括自然风景旅游资源和人文景观旅游资源,不同类别的旅游资源的内涵特征不同,在培育旅游资源时,应重视资源的本质属性,从资源本身核心价值点出发,对资源核心价值进行深度挖掘及提升,使其焕发出新的生机与活力。

2.以市场需求导向为目标

市场需求主要是指一定的顾客在一定的地区、一定的时间、一定的市场营销环境和一定的市场营销计划下,愿意且能够购买某种商品或服务的数量。对旅游资源而言,为了更好地发挥其价值,开发商应通过市场调研与分析,找准当前旅游消费者需求特点,对旅游资源进行培育和挖掘。

3.以可持续发展为原则

旅游资源是旅游业赖以生存和发展的物质基础,旅游业要想可持续发展,必须保证旅游资源的可持续性。对绝大多数地区来说,旅游资源仍是旅游业发展的重要依托,以可持续发展理念培育旅游资源不仅能够满足当代旅游者的需求,同时也为今后资源的优化提升提供了更多的可能。

(三)旅游资源培育的基本内容

1.加强已开发旅游资源的保护

旅游资源的保护主要是维护旅游资源的固有价值,使之不受破坏和污染。对于已经开发的旅游资源,首先,应该加强宣传,使游客树立资源保护的意识,提高游客积极参与景区资源保护的自觉性。其次,要加强科技保障设施的建设,对景区的旅游资源实施监控,尽量避免和减少景区资源的破坏。再次,加强法律法规建设和完善,对故意破坏景区资源者进行法律制裁,做到有法可依,违法必究。最后,需要各级旅游管理部门加强监督管理,对于不同类型的旅游资源制定切实可行的保护管理条例,并且能够监督落实,实现资源的有效保护。

2. 迭代更新旅游资源

随着时间的推移以及人们旅游审美意向的变化和转移,原有旅游资源的吸引力会逐渐淡化或者消失。为了能够满足游客不断变化的需求,旅游资源必须更新。更新旅游资源主要是对旅游资源的价值进行重新评定,更新衰退的旅游资源,开启旅游资源新的生命周期,改变原有旅游资源的价值表现形式。

3. 挖掘旅游资源特色

旅游资源的特色开发是旅游资源培育的基本原则。特色开发就是在市场价值观念的指导下,充分挖掘资源的特别之处,凸显自身的优越性。旅游的本质就是旅游者寻找与感受文化差异的行为和过程。不同的地域文化、自然环境会塑造出不同的资源特色文化,在培育旅游资源的过程中,只有深入挖掘、探寻区域旅游地的资源特色文化,在本底文化基础上进行深化和提升,才能使之发挥出符合现当代旅游需求的新活力。

知识卡片

可持续旅游

《可持续旅游发展宪章》中指出,可持续旅游发展的实质,就是要求旅游与自然、文化和人类生存环境成为一个整体,自然、文化和人类生存环境之间的平衡关系使许多旅游目的地各具特色,即旅游、资源、人类生存环境三者统一,以形成一种旅游业与社会经济、资源、环境良性协调的发展模式。由此可见,可持续旅游包含三个方面的含义:在为旅游者提供高质量旅游环境的同时,提高当地居民生活水平;在开发过程中维持旅游供给地区生态环境的协调性、文化的完整性和旅游业经济目标的可获得性;保持和增强环境、社会和经济未来的发展机会。

可持续旅游发展应实现:增进人们对旅游所产生的环境效应与经济效应的理解,强化其生态意识;促进旅游的公平发展;改善旅游接待地区的生活质量;向旅游者提供高质量的旅游体验;保护未来旅游开发赖以生存的环境质量。

慎思笃行

为深入贯彻落实党的二十大精神,发挥红色资源优势,加强青少年教育引导,文化和旅游部、教育部、共青团中央、全国妇联和中国关工委印发《用好红色资源 培育时代新人 红色旅游助推铸魂育人行动计划(2023—2025年)》的通知。行动计划明确:到2025年,红色旅游助推铸魂育人工作机制更加完善,红色旅游的教育功能更加凸显,红色文化有效融入青少年思想政治教育工作,青少年思想政治素养和全面发展水平明显提升。青少年正处于认知发展的"拔节孕穗期"、人格发展的"黄金关键期"、社会性发展的"成长适应期",要用好红色资源倡导时代新风,引导青少年立志做担当民族复兴大任的时代新人,确保红色血脉代代相传,红色江山永不变色。

分析红色旅游资源的保护和培育对助推铸魂育人行动的价值和意义。

任务二　规划旅游基础设施

任务描述:本任务主要学习旅游基础设施的概念,并对如何进行旅游基础设施规划进行分析。

任务目标:通过任务学习,了解旅游基础设施的基本概念及构成体系,理解旅游基础设施规划的内容,掌握旅游基础设施规划的方法。

一、旅游基础设施概述

部分学者认为,旅游基础设施是指旅游者在目的地逗留期间必须依赖和使用的、旅游目的地不可缺少的有关设施;另一些学者认为,建造于旅游目的地地下和地表的一般公用事业设施统称为旅游基础设施。

我国旅游学界一般将旅游基础设施定义为,在与旅游有关的各种设施中,凡属其主要使用者为当地居民,但也必须向旅游者提供或者旅游者也必须依赖的目的地有关设施,包括旅游交通设施、旅游给排水设施等。

旅游基础设施规划是在区域现有基础设施的基础之上,根据未来旅游业发展的需要,对道路交通系统、给排水系统等加以调整。基础设施与城市规划的关系较为紧密,因此,在总体规划中,应以城市规划为基础并结合相关产业部门(如交通、水利等部门)的发展规划,提出基础设施的优化设计方案。

二、旅游交通规划

旅游交通是交通运输系统的一个重要组成部分,是发展旅游事业的必要条件。它是为旅游者实现从出发地到旅游目的地以及在旅游目的地内进行游览后再回到出发地的整个旅游活动过程所利用的各种交通方式的总和。

(一)旅游交通规划的原则

1. 适应发展,满足需求

随着旅游资源的开发、旅游目的地的建设、旅游目的地知名度的提高,客流量必然会有一定程度的增长,这就促使交通运输必须适应其发展要求。有了较好的交通,旅游目的地才会有较好的发展。旅游交通布局不仅要与旅游产业的发展相适应,要与旅游客流量、流向、流时相适应,还要与旅游者的需求相适应。

2. 因地制宜,保护旅游资源

旅游交通建设要视旅游目的地自然地理情况而定。这样做的目的一是可以减少资金的投入,二是可以减少对自然环境的破坏。在旅游交通建设过程中,应该尽量避免破坏景观及其整体美感,使旅游交通既能实现通达、便利等目标,又有利于旅游资源保护。

3. 立足现实,可持续发展

旅游交通是一个资源、技术密集型产业,基础设施投入大,投资回收周期长,因此必须注重投入产出的科学性。在旅游目的地开发建设过程中,需要大量的资金投入,如果专为某一景区或景点修建一条铁路、一条公路、一个机场,其投资必然增大,所以在规划过程中,应尽可能地利用原有的交通设施。尽量利用现有道路网络,慎重规划旅游线路,减少对土地资源的占用以及对环境景观的破坏。

4. 科学布局,一线多点

在规划旅游交通线路时,应尽量使新修交通干线连接多处旅游景区和旅游城镇、村落。另外,一条线路连接更多景点也有利于游览,可达到"行短游长"或形成多个旅游组合的目的。

(二)旅游交通规划的内容

旅游者对旅游交通的总体要求是高效、畅通、安全、舒适、快捷、经济等。旅游交通规划分为对外交通规划和对内交通规划。旅游交通规划应在确保安全、畅通的原则下,构建陆路、航空、水运立体大交通格局,提高景区与旅游城市间道路交通等级,改造干线公路至旅游景区的连接道路,打通相邻重点旅游景点连接通道,完善重点旅游景区至周边其他类型旅游景区的道路。

1. 对外交通规划的要求和内容

外部交通,即从旅游客源地到目的地所依托的中心城市间的交通,属于中远距离的空间位移。其主要采用能够承担中远距离运输的航空和铁路交通。

对外交通包括两个部分,区域性交通和进入性交通。区域性交通主要是国际旅游者和国内远途的旅游者进入旅游地交通枢纽城镇的交通,包括公路与汽车站、铁路与客运站、水路航运线与码头船坞、空运航线与机场设施等。由于区域性交通主要位于旅游地范围之外,其交通规划主要局限于区域规划。进入性交通主要指旅游者从靠近旅游地的城镇或旅游目的地交通枢纽城镇进入旅游地接待中心的交通。

对外交通规划的第一要求是方便,保证游客能够进得来且出得去;要求能够保证游客在旅游过程中的人身安全,并考虑价格、距离、游客经济收入水平、游客习惯爱好等;对外交通还要求内外交通衔接紧密、中转方便、设备充足,针对各种类型的交通方式进行设计。因此,公路设计要与旅游专用公路相结合,要有良好的视野,路标清楚,路面质量好,能全天使用,坡度适中,排水系统良好,辅助设施齐全,要在适当距离设置加油站、酒店、停车场、休息绿地、厕所、汽车修理站和商店等。

2.对内交通规划的要求和内容

对内交通主要是指旅游目的地中心城镇或接待中心与景区、景点之间的交通,主要包括旅游目的地公路规划、旅游目的地游步道规划、特种交通工具规划和其他交通配套设施规划。

1)旅游目的地公路规划

旅游主干道与次通道是旅游目的地内部交通网的骨干,用以解决游览运输与供应运输问题。要求路面平整、无尘,符合行车的标准,特别是盘山、沿湖公路,不能破坏自然景观。为保证景区、景点的安静、安全与组景的意境,不必完全直通出入口,应相隔一定距离设置停车场,游人下车后步行一段才进入景区、景点。

2)旅游目的地游步道规划

旅游步道包括步行小径、登山石阶等。在开辟游步道时,要根据景观、地势来规划。在危险处要设置与环境协调的安全护栏,在陡峭处要安装扶手,以供行人借力攀登。有大量游人通过的小路,应注意高峰时有互相避让的宽度,最好能在附近设置供往返的辅路,并且在道路设计时要考虑形成环线或半环线,尽量不走回头路。

3)特种交通工具规划

特种交通工具是旅游地内部交通规划的重要内容,在规划时,必须因地制宜、突出特色。比如水域地区可以设置独木舟、竹筏、木排、摩托艇、气垫船、羊皮筏等;山岳地区可规划小火车、电瓶车、索道等。

4)其他交通配套设施规划

其他交通配套设施规划主要有停车场规划、旅游码头规划、加油站规划、维修站规划等。临近水域的旅游地应规划专用的旅游码头;大型旅游景区需要规划加油站,一般建在交通干线两旁、游客较少的区域。其他交通配套设施规划要考虑对游客安全的影响,以及对旅游景观的影响。

【思考讨论】交通在旅游目的地发展过程中的作用是什么?

知识卡片

旅游交通系统

旅游交通系统指支撑旅游目的地的交通方式、路径与节点的运行及相互作用。交通系统包括四个基本组成部分,即交通方式、交通线路、交通节点和交通技术(Benson 和 Whitehead,1985)。

交通方式通常分为四种,即公路、航空、水运与铁路。根据交通工具的不同,每种交通方式还可以分为不同的交通形式。某种交通方式对旅游目的地的作用和影响体现在该交通方式的速度、旅客承载力、舒适度、费用与安全性等方面。

交通线路是旅游者选择不同类型的交通工具进行旅行的不同线路,包括水运线路、公路线路、航空线路、铁路线路。有效的线路选择能减少旅游者在交通上花费的时间与金钱。

交通节点是从一种交通方式到另一种交通方式的换乘点,如机场通常是航空运输与公路运输、铁路运输的换乘点。节点的拥挤程度会影响旅游目的地的接待情况。

交通技术的变革决定了交通形式的竞争力、价格结构、速度、舒适度与安全性。

三、给排水规划

(一)给水规划

旅游地根据用水需求,抽取天然的地表水或者地下水,经过一定处理,使其符合国家规定的饮用水卫生标准,输送到各用水区,以保证旅游地的用水。因此,旅游地给水规划的主要内容包括用水量规划、取水和净水规划、输配水规划等。

1. 用水量规划

旅游地用水量一般用旅游地用水高峰时的用水量来表示,测算高峰用水量要知道一般旅游地的用水标准。

2. 取水和净水规划

取水规划包括寻找干净的水源、确定取水口、设计相应的取水设施等内容。水源地的选择应先从旅游地内部入手,可建立高位水库、蓄水池、拦河坝等,利用重力供水。也可以选择地下水丰富的地方作为水源地。水源如果来自地表河流,其取水口应位于居民区和污染源上游。

取水设施一般有取水构筑物、提升原水的一级泵站以及输送原水到净水工程的输水管等,还包括为蓄、引旅游区水源所筑的水闸、堤坝等设施。净水规划包括确定净水方案和设计相应净水设施等,净水设施主要包括自来水厂、清水库、输送净水的二级泵站等。

3. 输配水规划

输配水规划包括输配方案的确定和输配水管网及其他设施的布局等。输水管网的布置应根据旅游地用水特征,注意以下细节:针对用水区分散的特点,可采用分区、分层、就近供水的原则布置供水管网;对于用水量集中的旅游接待中心、居民区、生产加工区等,可以设立自来水厂;管网应尽量布置在整个供水区域,即使局部管网发生故障,也能保证供水不中断;管线隐蔽,沿规划道路布置,符合综合设计的要求。

(二)排水规划

排水规划的主要内容包括预测雨水和污水排放量,研究雨水排放方法和污水处理方法,以及布局污水处理设施(包括排污管、渠等)。

1. 雨水和污水排放量预测

旅游地排水设施规划,首先要对雨水和污水排放量进行测算。雨水排放量主要依据历史气象资料及旅游地的地质特征来估算,而污水排放量的测算一般为给水总量的80%,通过给水规划中确定的给水量可得知污水排放量。

2. 雨水排放与利用

雨水排放主要依赖自然排水,雨水利用地形地势进行自然排水,就近使用明渠排入河道或溪沟。不能自然排水的地段要设立排水暗渠。在规划设计中还应该注意道路断面的设计,尽量将雨水导入自然绿地,使其补充地下水,或建立雨水收集系统,回收利用雨水。

3. 污水排放规划

污水排放一般采取就近处理后排放,亦可将处理后的废水用于灌溉。排水量大的,可建设污水处理设备,经集中处理后再排放;排水量小的,可经多级沉淀过滤消毒后排放。

4. 污水处理设施布局

污水采用相对独立的集中处理方式,每个功能分区建污水处理站。旅游地应通过污水管网采用集中收集、单独处理的方式进行污水处理,进而达标排放或再利用。

四、旅游信息规划

建立集信息收集、处理、传递于一体的通信系统,是发展旅游业的必备条件。旅游信息规划包括邮政和网络规划、游客中心规划等。

(一)邮政和网络规划

旅游邮政服务要不断创新服务形式,推进固定场所与移动服务相结合,提高服务水平,更好地满足人们的用邮需求。邮政企业应在传统服务的基础上,为游客提供旅游纪念品、周边特色农产品等在线预约、寄递自提及其他适合旅游目的地的特色服务。

网络在现代人生活中占据十分重要的地位。因此,要将网络规划纳入旅游地规划中,规划的主要内容包括旅游地互联网的接入方式、线路走向、运营商、传输速率等。

拓展阅读

主题邮局

（二）游客中心规划

游客中心作为向游客提供传统信息服务的物质实体，是游客获取目的地第一手资料的重要场所。它主要可分为两大类：一类为游客咨询中心，是由景区自己建立的游客服务机构，一般设在景区入口处，提供与景区相关的信息服务与游客帮助；另一类为游客中心，是由政府设立的，为游客提供信息服务的非营利性公共服务机构。游客中心一般设于游客或者旅游景点集中的地段。

五、环境卫生设施规划

环境卫生设施规划是保证旅游区整洁卫生的基础，主要设施包括旅游厕所、垃圾箱等。

（一）旅游厕所

旅游厕所是指在旅游者活动场所建设的、主要为旅游者服务的公用厕所。旅游厕所的选址一方面要考虑旅游者的行为特征和需求，另一方面要考虑需求量、景观、便利度、风向、供水、污染和地形等因素。旅游厕所一般规划布局在游客中心、重要景点、购物餐饮点等处。旅游厕所规划的主要原则包括以下几点。

1. 间距人性化

根据景区面积、游客量、旅行路况、游客年龄段占比、平均速度等对旅游厕所的间距进行规划。通常来说，在人流量大的古镇等类型的景区，厕所间距以300—500米为宜；在人流量小的风景区，厕所间距以500—800米为宜。

2. 便器分布与游客分布匹配

游客在景区的分布密度不一样，逗留时间也不一样，因此，便器分布应与游人分布相匹配。一般来说，景区出入口便器数量多；景观节点根据游客量、逗留时间设置，便器数量相应减少；旅游路线按距离、游客量设置，便器数量最少。

3. 易于寻找

旅游厕所的布局既不能影响风景呈现，同时又要易于寻找，突出其方便性和可达性，通常距离游步道20—30米为宜。应在主路上设置醒目的厕所指示牌，提升游客体验感。

4. 隐蔽性

不影响主要景点的游览观光效果，不影响自然与人文景观的整体性。其布局应注意隐蔽，如靠墙边、路边等，或位于绿荫中。

5. 无环境污染

要保护周边水源，注意风向以及地形对空气流动方向的影响。

【思考讨论】旅游厕所革命的推行有什么作用与意义？

拓展阅读

旅游厕所建管提质升级 公共服务更显民生温度

(二)垃圾箱

旅游者停留时间长的区域容易产生垃圾,对于垃圾箱的需求量相对较大,因此,垃圾箱选址应重点考虑景区出入口及中心服务区、景观休憩区、游憩活动区及步行道等区域。

1.景区出入口及中心服务区

旅游出入口及中心服务区是指大门售票处、出入口、景区门口广场、停车场、商店、餐厅等具有服务功能的空间,这些区域是旅游者到达和离开旅游地时聚集的场所。由于服务功能多元、旅游者聚集、产生的垃圾也多样,上述区域应设置较多的无盖式垃圾箱,并且进行频繁管理和维护。

2.景观休憩区

景观较好、吸引人驻足观赏的地方通常设有座椅、观景平台等观光设施,是旅游者停留时间较长的区域。此区域垃圾箱的设置数量应以旅游承载力的最大容量为标准,采用高峰定期采样的方式进行估算。垃圾箱要避免阻挡旅游者的观景视线,体量不宜过大,并应设置于主要景观的反方向,观景点与步行道的交界处一般是最佳选择。由于此区域内的垃圾无法进行高频率收集处理,垃圾箱适宜采用有盖式设计。

3.游憩活动区

游憩活动区是进行野餐、露营、康体运动等活动的场所。由于旅游者人数较多、停留时间长、旅游活动类型丰富,此区域对垃圾箱的需求量大。除了设置固定的垃圾箱,景区还应配备了一定数量的临时垃圾箱,以收集高峰期旅游者活动所产生的垃圾。垃圾箱应设置在此区域周边,并于附近设立临时垃圾集中处理站。

4.步行道

旅游者在步道上活动具有较强的机动性,停留的时间相对较短,因此,产生垃圾的数量低于上述三个区域。一般来说,步行道上有休憩设施的地方应设置垃圾箱,因为这些区域是旅游者可能停留的场所。此外,步行道中容易减速、驻足的地段,如道路转弯的节点处、视线突然开阔的地段等都应设置垃圾箱。

垃圾箱一般沿步行道一侧或两侧交错设置。步行道沿线的垃圾箱体量不宜过大,外观设计和材质应与环境相宜,材质以不易污损为佳。由于该区域垃圾收集处理的频率不高,垃圾箱应选用有盖式。

另外,除了合理设置垃圾箱,旅游目的地可以采用一定的激励手段和措施,引导旅游者不制造垃圾,随身带走垃圾,甚至协助捡拾他人遗留垃圾,从根本上解决旅游目的地环境问题。

【思考讨论】旅游环境卫生设施规划对目的地旅游发展有什么作用?

任务三　规划旅游服务与管理设施

任务描述：本任务主要学习旅游服务设施的概念，并对如何进行旅游服务设施规划进行分析。

任务目标：通过任务学习，了解旅游服务设施的概念及构成体系，理解旅游服务设施规划的内容，掌握旅游服务设施规划的方法。

旅游服务设施是直接为旅游者提供服务的设施，如住宿设施、餐饮设施、娱乐设施、购物设施等。旅游服务设施配备的原则是与需求相对应，既满足旅游者的多层次需要，也适应设施自身管理的要求，并考虑必要的弹性或利用系数，合理协调地配备相应类型、相应级别、相应规模的服务设施。

一、旅游住宿设施规划

规划者应根据旅游地目标客源地市场的游客特征进行相应的住宿设施的结构设计，对于规划期末的各类住宿设施所占比重加以明确化，以指导该领域内企业的发展。

住宿设施的建设规划一般要考虑三个方面的问题：一是根据游客规模的预测，确定床位数；二是从旅游目的地布局的角度，研究住宿设施的位置、等级、风格、密度、面积等；三是考虑未来扩建的可能性。

(一)旅游住宿设施需求量估算

住宿设施总需求量主要受旅游地游客总量和停留时间的影响，在确定住宿设施具体规模时要以游客对床位和客房的需求量为准。

业内一般认为酒店的床位率平均时段不低于55%，旅游旺季不超过85%是较为合理的范围。另外，从每间客房的平均床位数来看，酒店要根据游客的出游特征，适当增加或减少每间客房的床位数，普通酒店这个值约为1.7，商务型酒店这个值约为1.2。

(二)旅游住宿设施布局

不同级别住宿设施的需求量也需要明确，各种级别住宿设施数量由旅游地客源结构及旅游地自身特征决定。若目标市场以高收入人群为主，则可以适当增加高档酒店的比例。旅游业发达地区高、中、低档酒店的比例一般为1:4:5。

在旅游目的地，各功能分区由于旅游特色的不同及环境的差异，所配置的住宿设施数量及档次也各不相同。一般旅游服务接待中心周围的住宿设施数量较多，其他服务点较少。

旅游住宿设施的空间布局，就是将不同类型、档次、数量的住宿设施布局在规划区恰当的位置上。旅游住宿设施的宏观选址应遵循以下原则：①在同一旅游区，旅游资源级别较低的景区或非旅游中心城市（或大居民点）不宜选址；②在一日游范围内，旅游中心城市（或大居民点）与风景区（旅游点）之间的小居民点不宜选址；③在节点状旅游区，只有旅游中心城市适宜选址；④在一日游范围内，旅游中心城市与风景区之间若出现可留住游客的中间机会，可以在此选址。

旅游住宿设施的微观选址要考虑以下因素：①交通因素，旅游住宿设施应选址于交通便利或发达的地方；②旅游资源因素，旅游住宿设施应选址于风景优美的地方；③土地费用因素，旅游住宿设施应选址于地价相对较低的地方；④扩建因素，旅游住宿设施选址时要留有扩建的空间；⑤集聚因素，旅游住宿设施在空间布局上应相对集中，形成集聚效应；⑥城市规划因素，城市中的旅游酒店选址要与城市规划相结合。

知识卡片

民　宿

随着国民经济增长、美丽乡村建设、休闲时代发展、消费市场迭代，民宿作为一种体验城乡美好生活的新生事物、新型业态，得以迅速发展。民宿联动第一产业（生态农业、创意农业）、第二产业（建筑业、制造业等）、第三产业（旅游业、金融业等），与城乡发展有机融合，在全面推进乡村振兴、实现共同富裕、解决"三农"问题等方面发挥着重要作用，是践行"两山理论"、实现"美丽经济"的有效载体。

民宿概念产生于20世纪末，包括偏重餐饮的"农家乐"和偏重住宿的"家庭旅馆"。

《旅游民宿基本要求与评价》（LB/T 065—2019）对旅游民宿（homestay inn）的定义为，利用当地民居等相关闲置资源，经营用客房不超过4层、建筑面积不超过800平方米，主人参与接待为游客提供体验当地自然、文化与生产生活方式的小型住宿设施。

随着我国经济的快速发展，集生态、文创、娱乐等多元化体验方式于一体的民宿，作为休闲住宿产品的升级版，受到越来越多消费者青睐，尤其是年轻消费者。2019年民宿客户中，以20—29岁为主，其次为30—39岁。由于工作压力大、生活节奏快，这个年龄段的人越来越向往"慢生活"的民宿旅游。

拓展阅读

酒店的概念与分类

二、旅游餐饮服务规划

旅游餐饮既是游客较为关心的服务，也是旅游业盈利的重要途径之一。旅游餐饮服务规划主要包括旅游餐饮设施类型规划和旅游餐饮发展规模规划。

（一）旅游餐饮设施类型规划

旅游餐饮设施类型众多，旅游区餐饮设施类型的选择，主要根据客源状况确定。档次的确定主要依据旅游区游客的消费能力。

1. 独立经营的餐饮服务设施

相较酒店附属餐厅来说，独立经营餐厅有占地面积大、内容复杂、旅游者集中等特点，一般会布局在接待区、游览区等。

2. 附属于酒店的餐饮设施

酒店附属的餐饮设施有多种形式，如各种类型的餐厅、酒吧、咖啡厅等。这些餐饮设施是酒店重要的收入来源之一，很多酒店餐饮服务的营业收入占总收入的50%。因此，酒店在建设时，也很重视餐饮业态的设计。

（二）旅游餐饮发展规模规划

1. 布局和服务要根据旅游行为来考虑

例如，起始点、顺路游憩区、中途补给区、活动中心等处，需要为游客提供进餐的地方。

2. 作为旅游目的地景区的组成部分

旅游餐饮设施的建设要体现特色，也可作为观景、休息的场所。

3. 容量有弹性，功能多样性

旅游餐饮设施的使用时间比较集中，需要做到客流量大时不拥挤，非用餐时间不空闲。可通过不同时间的多样化经营，有效满足旅游者的不同需求，减少闲置时间。旅游餐饮设施的数量一般用餐位数来表示，餐位数必须针对游客需求量最高的一餐。

4. 要避免对环境造成污染，远离生态环境脆弱地区

旅游餐饮设施应避免对自然环境、自然景观的破坏，要为旅游者提供安全、舒适的服务条件。

旅游餐饮设施类型需要根据餐饮企业的类型结构以及餐饮食品的构成加以设计和优化。其中，具有本地特色的餐饮形式和特色餐饮产品是规划者关注的焦点内容。对于旅游餐饮的发展规模规划要注重均衡，要根据各类餐饮企业的特点和市场范围确定其大致的发展规模，此外，餐饮具有大众化的特点，因此在确定发展规模时要综合考虑旅游者及本地居民的需求。

三、旅游娱乐设施规划

当代旅游娱乐项目种类丰富、规模大小各异、功能多样，各种项目规划建设有着各自的要求和标准。旅游娱乐设施规划可根据旅游区的具体情况设置，如植物园、动物园、展览馆及游乐性建设等。

在进行旅游娱乐设施规划时，一般有以下几个要点：①收集相关信息。在确定进行娱乐设施建设与经营投资前，投资者必须广泛收集相关信息，掌握旅游地娱乐市场

情况。②选择主题。旅游娱乐活动有多种类型,选择合适的主题进行开发是旅游娱乐设施规划的重点。③选址。旅游娱乐设施选址的因素包括区域社会经济发展水平、旅游客源市场规模、同类型旅游娱乐项目竞争情况、旅游交通情况、周边环境等。④可行性调查。可行性调查是旅游娱乐设施规划的一项先导性工作。可行性研究是在市场调研的基础上,对娱乐设施的竞争者和自身实力进行分析,从而确定旅游娱乐项目的选择,明确定位,并对旅游娱乐设施投资进行预算和效益分析,以确保项目在经营过程中的营利性。

四、旅游购物设施规划

旅游者在旅游目的地游览一般会有购物需求。旅游购物设施规划,一方面要满足旅游者的需求,另一方面也可以增加旅游目的地的旅游收入。

(一)旅游购物商品开发

对旅游目的地旅游资源进行深挖,开发具有实用性、纪念性、工艺性、科技性的优质旅游商品,构建旅游商品设计创新机制。

(二)旅游购物点设计

旅游购物点一方面指旅游购物企业的分布网络,另一方面指旅游购物企业的形态。

(三)旅游购物环境规范

旅游购物环境规范主要是要求规划者提供相应的措施与方案,以规范旅游商品市场的秩序,优化旅游购物环境,以良好的市场秩序为旅游购物提供保障。

(四)旅游购物设施选址

旅游购物设施的选址应该遵循两个原则:一是方便旅游者,二是提高旅游者的购物兴趣。当旅游者在旅游地游览时,要在景区入口及游览线上的休憩点设置旅游购物点;当旅游者在景区间移动时,停车休息处也是购物点的备选地;各交通终端如机场、火车站等可规划旅游纪念品的购物点,以便游客在行程结束前进行购物。

(五)旅游购物设施设计

旅游购物设施不应该破坏周边环境,而要成为吸引物体系中的一部分。

1.外观设计

购物设施的景观化首先是外形,要追求美观,具有一定的艺术性,体现地方建筑特色。为了追求聚集效应,购物设施经常以街区的形式出现。购物街如果是历史街区,最好是修旧如旧。如果没有历史建筑遗存,新建购物街必须质量达标。当购物设施以单体的形式出现并且体量较大时,要尽量注意产生地标效果。如果是小体量购物设施,则需要借助景观;如果是景区内部游览线上的购物网点,则需要与环境相协调。

2. 内部设计

购物设施内部设计需考虑空间舒适性且有新意,既要方便游客游览,又要方便游客记忆。

旅游商品

根据世界旅游组织(1995)的定义,旅游购物支出指为旅游做准备或者在旅途中购买物品(不包括服务和餐饮)的花费,其中包括衣服、工具、纪念品、珠宝、报刊书籍、音像资料、美容及个人物品、药品等,不包括任何一类游客因商业目的进行的购物即为转卖而进行的购物,也不包括游客代表其雇主在商务旅游时购买的物品。可见,旅游商品不仅包括旅游纪念品和日常用品,还包括衣服、首饰、书籍、艺术品和手工艺品、免税商品和电子产品等(Turner 和 Reisinger, 2001)。苗学玲(2004)认为旅游商品是由旅游活动引起,旅游者出于商业目的以外购买的、以纪念品为核心的有形商品,包括旅游准备物品、旅游纪念品、日常用品(旅游前和途中购买)和免税商品四类。吴克祥(1994)对旅游商品的特性做了较系统的总结。他认为,旅游商品具有鲜明的区域性,是游客在旅游过程中购买的、在时间或空间上显示旅游目的地的标识,本身也具有很强的吸引性。它还具有情绪价值或者第二价值,即除一般商品价值外,还具有艺术价值、欣赏价值、纪念价值和地位价值等附加值。石美玉(2003)提出,旅游商品作为一个大概念,包括旅游纪念品、旅游专用品、旅游日用消费品及其他商品等,其中后两种类型的旅游商品与普通商品并无本质差别,旅游商品的"第二价值"是针对旅游商品中的前两种类型而言。她进一步指出,旅游商品有别于一般商品的特点为旅游商品应体现地域特征、文化传统和民族风格等特色,具有与纪念意义相一致的高品质且便于携带。

【思考讨论】旅游服务规划包括哪些内容?需要把握哪些规划原则?

任务四 规划旅游解说系统

任务描述:本任务主要学习旅游解说系统的概念,并对如何规划旅游解说系统进行分析。

任务目标:通过任务学习,了解旅游解说系统的概念及构成体系,理解旅游解说系统规划的内容,掌握旅游解说系统规划的方法。

一、旅游解说系统概述

随着经济的发展和居民生活水平的提高,旅游者消费意识的变化,旅游者的消费观念日益成熟,越来越多的游客根据自己的兴趣和爱好,选择主题性强的旅游线路与旅游方式,也更加渴望在旅游中获得个性化的解说服务。

(一)旅游解说系统的含义

解说系统是指运用某种媒体和表达方式,使特定信息得以传播并到达信息接收者处,帮助信息接收者了解相关事物的性质和特点,实现其服务和教育功能。旅游解说系统是专门应用于旅游景区,通过第一手实物、人工模型、景观及现场资料向旅游者介绍旅游资源价值、游览路线、旅游注意事项等相关内容,以帮助旅游者正确解读旅游区环境信息的重要手段。

旅游景区通过合理的解说系统规划设计和完善的解说设施建设,可以增加游客对景区性质和特征的了解,增强活动参与意识,改变游览态度和行为,甚至产生某种情感依赖,达到更好地管理游客的目的。

旅 游 解 说

"旅游解说"一词最早出现在20世纪欧美的国家公园,1953年,美国国家公园管理局设立了解说长官的职位。我国较早研究旅游解说的相关文献是吴必虎等人于1999年发表的《旅游解说系统的规划和管理》。

旅游解说的概念众多。Tilden(1957)认为解说并非事物的简单描述,而是一种揭示自然资源意义、信息以及与人类关系的交流过程,并最终改变旅游者行为。Knudson等(1999)认为解说是用故事的形式讲述纯概念化的实事,通过激发游客的智慧达到理解和娱乐的目的。还有学者赋予解说以教育的含义,比如Makruski(1978)认为解说是一种以娱乐性为主的教育事业,Sharp(1969)认为服务、教育与娱乐的升华就是解说。Tilden(1977)总结了解说这一概念的核心在于:它是揭示意义和关系的一种艺术;它是对信息的进一步揭示;其目的是启发(provocation)而非教导(instruction);其主题和地点应与旅游者体验相结合。Ham(1992)概括了解说过程的四个特点:欢快的气氛、针对性内容与目标游客群、组织逻辑性、中心主题。

(二)旅游解说系统的功能

从功能上看,旅游解说承载着教育功能、服务功能、保护功能、景观功能、沟通功能,其中,服务和教育是较基本的两种功能。从过程来看,旅游解说是传递信息和文化交流的过程。

1.教育功能

教育功能就是向有兴趣的旅游者提供必要的解说服务,使其对景区的资源及价值、景区的科学和艺术等价值等有较深刻的理解,提高旅游者对于自然生态保护、野生动物保护、各种文化遗产保护的意识,充分发挥旅游的户外教育作用。同时,为旅游者安排各种实践活动,并且在解说系统的引导和帮助下,鼓励旅游者适当参与景区管理、建设和再造等活动。

2.服务功能

服务功能主要指基本信息传递和导向服务,通过简单的、多样的方式为旅游者提供旅游景区服务方面的信息。向旅游者提供多种解说服务,帮助旅游者了解并欣赏景区的资源及价值。

3.保护功能

通过解说系统提供的信息,帮助旅游者较深入地了解景区的资源价值、景区与周围地区的关系,以及景区在整个旅游系统中的地位和意义,使旅游者在接触和享受旅游资源的同时,能做到不过度利用和破坏旅游资源和设施。

4.景观功能

旅游解说系统中的解说物是景区重要的形象展示,设计独特的解说物能够有助于刻画景区形象,提升景区品位,增强景区吸引力和空间活力。在解说系统的引导下,旅游者对游览过程中景观的时空演进会产生清晰的感知,从而增加游览的乐趣。

5.沟通功能

为旅游者提供一种交流途径,使旅游者、旅游景区管理者、社区居民相互交流,达成相互间的理解和支持,实现旅游景区的良好运营。

(三)旅游解说系统的类型

1.导游人员解说系统

导游人员解说系统以专门的导游人员向旅游者进行主动的、动态的信息传导为主要表达方式,具体形式包括向导性解说、定点解说、即兴解说等。它最大的特点是双向沟通,能够回答旅游者提出的各种各样的问题,可以因人而异提供个性化服务。同时,由于导游掌握较多的专业知识,导游人员解说系统信息量大,但也因为受导游综合素质等因素的影响,容易产生服务质量的波动。

2.多媒体解说系统

多媒体解说系统是依托现代信息和多媒体技术构造的解说系统,可分为语音解说系统、触屏互动式解说系统、影视动画解说系统等。

语音解说系统就是将预先录制的解说内容存储在语音解说设备中,然后根据游客的需求为其提供讲解。按照使用方式,语音解说系统可分为便携式语音解说和定点式语音解说。便携式语音解说的播放可分为循环播放和选择播放。定点式语音解说即利用网络存储技术,将解说有关的音频或视频存储起来,对不同景点设置不同的编号或二维码,旅游者可通过输入编号或者扫码获取解说内容。

触屏互动式解说系统的触屏是游客可根据自己的意愿选择观看对象的一种影像解说设施,应设置在景区入口、交通节点等人流量大的地方。触屏互动式解说系统是以计算机及其外设为平台开发的游客自助查询导览系统。它是为旅游景区开发的一个外观优美、界面友好的人机交互软件平台,利用GIS、多媒体、网络传输等技术,为游客提供景点介绍、景区或区域线路查询并打印,以及收发电子信件甚至制作个性化电子贺卡等便利功能。

影视动画解说是一种更为生动的讲解表现手法。在游客密集或休息的场所，影视动画解说系统通过专门录制的有关景区过去历史、当代景观等视频向游客展示旅游景区的主要景点及其特色。

目前，多媒体技术已经发展得较为成熟，其建设成本也逐步降低，旅游景区普及多媒体讲解系统成为可能。但就单个旅游景区而言，多媒体讲解系统是否配置以及如何配置需要与其经营管理的定位进行结合。

3.图文解说系统

图文解说系统是通过文字或图片向游客传达有关信息，按照其表现形式可以分为文字型解说系统和图片型解说系统。图文解说系统包括牌示、解说手册、导游图等。图文解说的优点是造价便宜、位置固定、易于维护和管理。受篇幅和容量的限制，图文解说提供的信息量有限，内容需要进行精心挑选和设计。图文解说系统在提供解说服务时没有时间限制，旅游者可以根据自己的喜好、兴趣、体力等自行决定获取信息的时间和内容的深度。

二、旅游解说系统的内容

（一）游客中心

根据《旅游区(点)质量等级的划分与评定》(GB/T 17775—2003)，游客中心是指旅游区(点)设立的为游客提供信息、咨询、游程安排、讲解、教育、休息等旅游设施和服务功能的专门场所。可见，为游客提供信息咨询、进行宣传教育，是游客中心的主要功能之一。为了提供更好的服务，游客中心应该配置供游客使用的互动式触屏，为游客提供各种语言版本的宣传资料。

1.游客中心选址

游客中心应该设置在所有游客最易于进出的地方，并且要预留较大的活动空间，一般而言，游客中心应位于景区大门或者景区中心地带。

2.游客中心规模

游客中心规模要与规划级别相适应，规模不宜过大，应根据景区游客接待目标人数来计算，级别越低，规模越小，功能越简单。

（二）解说牌

旅游区解说牌是指导游客参观游览较普遍的一种方式，具有内容直观简洁、使用方便、易于记忆等特点，也称为讲解牌、标识牌。解说牌的高度应与游客的平均视高相等，同时，还要注意字体的大小，总体原则是让游客阅读舒适。在材质的选择上，应考虑选用当地较有特色的材质，以强化区域特色。暂时性的解说牌可以采用轻巧的材料，固定的解说牌应采用牢固的材料，选材还应便于更换、易于维护。

解说牌按讲解对象和内容，可分为吸引物解说牌、旅游设施解说牌、环境解说牌和旅游管理解说牌；按所属范围，可分为景区外部解说牌和景区内部解说牌；按功能，可分为环境地图型解说牌、指示引导型解说牌、景点说明型解说牌、环境教育型解说牌、警示型解说牌、服务管理型解说牌。下面简要介绍按功能划分的解说牌。

1. 环境地图型解说牌

环境地图型解说牌通过展示整个景区或相关局部景区道路、景点、服务设施等整体空间状况分布图,帮助游客确认景区内各事物的空间位置与其所在位置的空间关系,能够使游客快速定位,并获取自己需要的信息。通常布置在出入口等人流集散地。

2. 指示引导型解说牌

指示引导型解说牌具有引导游客到达目的地的功能,应清晰、直接地标示出方向、前方目标、距离、旅行时间等要素,有时可以包含一个或多个目的地的信息,并提供到达的方式和路径。

指示引导型解说牌主要布置在人流集散地、交叉路口、重点景点、主要休息点,分为独立型和组合型两种。独立型单独布置,造型鲜明突出,在远距离就能引起注意,导向性更强。组合型与其他几种标识组合布置,需要近距离观察。

3. 景点说明型解说牌

景点说明型解说牌主要是对景点及其周边重要人文景观进行简要介绍,使游客能够认识和了解景点概况及其在历史文化上的重要性。解说的信息要简洁、准确、易懂。它体现了解说系统的教育功能,是游客会花较多时间阅读的解说牌。景点说明型解说牌主要布置在景点前、景点中或最佳观赏点。

4. 环境教育型解说牌

环境教育型解说牌是为启发和增强游客生态环境意识而设置的,以营造人与自然和谐的游览氛围,倡导健康、环保、文明的旅游方式。

5. 警示型解说牌

警示型解说牌是为保障安全以及维护旅游区环境与空间秩序而设置的,具有提示、告诫或劝阻游客行为的功能,如标识"禁止……""注意……"等。此类解说牌多为红色,布置在需游客引起注意的地方或止步的地方,如湿滑地、危险处、管理用地等。

6. 服务管理型解说牌

服务管理型解说牌即指向服务功能建筑物(包括厕所、餐厅、休息场所等)的引导标识,旨在使游客能够方便快捷地找到所需要的服务设施。除此之外,景区专车的使用说明、车次通告等提示也属于此范畴。

(三)导游人员解说

导游人员是指在旅游景区为游客提供导游讲解服务的工作人员,导游人员在引导游客游览的过程中,起到十分重要的作用:一是在旅游景区内引导游客游览,为游客讲解与景区、景点、景观有关的知识,并解答游客提出的各种问题;二是对游客进行安全提示,照顾游客避免发生意外伤害;三是积极传播环境保护、文物古迹保护、自然文化遗产保护的知识。

三、旅游解说系统规划设计

解说系统规划设计的步骤包括:明确目的、指定范围、确定主题、选择表现方式(媒体)、确定解说重点以及对规划结果进行评价。它们相互联系,也可随具体情况变化。

旅游解说系统规划包括以下内容:旅游解说系统构建原则、旅游解说系统体系结构、旅游解说系统空间布局、游线解说、细节设计等。

(一)旅游解说系统构建原则

1. 以游客为本的原则

旅游解说的服务对象是游客,在规划时要最大限度地突出人性关怀,充分考虑游客的感受,深入研究游客的心理和行为,既要展现和维护旅游资源的价值,又要针对游客的特点和需求进行策划,针对不同的游客需求类型和层次进行方案的遴选,满足游客对知识、娱乐、教育的需求,并保证旅游解说系统的信息要具备一定的可靠性和可获得性。

2. 与景区管理目标相融合的原则

旅游解说系统应兼顾游客和景区的利益,可适当将景区的管理目标、策略、措施等通过旅游解说系统传达给游客,深化游客对资源价值的认识,促使游客积极地配合旅游景区的管理和保护工作。

3. 景观本体性原则

不同类型的景区,在确定其解说内容的重点、选择媒体及材料等方面应有所不同。要从景观本体深入揭示旅游景观话语,将景观表层话语与景观深层话语有机结合,达到与游客话语高度整合,让游客有所感触、受到启发。在以自然景观为主的景区,解说的内容应着重展示景区的自然风光,用通俗易懂的语言描述诸如景观成因等科普知识,在解说媒体上选择用与自然氛围接近的材料。在以人文景观为主的景区,解说的重点则应放在景观的由来,以及科学、历史价值等方面,语言表达既要相对严谨又要生动有趣。

4. 与周围环境相协调的原则

从美学的角度来看,解说物的设置直接影响和制约整个环境景观。不同类型旅游景观的主题风貌各不相同,即使同一景观其内部也存在差异,因此,旅游解说系统构建要关注解说物与环境的整体融合,要与旅游区地方形象构成整体,表述和刻画有鲜明特色的景区表情,创造旅游区地方形象,展现景区魅力。构建旅游解说系统所使用的设施设备及其摆放的位置,以及外形、材质、颜色,甚至字体的大小、字间距等,都必须与周围的景观相融合,与周围环境协调统一。

5. 信息表达的趣味性和启发性原则

旅游心理学研究表明,游客在一定时间内所能感受到的信息仅仅指向能够引起注意的部分刺激物。游客对信息的筛选是剔除不清晰、烦琐、毫无生机的信息,选择有趣、简明、耐人寻味的信息,关注特色比较鲜明、有趣、生动的解说物。因此,"寓教于乐"适合旅游解说的表达。

(二)旅游解说系统体系结构

旅游解说系统种类繁多,包含信息丰富,内容庞杂,要分层次进行系统化的分析和设定。

旅游区内的节点是旅游解说系统的骨架,它反映了游客的停留位置,解说系统的分层次布点要以节点的划分与确定为依据。首先要确定主要节点。出入口、重要景点及道路交会点的服务设施齐全、游客逗留时间较长,是最重要的人流集散地,可确定为主要节点。主要节点与旅游解说系统应相互配合,尽量均匀分布,并配置相应的解说物,然后依次确定次要节点和非节点位置。

(三)旅游解说系统空间布局

通过旅游解说系统的规划设置,旅游景区空间结构构成要素在视觉环境意义上形成体系化,并强化景区内部的联系,促成景点、设施的网络化,诱导空间秩序的形成。

旅游解说系统的空间布局应以旅游景区的总体规划和详细规划为依托,与旅游景区的项目规划、服务设施规划等紧密结合,同时,结合游客心理和行为模式研究统筹安排。

(四)游线解说

游客使用频率高而导游无法随时解说的游线,需要解说规划。规划一般采用沿线解说的方式,内容上包括专题解说、一般性解说。

1.专题解说

专题解说是指解说内容集中在一个主题上。主题可以是自然生态方面的,也可以是人文社会方面的。专题解说适用于具有典型景观主题的游线,解说内容比较系统而深入,专业性强,是旅游景区深度开发的重要依托。

2.一般性解说

一般性解说没有主题限定,而是根据现场情况解说,适用于景观多样的游线,解说内容相对浅显而广泛,应用较多。

(五)细节设计

1.设计原则

(1)广泛适用性:解说物的规划强调为更多群体对象设计,要考虑多种多样的情况。

(2)易于理解:解说物简明易懂是最基本的要求,要能让各类游客对都能理解解说物上的内容。

(3)易于亲近:环境氛围营造、地方传统的演绎、幽默诙谐、可爱性、与使用者共同设计等,都可使解说物具有亲切感。

(4)与周边环境相融合:无论具有什么功能和个性,在旅游区中,解说物都应是美观的、与环境协调的,防止对景观产生破坏,或妨碍观赏。

2.无障碍沟通

解说系统应考虑特殊人群的需要,包括残疾人、老人、儿童、国际游客等,这些人群对于解说系统的要求与公众的要求有所不同。他们需要更加方便、专门化的媒介形式来解决沟通交流上的障碍,如语言、图画、手势等都能有所帮助。

3.多学科参与

从旅游景区所挖掘的科学内涵的学科分布看,旅游解说涉及许多领域,需要加强多学科的研究。同时,科学的解说还要熟悉当地居民及游客的动机,有侧重地向公众传播。

4.科技手段的应用

随着科技的发展,解说系统开始在科技运用上寻求突破,强化游客身临其境的感

微课链接

旅游解说
系统
情感式
解说设计

觉,在增长知识的同时,增强体验感。游客可根据自己的游览习惯进行选择。

科技在解说系统的应用,主要体现在教育上,更强调游客的主动参与,提高游客的游览兴趣,将深奥晦涩的内容,生动而准确地传递给游客,保证沟通的质量。

【思考讨论】智慧旅游的发展对旅游解说系统规划有什么新启示?

"数字敦煌"
张开文化传播翅膀

项目小结

旅游资源保护指维护资源的固有价值,使之不受破坏和污染,保持自然景观和人文景观的原有特色,对已遭损坏的旅游资源进行治理,包括自然旅游资源保护和人文旅游资源保护。旅游环境保护的原则包括:坚持保护与开发相结合,严格遵守国家政策法规,区域可持续发展与环境保护相结合。

旅游资源培育的原则包括:以旅游资源本质属性为基础,以市场需求导向为目标,以可持续发展为原则。旅游资源培育的基本内容包括:加强已开发旅游资源的保护,迭代更新旅游资源,挖掘旅游资源特色。

旅游基础设施规划包括旅游交通规划、给排水规划、旅游信息规划、环境卫生设施规划。旅游服务设施规划包括旅游住宿设施规划、旅游餐饮服务规划、旅游娱乐设施规划、旅游购物设施规划。

旅游解说系统具有教育功能、服务功能、保护功能、景观功能、沟通功能,其中服务和教育是两种较基本的功能。旅游解说系统主要有三大类型:导游人员解说系统、多媒体解说系统、图文解说系统。其构建的原则主要包括:以游客为本的原则,与景区管理目标相融合的原则,景观本体性原则,与周围环境相协调的原则,信息表达的趣味性和启发性原则。

项目训练

一、知识训练

1. 旅游资源培育的原则和基本内容有哪些?
2. 旅游基础设施规划包括哪些方面的内容?
3. 旅游解说系统具备哪些功能?

二、能力训练

1. 试通过查找和阅读相关文献,选择某旅游目的地或景区,分析该地是如何进行环境保护与旅游资源培育的,并探讨旅游发展过程中,生态资源保护和规划的关系。

2. 请选择某旅游目的地或景区,对该区域的旅游基础设施和服务设施进行调查和评价,并讨论旅游规划与开发过程中,规划旅游专项设施对于该区域旅游发展的影响和意义。

在线答题

项目测试七

项目八
项目投资、效益与保障措施

 项目概述

  旅游规划与开发是一项综合性工程。旅游规划项目落地建设需要以高水平的旅游投资策划来支撑,涉及选择可行的旅游投资类型、进行旅游投资估算、开展旅游融资等方面的内容。旅游规划项目落地实施过程中会涉及经济、社会、环境等多方面的因素,在旅游规划与开发实践中统揽全局,协调好规划区的生态环境、旅游企业、当地居民、旅游者、政府部门等利益相关者之间的关系尤为重要。因此,在旅游规划编制过程中,进行效益评估与制定保障措施是必不可少的环节,效益评估直接反映出规划编制的科学性,保障措施则直接影响规划项目落地实施的质量。

 学习目标

知识目标
1. 了解旅游项目投融资的基本概念。
2. 了解旅游项目开发效益分析的基本概念。
3. 了解旅游项目开发效益分析的内容体系。
4. 掌握旅游保障措施规划的基本框架。

能力目标
1. 熟悉旅游项目投融资的主要类型和融资模式。
2. 能够运用旅游项目效益分析的常用方法。
3. 能够在旅游规划实践中梳理旅游项目开发时序。
4. 能够针对旅游项目制定保障措施。

素质目标
1. 培养旅游项目投资实践中的效益分析意识和能力。
2. 提升旅游项目投资风险防范意识。

项目八 项目投资、效益与保障措施   149

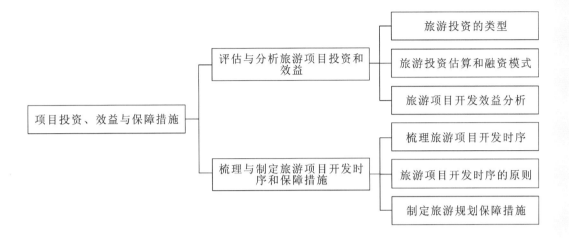

案例导入

《昆明市"十四五"文化和旅游发展规划》

《昆明市"十四五"文化和旅游发展规划》(以下简称《规划》)系统阐明未来五年昆明市文化和旅游业发展的总体目标、重点任务和保障措施,是加快昆明市文化和旅游业发展的行动纲领。《规划》提出,通过形成规划实施合力、加大政策支持力度、着力推动绿色发展、加强人才队伍建设和加大规划实施的监督等实施保障环节保障规划顺利实施。

(资料来源:昆明市人民政府官网,https://www.km.gov.cn/c/2023-03-01/4685935.shtml)

案例分析

任务一 评估与分析旅游项目投资和效益

任务描述:本任务主要学习的内容有旅游投资的类型、旅游投资估算和融资模式、旅游项目开发效益分析。

任务目标:通过任务学习,掌握旅游投资的主要内容和逻辑框架,理解旅游项目开发效益分析的内容体系和基本原理。

一、旅游投资的类型

旅游投资是指在符合国家有关政策法规的前提下,在一定时期内,根据旅游经济发展的需要,将一定数量的现金、实物和管理方式投入旅游发展项目中,以获取一定回报的行为。

(一)旅游投资的主要分类

按投资的性质不同,旅游投资可分为旅游固定资产投资和旅游流动资产投资。

按筹集资金和运用方式的不同,旅游投资可分为直接旅游投资和间接旅游投资。

按照资金来源渠道不同,旅游投资可分为政府投资、银行贷款、自筹资金、利用外资等。其中,政府投资包括中央政府投资和地方政府投资,主要偏重跨地区的或区域性的公用事业、基础设施等的建设投资;银行贷款需贷款单位提出申请,经银行严格审查,符合条件者即能取得贷款,签订贷款合同,之后按合同规定的贷款期限,按期还本付息;自筹资金主要是指各企事业单位自己筹措的资金,具有较大的自主性;利用外资包括外商直接投资(如中外合资经营、中外合作经营、外方独资经营、补偿贸易等方式),以及间接利用外资(如利用外国政府、国际金融机构的优惠贷款,利用中国银行及其海外分支机构向外国银行借款和吸收外资存款等方式)。

(二)旅游投资类型的选择

在旅游规划中,旅游投资类型主要根据规划旅游区的性质、旅游建设项目的性质来确定,一般而言,只有那些重大的旅游建设项目,对国家、区域旅游发展产生重大影响的旅游项目,才能选择国家和地方政府的投资,绝大多数旅游项目只能选择银行贷款、利用外资等。

【思考讨论】查阅资料,分析我国近年来旅游投资的特点与成效。

二、旅游投资估算和融资模式

(一)旅游投资估算

1. 旅游投资估算的内容构成

旅游投资估算是根据开发建设项目与规模预先进行的投资估算,是编制旅游规划和为项目开发融资提供数据性参考的重要技术内容。一般来讲,旅游开发的投资估算包括旅游基础工程、旅游产品开发、旅游接待设施、生态环境保护、管理服务设施五个方面。

(1)旅游基础工程:主要由交通系统、给排水系统、供电系统、邮电通信系统等构成。其中最大工程项目是交通系统,包括公路、停车场、索道、游船等。

(2)旅游产品开发:以景点建设工程为主,根据不同资源类型分为不同的工程项目。

(3)旅游接待设施:主要有酒店、餐厅、游乐园、度假村、农家乐、浴场、商店等。

(4)生态环境保护:主要包括绿化、生态保护、病虫防治、环境卫生、垃圾处理、污水处理等。

(5)管理服务设施:主要包括管理中心、服务中心、指示系统、安全系统等。在旅游规划中,规划编制人员不仅要编制分类系统工程概算表,还要编制投资估算一览表。

2.旅游项目投资估算方法

投资估算是拟建项目前期可行性研究的重要内容,是经济效益评价的基础,是项目决策的重要依据,因此,在进行估算时应遵循实事求是、避免弄虚作假、合理利用资源、高效准确、适应行业发展新趋势等原则。

旅游项目投资估算的主要方法如下。

(1)固定资产投资估算:固定资产投资估算包括扩大指标估算法和概算指标估算法。结合旅游行业的特点,我们主要采用概算指标估算法。概算指标估算法也叫明细估算法,它是参照国家或地区性概算指标及有关定额,先详细估算出单项工程费用、其他费用、预备费用,然后经汇总计算出固定资产投资总额的方法。

(2)建设期利息估算:我国固定资产投资贷款的相关办法规定,项目竣工时应将建设期的贷款利息计入固定资产价值,作为项目投资的总费用,因此,我们必须对其进行估算。在项目投资估算中,无论借款是按年计息还是按季计息,假设各种借款全年均衡发生,则当年借款额可按半年计息。建设期利息可按下式计算:

$$建设期利息=(年初借款本息累计+本年借款额度/2)×年利率$$

(3)无形资产投资估算:决定无形资产价值的因素较多且不确定性较强,如买方使用无形资产可以获得的收益的大小,出让无形资产所损失的利润等,都是影响无形资产价值的因素。应按双方同意接受的数额确定无形资产的价值,同时还要有必要的文件作为处理依据。以无形资产进行投资,其投资额度按中国现行财务制度规定,应不得超过企业注册资金的20%;情况特殊需要超过20%,则需经有关部门审查批准,但最高不得超过30%。

(4)开办费用的估算:开办费用主要由项目管理部门审批手续费用、工商注册费用及项目筹建期间管理费用构成。开办费用的估算一般应根据所评估项目的特点以及同类项目的经验数据进行。

(5)流动资金估算:流动资金是指生产经营性项目投产后,用于购买原材料、支付工资及其他经营性费用等所需的周转资金。由于旅游行业的特点,流动资金一般参照现有类似生产企业的指标估算。根据项目的特点和资料掌握情况,流动资金也可以采用比例估算,即以企业每月经营总收入为基数,按流动资金占经营总收入的一定比例来估算。这是一种经验统计法,旅游行业的比例标准为5%。

(二)旅游融资模式

旅游融资是指旅游投资者通过各种途径和相应手段取得旅游开发建设资金的过程。我国现行的主要旅游融资模式有政策性融资、银行信贷、资本市场融资、BOT融资、TOT融资、ABS融资、PPP融资等。

1. 政策性融资

政策性融资即充分利用国家鼓励政策，进行政策支持性的信贷融资。目前推行的主要有旅游国债、扶贫基金、生态保护专项资金、文物保护专项资金、世界旅游组织规划支持基金、国家及省市旅游产业结构调整基金等。这些政策支持的资金，主要用于特定区域、特定项目的旅游开发，一般只能作为旅游开发的启动资金。

2. 银行信贷

银行信贷是开发商主要的融资渠道。旅游开发可以采用项目信贷的方式借款。项目信贷要求自有资本投入25%以上，向银行贷款75%左右。开发商可以将土地使用权、相关建筑物的所有权、开发经营权、未来门票或其他收费权等作为抵押或质押。

3. 资本市场融资

在国内外资本市场上进行旅游开发建设融资，成为目前和今后我国旅游开发融资的主体，资本市场融资主要有发行股票、发行债券、股权置换、旅游产业投资基金等方式。

4. BOT融资

BOT是build-operate-transfer的缩写，意为建设—经营—转让，是20世纪80年代以后在国际市场上出现的一种带资承包方式。典型的BOT模式是指东道国政府同国外项目公司(投资者)签订合同，由该项目公司承担一个基础设施或公共工程项目的筹资、建造、营运、维修及转让。在双方商定的一个固定期限内(一般为15—20年)，项目公司对其筹资建设的项目行使营运权，以便收回对该项目的投资、偿还该项目的债务并获得利润。协议期满后，项目公司将该项目无偿转让给东道国政府。BOT模式使用范围较广，主要适用于基础设施和公共部门的建设项目，如高速公路、铁路、桥梁、港口、机场等工程量大、建设周期长、耗资巨大的项目。在旅游开发建设过程中，中大型旅游基础设施建设项目可采用此模式解决资金问题。

5. TOT融资

TOT即transfer-operate-transfer的缩写，意为转让—经营—转让。它是将建设好的项目(多为公共工程，如道路、桥梁等)转让给外商企业或私营企业进行一定期限的营运管理，在合约期满后，再交回所建部门或单位的一种融资方式。在转让给外商或私营企业期间，政府或其所涉经济实体将获得的一定资金再建设其他项目，通过TOT模式引进私人资本，可以减政府财政压力，提高基础设施运营管理效率，TOT模式与BOT模式相比具有许多优点：TOT模式只涉及经营权转让，不存在产权、股权之争；TOT模式有利于盘活国有资产存量，为新建基础设施筹集资金，加快基础设施建设步伐；TOT模式有利于提高基础设施的管理水平，加快城市现代化的步伐。

6. ABS 融资

ABS 即 asset-backed securitization 的缩写,意为以项目所属的资产为支持的证券化融资模式,简称资产收益证券化融资。它是以项目所拥有的资产为基础,以该项目资产可以带来的预期收益为保证,通过在资本市场上发行债券来筹集资金的一种项目融资模式。因为资金的取得不是负债,而是用未来收入来抵押,所以它出售的是未来资产收入而不是资产本身,这种模式对于项目后期的发展十分有利。具体操作方法是,预测某一项目未来的现金收入,由金融机构进行评级并担保,然后向资本市场发行债券。这种模式多用于旅游基础设施建设领域,因为旅游基础设施的收入较为稳定、安全,所以未来的预期收益较易实现。

7. PPP 融资

PPP 即 private-public-partnership 的缩写,是指政府、私营企业以某个项目为基础而形成的相互合作的模式。通过这种模式,合作各方可以得到比单独行动更有利的结果。合作各方参与某个项目时,政府并不是把项目的责任全部转移给私人企业,而是由参与合作的各方共同承担责任和融资风险。PPP 模式的最大特点是将私人部门引入公共领域,从而提高了公共设施服务的效率和效益,避免了公共基础设施项目建设超额投资、工期拖延、服务质量差等弊端。同时,项目建设与经营的部分风险由特殊目标公司承担,分散了政府的投资风险。在旅游基础设施建设项目融资中,此模式可广泛采用。

拓展阅读

旅游资源开发 PPP 模式的准入价值

(三) 不同旅游建设项目的融资模式

在旅游投资行业实践中,不同的旅游建设项目,因其所需资金量、建设周期、风险性、收益大小和收益期长短不同,所选择的融资模式也是不相同的。

(1) 旅游基础设施建设项目融资:旅游基础设施建设项目的投资规模大、建设周期长、风险较高,对一个地区旅游业发展会起到十分关键的作用。因此,一般外商、私营企业都不愿意投资旅游基础设施建设项目。在融资模式的选择上,旅游基础设施建设项目多选择国家政策性融资、发行债券(国债)融资、BOT 融资、TOT 融资、ABS 融资、PPP 融资、银行信贷等模式。

(2) 旅游专门设施建设项目融资:旅游专门设施的情况较为复杂,资金需求量较大的主要包括酒店和景区的建设。酒店建设项目的融资模式主要可选择银行贷款、发行股票、发行债券、股权置换、旅游产业投资基金、TOT 融资等。

不同类型景点的经营目的不同,选择的融资模式也不相同。

(1) 文化类景区(点)的融资模式:文化类景点主要包括各种历史文物、古建筑、古代遗迹、革命纪念地等。这些旅游景点具有准公共产品的性质,大多为国家或政府所拥有,在开发建设的资金筹集方面,应由国家或政府发挥主导作用。其融资模式主要有国家政府直接投资、政策性融资、国际金融组织的专项贷款等。

(2) 人造景点的融资模式:人造景点是专门为吸引旅游者而修建的,是市场化的产物。其融资模式主要包括发行股票、发行债券、股权置换、BOT 融资、TOT 融资等。

(3) 自然类景区(点)的融资模式:自然类景区(点)包括的范围十分广泛,由于资源的不可再生性,在开发利用中要加强保护。在融资模式上多以国家政府的直接投资、政策性融资、银行贷款为主,此外适当运用资本市场进行融资,如发行股票、债券、旅游产业投资基金等。

三、旅游项目开发效益分析

效益评估是对旅游项目开发结果的综合衡量,这里的效益既指经济效益,同时也包括项目开发带来的社会和生态环境效益。因此,一个好的旅游项目旨在为旅游地带来综合效益。区域旅游资源的开发和旅游活动的开展会给当地的经济发展、社会发展及生态环境造成很大的影响。对于旅游项目开发效益的评估,我们应该从经济效益、社会效益和环境效益三个方面进行。

(一)经济效益分析

经济效益分析主要是对旅游规划的投资可行性进行定量分析。任何投资活动,都需要分析经济上的可行性,以便做出正确的投资决策。所谓旅游投资决策,是指在旅游经济活动中依据一定的行为原则,为达到一定的目标,在资金投入方向上进行多个方案的比较,选择和确定一个最优方案或最接近于理想方案的过程。正确的旅游投资决策是建立在旅游投资项目的财务评价基础上的。

旅游经济效益是指在旅游业发展过程中,旅游产品和资源的投入与旅游业产出之比,在价值形式上则表现为生产旅游产品的费用和经营旅游产品所获得的收入的比较。旅游开发就是要追求经济效益。经济效益评估包括微观经济效益评估和宏观经济效益评估。

(二)社会效益分析

社会效益分析主要分析旅游规划实施后对目的地社会发展、社会进步所带来的好处。不同的规划区域、不同类型的旅游规划所产生的社会效益是不一样的。一般而言,主要应从以下几个方面展开分析:增加就业机会,消化当地剩余劳动力;调整目的地产业结构,使其向合理化和高级化方向发展;旅游基础设施的完善和旅游专门设施的增加,改善目的地居民的生活环境和生存条件;改善投资环境,促进对外开放;促进目的地民族文化的保护和传承;促进文化交流和社会进步。

(三)环境效益分析

环境效益分析主要分析旅游规划实施后对生态环境方面的影响,既要分析其正面影响,也要客观地分析负面影响。分析的主要方面包括生态环境保护的意识、环境污染与治理、生态变异与保育、物种多样性等。

微课链接

旅游项目开发效益

【思考讨论】查阅资料,列举经济、社会和环境三大效益的分析方法。

环境容量与旅游环境容量

环境容量的概念最早是由比利时数学家、生物学家弗胡斯特(Forest,1838)根据马尔萨斯(Malthus,1798)的人口理论提出的。他认为,生物种群在环境中可利用的食量有一个最大值,动植物的增加相应有一个极限,这个极限数值在生态学中被定义为环境容量。该理论随后被广泛应用到人口研究、环境保护、土地利用、移民等领域。20世纪60年代,由于旅游的大众化发展,成千上万的旅游者涌向旅游地,这导致了部分旅游地拥挤不堪,不但旅游者不满意,而且旅游环境也遭受了破坏。拉佩兹(Lapage,1963)认为,一定时间内某一旅游地接待的游人数量应该有一定的限度,以保证旅游环境质量水平,并使绝大多数旅游者满意。随后,美国学者韦格(Wagar,1964)在其学术专著《具有游憩功能的荒野地的环境容量》中首次提出了旅游环境容量的概念,他认为游憩环境容量是一个游憩地区能够长期维持产品品质的游憩使用量。

旅游环境容量又称旅游生态容量,指在对一个旅游点或旅游区环境不产生永久性破坏的前提下,其环境空间所能接纳的旅游者数量。

旅游区环境容量与旅客流量是旅游日常管理中的两个基本指标。旅游环境容量的指标界定主要依据两方面的因素:一是旅游活动的强度应限制在自然环境、生态系统不遭破坏,旅游地不受污染的范围以内;二是旅游区内游客的数量不影响游客的适宜感应状态。我们采用面积容量法来计算。公式为 $Q=S\times K/P$,式中 Q 为旅游区环境容量(人次),S 为游览区面积(平方米),K 为旅游地利用率,P 为每个游人所占空间标准(平方米),那么日容量 $C_d=Q\times R$,R 为游客日周转率(每日开放时间与人均每日利用时间的比值)。年容量 $C_y=Q\times R\times T=T\times S\times K\times R/P$,式中 T 为游览区全年可游览日数。当适宜容量扩大 2.5 倍和 5 倍时,分别称作饱和容量和超饱和容量。饱和容量和超饱和容量都是旅游区客流量管理的重要预警性指标。

例如,某景区的旅游环境容量测算:

若 $S=4$ 平方千米$=4\times 10^6$ 平方米,$K=50\%$,$P=1000$ 平方米/人,$R=2$,$T=214$ 天,则

适宜日环境容量 $C_d=Q\times R=S\times K/P\times R=4000$(人次)

饱和日环境容量 $C_1=2.5\times C_d=1000$(人次)

日超饱和容量 $C_2=5\times C_d=20000$(人次)

全年平均适宜环境容量 $C_y=T\times S\times K\times R/P=856000$(人次)

【思考讨论】选择一处典型的旅游景区,测算其旅游环境容量并分析。

任务二　梳理与制定旅游项目开发时序和保障措施

任务描述：本任务主要学习旅游规划实践中旅游项目开发时序的梳理和保障措施的制定。

任务目标：通过任务学习,理解确定旅游项目开发时序的重要意义和基本原则,掌握旅游保障措施规划的基本框架和思路。

一、梳理旅游项目开发时序

合理确定旅游项目开发时序,对旅游地的发展至关重要。旅游地开发时序的确定是一个很复杂的问题,由众多主客观条件决定。吸引游客的旅游资源既有自然的又有人文的,而且处于不断变化之中,也受到消费的时尚性影响。从主观条件来讲,人力、物力资源是有限的,不可能同时开发多个景区,另外,旅游市场条件等客观条件的成熟也是需要时间的。因此,旅游项目必须确定合理的开发时序。

在宏观上,开发时序可以使整个区域旅游开发在战略上有序可循,避免一哄而上的低水平重复开发、供不应求或供过于求等现象的发生,减少内耗,对正确引导区域生产力的合理布局和生产要素的合理投入、实现旅游产品结构优化、增强竞争力等均具有重要意义,是旅游业持续健康发展的必要条件。在微观上,开发时序不仅会影响旅游企业的建设投资和发展速度,而且其形成的"时间差",能较快地为企业带来收益,满足市场需求。

《旅游规划通则》(GB/T 18971—2003)对于旅游开发时序做出了规定:旅游发展规划包括近期发展规划(3—5年)、中期发展规划(5—10年)和远期发展规划(10—20年)。旅游区总体规划的期限一般为10—20年,同时可根据需要对旅游区的远景发展做出轮廓性的规划安排。对于旅游区近期的发展布局和主要建设项目,亦应做出近期规划,期限一般为3—5年。

二、旅游项目开发时序的原则

梳理旅游项目的开发时序时,应遵循以下基本原则。

(一)层次性原则

如何使旅游规划能够跟上市场变化,使旅游地由"现状"走到"远期"。这就需要对旅游地的规划进行时间尺度的划分,按规划期限分为近期、中(中长)期和远期发展规划。近期发展规划应提出发展目标、重点、主要内容,并应提出具体建设项目、规模、布局、投资估算和实施措施等。中(中长)期发展规划的目标应使旅游区内各项规划内容初具规模,并提出发展期内的发展重点、主要内容、发展水平、投资匡算、健全发展的步骤与措施。远景规划的目标应提出旅游区规划所能达到的最佳状态和目标。这就是说,旅游开发序列的确定要遵循层次性原则。

(二)整体性原则

旅游地规划就是要把各种资源进行合理配置,进行市场的定位开拓和旅游项目的筛选、布局等,这就涉及同种资源及项目何时、何地、何部门使用多少的问题,以及不同种资源之间的配置效益。这就要求以系统的观点全盘考虑、综合分析、综合评价,优化旅游系统的结构,调控旅游系统的运行,即以最少的投资产生最大的综合效益。

开发时序的确定是一个分析和决策的过程,遵循系统的动态反馈原理,能够对影响旅游地发展的各种因素的变化做出灵活、机动的反应,有效引导旅游地健康、有序发展。具体来说,在安排每一期的发展目标与重点项目时,应兼顾风景游赏、游览设施、居民社会的协调发展,体现旅游地自身发展规律与特点。

(三)择优原则

根据比较优势理论的"优中选优、劣中选优"的原理,确定旅游地的开发时序。不同旅游景点在资源、区位、旅游者对项目的需求偏好等方面存在差异,在确定开发时序的时候应该遵循择优原则,根据观赏价值、文化价值、科学价值、环境价值、客源条件等,选取资源质量高、对旅游者最具有吸引力的景点优先进行开发。具体来说,客源市场需求规模大、旅游开发投资少、见效快的项目优先开发;旅游价值高、景区基础好、拓展余地大的项目优先完善与开发;旅游资源丰富或文化影响力大、有市场潜力、尚未开发的项目优先开发。

(四)可持续发展原则

旅游项目开发时序的确定应贯彻可持续发展观。在旅游开发过程中,合理安排旅游项目的开发时序,调控旅游开发的强度,实现资源的永续利用是开发的主导目标。旅游项目开发效益具有时间性的特征,一般的旅游活动所产生的经济效益和社会效益能在较短的时间内体现,而一些特殊的旅游项目的开发则需要较长的时间才能体现出其开发效益。对同一种开发项目来说,其不同的效益所呈现的时间也存在差异性。以生态旅游为例,经济效益在较短的时间就能够表现出来,而对自然资源和森林生态系统的保护、增强人们的环保意识和提高区域内居民的文化素质等所产生的效益基本上需要较长的时间才能够表现出来,而对当地产业结构、社会文化和意识形态的影响可能需要更长的时间才能够表现出来。旅游项目开发应该贯彻一种可持续发展的理念,追求生态效益、社会效益、经济效益及景观价值的综合最大化。我们应该从社会资源分配、旅游资源开发和保护,以及旅游产业的社会、经济和环境效益出发,编制一个科学的旅游发展规划,确定合理的开发时序。旅游项目开发时序必须贯彻可持续发展理念,保证旅游地的可持续开发利用。可持续是各种形式旅游活动的最终目的,时序规划的最终目的是使区域旅游开发呈良性循环，实现区域旅游可持续发展。

【思考讨论】在梳理旅游项目开发建设时序时，如何将其与旅游规划中的功能布局、项目产品及专项设施开发建设有效衔接？

三、制定旅游规划保障措施

保障措施规划是旅游产业发展的辅助性规划，是旅游运行体系的重要基础。同时，对政策、制度、人力资源、科技等方面进行规划以保障旅游规划与开发的顺利实施，保障措施的良好规划和运营，有利于将规划区域的旅游资源开发为优质的旅游产品，助推旅游经济发展。

保障措施规划在旅游规划内容体系中必不可少，对于保障措施规划的学习，重点在于掌握从管理制度、产业政策、人力资源、科技等方面编制保障措施体系的主要内容和思路。

（一）旅游管理制度保障

旅游业的持续、高效、健康发展离不开统一、顺畅且有效的管理体制。旅游业能否在较短的时期内打开新局面，发展为优势产业，在很大程度上取决于能否理顺开发建设与行政管理之间、政府与投资商之间、投资商与社区居民之间的关系，为旅游开发创造优质高效的营商环境对于推动区域旅游产业发展至关重要。

针对规划区旅游业发展现状，按照旅游资源所有权、管理权、经营权相分离的原则，大力推进旅游区管理体制和经营体制改革。根据实际情况，以高效、便利地服务旅游市场主体为原则，进行旅游管理机构改革，建立起与市场经济相适应的旅游行业管理体制、经营机制和现代企业制度框架。旅游业的发展具有自身的特殊性，尤其是在新时期内，旅游业发展面临新的机遇和挑战，旅游发展涌现出许多新业态、新趋势，这要求管理部门必须用求实创新的理念来优化其管理体制。

（二）旅游产业政策保障

旅游产业的发展离不开产业政策的指导，也离不开旅游产业政策所创造的良好外部环境。旅游产业政策是国家和地方政府为实现一定时期内的区域旅游发展目标而规定的行动准则。制定旅游产业政策是一个国家或地区发展旅游的出发点，旅游产业政策的指导作用贯穿于旅游产业发展的全过程。

制定清晰有效的旅游产业政策，有利于旅游业产业地位的确定，对旅游业的发展具有决定性的意义。旅游产业政策能够从宏观的角度对旅游业的发展进行政策性的引导，并调控旅游产业与金融、财政、文化、交通等产业部门的关系，从而创造有利于旅游业发展的良好外部环境。还可以通过政策引导来间接调控旅游业的发展方向和发展节奏，科学的旅游产业政策有利于旅游产业避害趋利、良性发展，最大限度保障旅游业发展的经济效益、社会效益和环境效益。

(三)旅游人力资源保障

旅游业是对人力资源的质量要求比较高的产业部门。高素质的旅游人才及良好的社会环境对于区域旅游产业的发展至关重要。旅游规划的实施,在很大程度上依赖于旅游人才的供给,旅游人力资源建设是旅游业竞争取胜的关键。

旅游人力资源建设必须立足本地人力资源和旅游业发展现状,以加强培养本土旅游人才为主,适度引进旅游企业高级经营管理人才。具体做法如下:优先培养专职导游、服务人员等一线操作人员,大力引进优秀的旅游景区管理和企业经营人才,初步建立一支业务技能熟练、管理水平高的旅游企业人才队伍;加大旅游主管部门领导、旅游企业经理的培养和引进力度,建立一支既有管理理论又有管理实践,既掌握现代企业管理知识又富有开拓创新精神的旅游管理队伍;完善各种培训机制和用人制度,建立一支多层次的、能够持续优化的旅游服务专业队伍。

(四)旅游科技保障

行业实践证明,科学技术对现代旅游业的发展起到了强力推动作用,科技创新是推动旅游业发展与变革的原动力,是旅游业谋求高质量发展的重要抓手,对加速旅游产业升级、推动旅游经济增长有着积极意义。第四次科技革命以数字技术为重要驱动引擎,推动旅游业向数字化、智能化方向发展,为旅游科技创新奠定了技术基础。在旅游规划与开发实践中,我们必须具有科学运用智慧旅游技术的思维。例如,在旅游基础设施规划建设中重视5G、物联网、人工智能、云计算等新技术的应用,以智能终端设备、智能交通设施来提升旅游服务体验;顺应数字化背景下的旅游消费渠道、产品和服务的发展趋势,创新策划营销方式;紧抓科技创新推动旅游服务与产品转型,以满足旅游体验个性化、定制化需求;在旅游监管方面,通过智慧旅游服务平台帮助政府实现联动执法、舆情监控、投诉受理和商家监管等功能,依托云计算和大数据等技术,为游客、企业和政府搭建共建、共享、共促、共发展的智慧旅游服务平台,做到服务"一键通"、监管"无盲区"、沟通"无阻碍",推动旅游服务集成化和智能化。

微课链接

旅游规划保障措施

【思考讨论】查阅资料,整理具体的旅游规划保障措施文本,总结不同类型旅游规划保障措施内容编制的差异性。

《青岛市"十四五"旅游业发展规划》

"十四五"期间,青岛市将坚持创新、协调、绿色、开放、共享的新发展理念,聚焦开启现代化国际大都市建设新征程,主动融入海洋强国等重大战略,巩固提升"十三五"时期旅游业发展成果,着力破解长期以来制约发展的突出问题,以满足广大市民游客开展旅游活动的新愿景、新需求为出发点,牢牢把握国际国内发展趋势,在"双循环"经济发展新格局下,充分发挥青岛两个"双节点"城市作用,进一步深度挖掘整合文化和旅游资源,充分利用数字化、智能化、信息化等手段,优化发展布局、创新产品供给、提升服务质量、引领区域协同,加快文旅"大融合",促进文旅"大消费",着力打造国际滨海旅游目的地,在推动旅游业高质量发展上走在前列。

知行合一

阅读《青岛市"十四五"旅游业发展规划》,分析青岛市从哪些方面为旅游发展规划顺利实施提供保障措施。

项目小结

旅游投融资涉及的主要内容为旅游投资的类型、旅游投资估算、旅游融资模式,以及不同的旅游建设项目如何选择融资渠道。

旅游项目效益的评估,主要从经济、社会和环境三个方面进行。

合理确定旅游项目开发时序,对旅游地的发展至关重要,梳理旅游项目开发时序时应遵循层次性、整体性、择优和可持续发展等原则。

保障措施规划是旅游产业发展的辅助性规划,主要对管理制度、产业政策、人力资源、科技等方面提出对策以保障旅游规划与开发的顺利实施。

项目训练

一、知识训练

1. 归纳总结旅游投资估算的内容和方法。
2. 我国现行的主要旅游融资模式有哪些?阐述其基本原理。
3. 讨论如何处理好旅游资源保护与开发之间的关系。
4. 阐述在旅游规划中制定保障措施的重要意义和基本内容框架。

二、能力训练

基于某一旅游区的旅游规划实践,制定旅游规划中旅游项目开发时序和规划保障措施框架。

模块三

旅游规划商务实践

商务是指与企业经营和管理相关的活动,普遍来说包括市场调查、营销策划、产品推广、销售、客户服务、财务管理等。商务活动是企业运营的关键环节,直接影响企业的生存和发展。商务工作的目标是通过有效的商务活动,帮助企业实现盈利和可持续发展。

商务工作是旅游规划项目的重要组成部分,并贯穿始终。旅游规划的商务工作是将商业和管理原则应用于项目启动、市场分析、产品策划、营销策略、财务分析、风险评估和项目实施等阶段,以实现旅游项目的成功开发和运营。在旅游规划商务工作中,相关人员既需要具备灵活的应变能力和全面的沟通技巧,又需要旅游规划专业技术支撑,对综合能力要求较高。

在本模块学习中,学生需要以旅游规划基础理论及规划编制方法为依托,掌握商务流程与商务技能,了解商务服务及商务拓展战略的制定,熟悉并掌握旅游规划评审和修编的相关内容,从而习得旅游规划商务实践的关键技能,为未来从事旅游规划行业相关工作打下坚实基础。

项目九
商务工作与项目管理

 项目概述

商务工作贯穿旅游规划实际工作的全过程,直接连接市场和技术,是旅游规划不可或缺的重要工作。商务工作人员通常需要与旅游规划项目中的各利益相关方进行沟通和协调,以确保项目的顺利推进,因此要密切关注市场需求、旅游资源、政策法规等多方面的综合信息。此外,作为技术方与使用方的沟通窗口,商务工作人员还需整体了解规划技术工作,从而做到对使用方能即时厘清思路、对技术方能专业转述需求。

项目管理(project management)在旅游规划商务实践中是一种重要的工具和方法。运用项目管理的方法和工具,相关人员可以更有效地规划、开发和运营旅游项目,确保项目的顺利推进和成功实施。同时,项目管理也可以帮助相关人员更好地控制成本、提高效率、保证质量,从而为旅游产业创造更多的价值。

 学习目标

知识目标

1. 熟悉商务工作常规流程。
2. 了解常见规划项目管理方法。
3. 熟悉招投标流程及招标文件的组成。
4. 熟悉标书的编制方法。

能力目标

1. 理解旅游规划商务实践的普遍性和特殊性。
2. 掌握商务常规工作流程的关键节点以探索高适配度的工作流程。
3. 识别项目管理中的关键质量控制点。
4. 能编制商务标书,并结合所学编制技术标书的主体内容。

素质目标

1. 辨析懂技术的商务工作者和懂商务的技术工作者的辩证统一关系。
2. 从管理的视角洞察旅游规划项目的高效推进模式。

知识导图

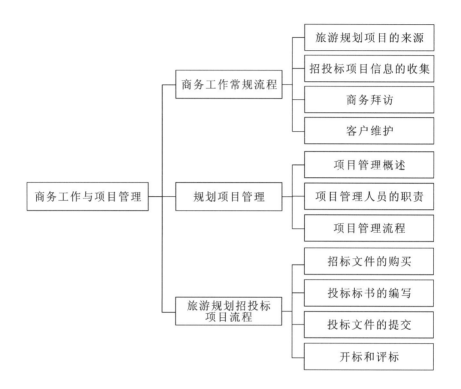

案例导入

某行业商务工作人员的日常工作流程

早上：查看和回复电子邮件，了解客户需求和问题，与团队成员沟通，安排一天的工作。

上午：进行市场调查，收集行业动态、竞争对手信息等，为制定商务策略提供依据。

中午：与同事共进午餐，建立团队关系，交流工作进展。

下午：制订和更新商务计划，包括目标、策略和行动计划。

傍晚：与客户沟通，解答疑问，促成交易，完成产品或服务的销售。

晚上：进行客户服务，解决客户问题，提高客户满意度和忠诚度。

晚上或周末：参加商务培训课程，提高自身技能和知识水平。

定期：进行商务评估与优化，根据实际情况调整策略和行动计划，以实现更好的商务成果。

任务一 商务工作常规流程

任务描述：本任务主要学习商务工作的常规流程，包括项目信息收集、商务拜访、客户维护等；同时了解商务工作中需要注意的社交礼仪。

任务目标：通过任务学习，熟悉商务工作的日常流程，能够初步制定商务战略，能够梳理客户维护方案。

一、旅游规划项目的来源

旅游规划项目的主要来源包括公开招标、邀请招标和直接委托。

公开招标，是指委托方以招标公告的方式邀请不特定的旅游规划设计单位投标。其优点是公开、公平、公正，并且能广泛地征集优秀单位参与，避免出现项目委托过程及结果不透明等问题。这种形式往往能将最适合的规划编制单位遴选出来。不过，公开招标需要足够的时间和资金作为支撑，多适用于较大的旅游规划项目。

邀请招标，是指委托方不公开发布招标公告，而是以投标邀请书的方式邀请特定的旅游规划设计单位参与投标。邀请范围多是委托方所认可或者纳入供应库的旅游规划设计单位。

直接委托，则是委托方直接将项目委托给特定旅游规划设计单位进行旅游规划的编制工作。此方式多用于时间紧、预算低的项目，可节省时间、人力和资金。

除此之外，部分产学研结合的单位还可能存在一些其他来源的项目。例如：咨询项目，规划团队为客户提供旅游规划相关的咨询服务，包括市场分析、资源评估、可行性研究等；合作项目，多是合作伙伴因不同原因将项目外包给规划设计团队，这种合作模式有助于整合各方资源和专业知识，提高项目质量；公益项目，规划团队无偿为特定地区或社区提供旅游规划服务，以提高当地旅游业发展水平和居民生活水平；研究项目，规划团队针对旅游规划领域的特定问题进行研究，包括理论研究、案例分析、政策研究等，研究结果可以为实际旅游规划项目提供参考和指导；创新实验项目，规划团队针对新兴的旅游概念或技术进行实验性规划，以探索其实际应用效果和可行性。

二、招投标项目信息的收集

随着市场发展和制度完善，招投标项目逐渐成为旅游规划设计单位重要的业绩源。收集招投标项目信息并加以筛选判断，为整个团队及时锚定可靠的投标目标，成为相关商务工作人员的重要职责。

商务工作人员需要经常性关注各大招标网站来获取招标项目信息，并筛选出与本团队业务方向及技术能力匹配的项目。同时，还需对投标成本和中标预期进行评估，做出初步判断。随后,商务工作人员将所收集的相关信息呈递给相关管理部门和技术部门,会同管理者、技术负责人从成本控制、风险控制、项目饱和度、中标经济利益、产品社会价值、潜在商务价值等多个维度进行研判,最终决定是否参与招投标。

招投标项目信息的收集,便如规划设计单位的眼睛,是保证业绩的前提。拥有"慧眼",是规划设计单位达成业绩目标的基础。当下,传统的招投标模式逐渐被电子招投标平台取代。电子招投标平台能汇集招标单位的全部信息和数据,对投标单位来说更便捷。更加公开、透明的竞标过程,也可以大大避免腐败问题造成的国家资产损失。

目前招投标网站分为以下三大类。

(一)政府采购网、公共资源交易中心

这类网站通常是政府性质的官方网站,一般都是招标第一发布方,具有绝对的权威性,一般不收费,但查找信息比较麻烦,信息相对零散。

这类网站的建立使得招投标不受空间、地域的限制,也有助于采购单位选择更为优秀的合作单位。在搜索此类网站时,需要关注搜索结果是否为官方网站,也可直接键入官方公布的网址,以保证网站的有效性。

(二)第三方招投标网站

此类网站运营方多是民营企业或私人组织。其优势在于信息齐全,整合了众多内容,甚至包括国外相关信息;同时,信息经过初步整理,按行业类别、资金规模等多种维度进行归类,节省浏览时间。

由于提供增额服务,此类网站多是收费会员制的,很多重要信息需注册会员或某一特定等级的会员才能看到。还需要注意的是,此类网站并非一手发布平台,故在搜寻到目标项目后,建议前往官方网站锁定信息。此外,此类网站良莠不齐,应注意甄别,避免那些以招投标为名行诈骗、攫取信息等违法行为之实的网站。

(三)企业自主招标网站

除政府、事业单位外,一些大型企业在经营过程中,亦会涉及招投标事宜。所以,企业自建的自主招投标平台也是重要信息来源。此类型网站数量较多,可重点关注目标企业官方信息。

三、商务拜访

商务拜访是各类型商务工作的重要环节,也是商务工作的原初职责。商务拜访一般包括陌生拜访和客户转介绍。

(一)陌生拜访

陌生拜访(cold calling)原本是指在未预约的情况下,营销人员主动与潜在客户联系,以推销产品或服务、寻找商业机会的一种销售方式,后广泛出现于各行业的商务拓展中。

在旅游规划行业中,陌生拜访通常包括以下几种情况。

(1)电话陌生拜访:通过电话联系潜在客户,简单介绍自己和公司,了解客户的需求和意向,争取预约面对面的会谈。

(2)邮件陌生拜访:通过电子邮件联系潜在客户,介绍自己和公司,并询问客户的需求和意向。

(3)面对面陌生拜访:直接拜访潜在客户,进行自我介绍并了解客户的需求和意向。

(4)社交媒体陌生拜访:通过商务类社交媒体平台,如领英(LinkedIn)等,联系潜在客户,进行自我介绍并了解客户的需求和意向。

在陌生拜访过程中,关键是要迅速建立起与潜在客户的联系,展示自己的专业能力和诚意,获取客户的信任。同时,要学会倾听客户的需求和问题,为其提供个性化的解决方案。虽然陌生拜访可能面临较高的拒绝率,但对于拓展业务和寻找商业机会来说,这仍然是一种有效的方法。

当下,政府主导项目仍是旅游规划行业较为主要的项目源。对于政府相关部门的陌生拜访,不应是乱枪打鸟式的,而应在主要目标地区有目的地拜访政府相关部门,如拜访当地文旅部门负责规划的相关部门,了解当地旅游规划在本年度的规划信息和规划任务。

【思考讨论】在做商务陌生拜访计划时,政府主导项目与市场资本主导项目分别需要重点考虑哪些形式?

(二)客户转介绍

客户转介绍(customer referral)是指现有客户向潜在客户推荐己方产品或服务,帮助己方拓展业务的一种营销方式。

在旅游规划行业中,客户转介绍主要包括以下几种情况。

(1)客户推荐:现有客户将他们认识的潜在客户介绍给己方,这些潜在客户可能对旅游规划服务有需求。

(2)案例展示:现有客户愿意作为成功案例,展示其旅游规划项目和成果,吸引其他潜在客户的关注。

(3)合作伙伴推荐:与己方有合作关系的客户,如政府、企业、投资方等,可能在其业务领域中遇到有旅游规划需求的潜在客户,并向潜在客户推荐己方。

(4)社交媒体推荐:现有客户在社交媒体上发布正面评价或推荐信息,吸引其他潜在客户的关注。

客户转介绍是一种非常有效的商务拓展方式,因为现有客户的推荐通常具有较高的可信度和说服力,有助于提高潜在客户的购买意愿。为了鼓励客户转介绍,可以采取以下措施:①提供高质量的产品和服务,确保客户满意度;②与客户建立良好的关系,主动关心其需求和问题;③设立客户推荐奖励计划,向提供转介绍的客户给予一定的奖励或优惠;④在社交媒体和官方网站上展示客户评价和成功案例,提高品牌知名度和信誉度。

(三)商务拜访礼仪

商务拜访礼仪是指在商务活动中,与商业伙伴交流时所遵循的一系列规范和惯例,旨在体现尊重、专业和礼貌。以下是一些商务拜访礼仪的要点。

1. 拜访前先预约

没有预约而贸然登门拜访,一方面无法确保拜访对象是否在场,另一方面会干扰对方的工作及既定的日程安排,引起对方的不悦情绪。所以,事先预约是基本礼仪。在预约时,要告知拜访目的,以便对方确定相关接待人员及场地设施安排。在商定拜访时间时,建议避开就餐、休息时间,如午餐、午休时间。

2. 做足准备工作

拜访前可先查阅拜访单位的相关资料和对接人的个人简介,了解对方的潜在需求和偏好。同时,要准备好拜访时可能用到的各项资料,如有针对性的成功项目案例、企业资质、代表性技术人员的业绩履历等。相关资料可以电子版的形式为主要呈现方式,但重要的资料最好备有纸质版本,如企业宣传册等。临行前,检查各项携带物是否齐备,如名片、笔、记事本、合同样本等,并确认用于展示的电子设备是否电量充足。此外,建议提前梳理拜访目的,明确谈话主题、思路和话语。

3. 留足时间余量

准时是商务拜访的基本要求。对拜访者来说,最好留足时间余量,避免掐点到达等,以便在进入对方公司前可整理着装仪容,以最佳状态进行拜访。到达对方公司前,建议将手机调为震动状态。如果遇到意外状况可能导致迟到,要及时通知对方。

4. 注意谈话效率

商务拜访不同于走亲访友,需要注意谈话的效率。在交流过程中,不要东张西望。开场的问候应是礼节性的,得体自然。随后,要尽快转入正题,表达合作期望,不需要拐弯抹角客套寒暄,一则耽误对方时间,二则模糊拜访主题。结束拜访应该由拜访者主动提出,不要等对方发出"逐客令"。拜访者应首先起身道别,并对受访者表示感谢。

5. 衣着得体适宜

在进行商务拜访时,出于对拜访对象的尊重,应十分注意穿着得体,展现出专业形象。在旅游规划行业,不同于金融、律师等行业,过于正式的西服套装是不必要的,但仍要避免穿着过于随意或暴露的服装,可选择较为简洁的商务休闲服饰,如果有体现企业文化的制服,则是更好的选择。

四、客户维护

客户维护也是商务工作的重要内容。拓展客户是开源,维护客户则是守成。维护老客户,保持客户满意度并建立长期合作关系,对于新客户的建立起着极其重要的作用。老客户的常见维护方法主要如下。

(1)提供高质量的产品和服务:确保旅游规划项目的质量,满足客户需求,提供具有竞争力的解决方案。

（2）建立良好的沟通：与客户保持良好的沟通，定期了解他们的需求和问题，及时解决问题并调整规划方案。

（3）提供专业的咨询服务：为客户提供专业的旅游规划咨询服务，帮助他们了解行业动态、市场趋势等，提高客户的满意度。

（4）关注项目实施和售后服务：在项目实施过程中，关注项目进展，提供技术支持和指导。项目完成后，定期回访，了解客户反馈，解决可能出现的问题。

（5）给予客户关怀：关心客户的个人和事业发展，在他们需要帮助的时候提供支持，建立良好的人际关系。

（6）收集客户反馈：主动收集客户对项目和服务的反馈意见，进行改进和提高，使客户感受到被重视。

（7）设立客户积分和会员制度：为客户提供积分和会员制度，根据消费情况和合作年限，给予一定的优惠和回馈，以提高客户忠诚度。

（8）定期组织客户活动和培训：组织客户活动和培训，提供行业交流和学习的平台，加强与客户的联系。

通过以上措施，旅游规划单位可以维护并加强与客户的关系，提高客户满意度和忠诚度，从而确保业务的持续发展。

知识卡片
Zhishi Kapian

商务邮件

虽然当下商务沟通的电子化途径越来越丰富，但商务邮件仍是全球范围内普遍认可的正式交流形式。商务邮件在一些外企中甚至是唯一有效途径。商务邮件除了具有同时抄送多人、发送附件等实用功能，更为重要的一点是它具备信息留痕功能。如果发生了商业纠纷，它是能作为呈堂证据的。商务邮件的使用是职业素养的体现。

【思考讨论】以某一旅游景区规划项目为例，撰写一封商议规划方案的商务邮件。

微课链接

旅游规划商务工作

拓展阅读

商务邮件的基本格式和写作注意事项

任务二　规划项目管理

任务描述：本任务主要包括理解项目管理的思维和意义及常见规划项目管理范式两个环节。

任务目标：通过任务学习，理解项目管理的思维方式，掌握项目管理流程，了解常见项目管理工具。

一、项目管理概述

(一)项目

项目(project)是一个独立的、临时性的工作,旨在创造独特的产品、服务或成果,通常具有以下特点。

(1)目标明确:项目有一个明确的目标,即要完成的具体任务或要达到的结果。

(2)临时性:项目具有临时性,即在一定时间、预算和质量限制下进行,有明确的开始和结束日期。

(3)独特性:每个项目都是独特的,因为项目的目标、需求、资源和人员等都是特定的。

(4)资源约束:项目需要一定的资源投入,如时间、资金、人力等,需要在有限的资源约束下完成。

(5)不确定性:项目在执行过程中可能遇到一些不确定性因素,如技术、市场、人员等,项目需要能够应对这些不确定性,确保成功完成。

项目可以在各种领域出现,如建筑工程、信息技术、市场营销等;项目可以在组织内部或组织之间开展;项目的规模可小(如持续几天或几周)可大(如持续多年,涉及多个组织和大量资源)。

(二)项目管理

项目管理(project management)是指在既定的资源和时限内,对项目进行规划、组织、实施、监控和收尾的一整套方法。其目的是确保项目能够在预定的时间、成本和质量目标内完成,同时实现项目目标。项目管理包括以下内容。

(1)项目启动:确定项目的目标和范围,制订项目计划,明确项目团队成员的角色和职责。

(2)项目规划:将项目目标分解成可管理的任务,预估任务时间、成本和风险,制订项目进度计划和资源分配计划。

(3)项目执行:按照项目计划执行项目任务,监控项目进度、质量和成本,确保项目按计划进行。

(4)项目监控:对项目进行持续的监控和评估,识别潜在的风险和问题,并采取相应的措施进行调整。

(5)项目收尾:对项目进行分析和评估,总结经验和教训,完成归档工作,正式结束项目。

(三)项目管理原则

项目管理的成功实施需要遵循一定的原则。

(1)范围管理方面:明确项目的目标和范围,确保所有任务都与项目目标相关。

(2)时间管理方面:合理安排项目进度,确保项目在规定时间内完成。

(3)质量管理方面:确保项目按照要求实施,达到预期的质量标准。

(4)成本管理方面:监控项目成本,确保项目在预算范围内完成。

(5)人力资源管理方面:合理分配项目资源,确保团队成员的能力和职责与项目需求相匹配。

(6)沟通管理方面:确保项目团队成员之间的有效沟通,解决问题和冲突,提高团队协作效率。

(7)风险管理方面:识别潜在的项目风险,制定相应的应对措施,降低项目风险影响。

(8)采购管理方面:优化管理项目所需的外部资源,如供应商等,确保采购质量。

通过遵循项目管理的原则,我们可以有效地控制项目进度、质量和成本,提高项目成功的可能性。

二、项目管理人员的职责

从事项目管理的工作人员常以团队形式存在,由项目经理负责统筹调度。项目经理(project manager)是负责领导、组织和管理项目团队的专业人员。

正如乐团指挥不需要掌握每种乐器,但应具备音乐知识、理解能力和经验,项目经理亦是如此。项目经理无须承担项目中的每个角色,但应具备项目管理知识、技术知识、理解和经验。项目经理通过沟通带领项目团队进行规划和协调。项目经理采用书面沟通(如文档计划和进度计划)以及会议等形式与团队进行实时沟通。

项目管理人员的职责主要包括以下几个方面。

(1)规划方面:与项目团队和干系人合作,定义项目目标、范围和工作分解结构(WBS)。制订项目进度计划、资源分配计划、风险管理计划和沟通管理计划等。

(2)执行方面:带领项目团队按照计划执行任务,确保项目进度、质量和成本符合预期。在项目执行过程中,解决出现的问题,协调资源,管理项目干系人的期望。

(3)监控方面:对项目进展情况进行持续监控,收集和分析项目数据,如进度、质量和成本等方面。识别潜在风险并采取相应措施,确保项目按照计划进行。

(4)沟通方面:确保项目团队成员之间的有效沟通,解决出现的冲突和问题。与项目干系人保持良好沟通,汇报项目进展和问题,确保项目满足干系人的期望。

(5)团队建设方面:激励和支持项目团队成员,建立高效的团队协作氛围。对团队成员进行培训和发展,提高团队整体能力。

(6)收尾方面:带领团队完成项目,进行项目评估,总结经验教训,进行项目文档归类,释放项目资源。

PMI人才三角

PMI人才三角重点关注三个关键技能组合。①技术项目管理:与项目管理相关的特定领域的专业知识、技能和行为,即其项目顺利运转的技术层面管理。②领导力:指导、激励和带领团队所需的知识、技能和行为,可帮助组织达成业务目标。③战略和商务管理:关于行业和组织的知识和专业技能,有助于提高绩效并取得更好的业绩。

三、项目管理流程

(一)旅游规划项目管理的基本流程

旅游规划项目管理的基本流程如下。

(1)项目启动:定义项目目标和范围;确定项目干系人;制订项目计划;组建项目团队。

(2)项目规划:制定项目时间表;确定项目活动的优先级和依赖关系;制定项目成本预算;识别项目风险。

(3)项目执行:按照项目计划执行项目活动;监控项目进度、质量和成本;管理项目团队和干系人期望;解决项目中的问题和冲突。

(4)项目监控:持续监控项目进展情况;识别项目风险并采取相应措施;评估项目绩效;跟踪项目变更。

(5)项目收尾:验收项目可交付成果;总结项目经验教训;评估项目成功程度;归类项目资料;释放项目资源。

(二)旅游规划项目管理的关键节点

针对不同流程,我们需要把握不同的关键节点。

(1)项目启动:确保项目目标明确、可衡量,并与组织战略和业务目标相一致。确定项目干系人,包括其利益和需求。

(2)项目规划:将项目目标分解成若干可执行的任务,并估算任务时间、成本和资源需求,制订项目进度计划和资源分配计划。

(3)项目执行:按计划来执行各项任务,确保项目进展、质量和成本符合预期。在项目执行过程中,要关注项目团队的沟通和协作。

(4)项目监控:定期评估项目进展情况,识别潜在风险并采取相应措施,确保项目进展、质量和成本得到有效控制。

(5)项目收尾:对项目进行总结和评估,总结相关经验和教训,及时将项目资料归档,释放项目资源。

遵循项目管理基本流程(见图9-1),可以确保项目管理的规范性和有效性,提高项目成功的可能性。在实际操作中，我们可以根据项目具体情况对流程进行调整和优化。

项目流程	项目启动	项目规划	项目执行	项目监控	项目收尾
项目目标	制定项目章程 明确项目需求和目标 明确项目范围与成果	制订项目管理计划 风险与沟通计划 时间进度安排 任务工期预估	指导和执行项目活动	监控项目执行 项目整体变更控制	项目验收标准落实
项目人员	委任项目经理 组建项目团队	任务分配计划 任务工期估算	任务汇报 团队激励机制	项目进度反馈	管理组审核
项目工具	制订项目计划 立项审批表 项目预算	甘特图 里程碑图 思维导图	会议记录表 项目预算	跟踪行动报告 定期反馈和报告 项目计划表	文档归类总结 项目合同 项目文档归类
项目沟通	项目沟通计划	项目例会 明确信息传达机制 项目相关方定期开会	定期会议沟通	与客户反馈项目进度	
项目风险		评估风险等级 假设可能出现的风险 明确风险响应计划	风险评估排查		
项目质量					项目评审验收报告 项目总结报告

图 9-1　项目管理基本流程

项目生命周期

项目生命周期指项目从启动到完成、开始到结束所经历的一系列阶段。它为项目管理提供了一个基本框架。这些阶段之间的关系可以按顺序、迭代或交叠进行。项目生命周期与产品生命周期相互独立，后者可能由项目产生。产品生命周期指一个产品从概念、交付、成长、成熟到衰退的整个演变过程。

（三）旅游规划项目管理过程

1. 项目阶段

项目阶段是一组具有逻辑关系的项目活动的集合，通常以一个或多个可交付成果的完成为结束。项目可以分解为不同的阶段或子组件，这些阶段或子组件的名称通常说明了该阶段完成的工作类型。阶段名称的部分示例如下：概念开发、可行性研究、客户要求、解决方案开发、设计、测试、移交、试运行、里程碑审查、经验教训总结。

2. 项目管理过程和项目管理过程组

项目生命周期是通过一系列项目管理活动进行的，即项目管理过程。每个项目管理过程通过合适的项目管理工具和技术将一个或多个输入转化成一个或多个输出。输出是可交付成果或结果，结果是过程的最终成果。

项目管理过程组指对项目管理过程进行逻辑分组，以达成项目的特定目标。项目管理过程组不同于项目阶段,项目管理过程可分为以下五个项目管理过程组。

(1)启动过程组:定义一个新项目或现有项目的一个新阶段,授权开始该项目或阶段的一组过程。

(2)规划过程组:明确项目范围,优化目标,为实现目标制定行动方案的一组过程。

(3)执行过程组:完成项目管理计划中确定的工作,以满足项目要求的一组过程。

(4)监控过程组:跟踪、审查和调整项目进展与绩效,识别必要的计划变更并启动相应变更的一组过程。

(5)收尾过程组:正式完成或结束项目、阶段或合同所执行的过程。

【思考讨论】以某一旅游规划项目为例,设计项目管理的基本流程和关键节点。

《项目管理知识体系指南(PMBOK®指南)(第六版)》

《项目管理知识体系指南(PMBOK®指南)(第六版)》是美国项目管理协会(PMI)的经典著作,已成为美国项目管理的国家标准之一,也是当今项目管理知识与实践领域事实上的世界标准,是项目管理从业人员极为重要的工具书。

该书引论部分介绍了项目管理知识体系的沿革。项目管理并非新概念,它已存在数百年之久。项目成果的例子包括:吉萨金字塔、奥林匹克运动会、中国长城、泰姬陵、儿童读物的出版、巴拿马运河、商用喷气式飞机的发明、脊髓灰质炎疫苗、人类登陆月球、商业软件应用程序、使用全球定位系统(GPS)的便携式设备及地球轨道上的国际空间站等。

这些项目成果是领导者和项目经理在工作中应用项目管理实践、原则、过程、工具和技术的结果。这些项目经理运用一系列关键技能和知识来满足客户和参与项目或受项目影响的其他人的要求。20世纪中期,项目经理开始致力于将项目管理确立为一种职业,其中一个方面就是对知识体系(body of knowledge, BOK)的内容,即项目管理达成一致意见。这一知识体系后来被称为项目管理知识体系(project management body of knowledge, PMBOK)。PMI 制定了一套有关项目管理知识体系的图表和词汇基准。项目经理很快意识到,并非一本书就可以包含项目管理知识体系的所有内容。因此,PMI 制定并发布了《项目管理知识体系指南》(简称《PMBOK®指南》)。PMI 将项目管理知识体系(PMBOK)定义为描述项目管理专业范围内知识的术语。项目管理知识体系包括已被验证并广泛应用的传统做法,以及本专业新近涌现的创新做法。

项目管理工作在旅游规划实践中的作用和意义有哪些?项目管理知识体系对旅游规划项目管理工作具有哪些指导价值?

任务三　旅游规划招投标项目流程

任务描述：本任务主要学习旅游规划招投标项目的常规流程,包括购买招标文件、投标方案编写、开标及评标、签订合同等。

任务目标：通过任务学习,熟悉旅游规划招投标项目的常规流程,能编制商务标书,并结合所学编制技术标书的主体内容。

一、招标文件的购买

在收集到招投标信息后,还需在招标公告规定的时间内购买相应的招标文件以指导后续任务的展开。尤其需要注意的是,招标文件的要求都不尽相同,投标单位必须根据招标文件的要求制作投标文件,以免投标文件被判为无效。

招标文件会就招标过程进行细致说明,包括但不限于对投标方的资质要求、投标费用的相关规定、现场踏勘的权责及时间安排、答疑会的时间方式及地点、质疑和投诉的相关管理办法等。

购买招标文件需要遵循以下步骤。

(1)了解招标信息:通过官方渠道(如政府采购网站、公共资源交易平台、行业网站等)了解招标信息,包括招标单位、招标项目、招标时间、投标截止日期等。

(2)注册账号:如果招标文件需要在线购买,需要先注册一个账号。通常,购买招标文件的网站会要求用户提供一些基本信息,如公司名称、联系人、联系方式等。

(3)付款下载:招标文件购买通常需要支付一定的费用。按照网站提示,支付购买招标文件的费用。付款方式包括银行转账、网上支付等。完成后,可以登录系统下载招标文件。下载的招标文件通常为 PDF 格式,包含招标项目的详细信息、投标要求、合同条款等。

(4)核对文件:下载招标文件后,仔细阅读招标文件,确保文件完整且符合招标要求。如果有任何问题,及时与招标方联系。

(5)保存备份:将招标文件保存到安全的地方,并制作备份。确保在投标过程中可以方便地查阅招标文件。

二、投标标书的编写

在对招标文件进行研判后,若决定参与投标,便需要按照投标文件要求编写投标标书。投标标书一般分为商务标书和技术标书两个部分。在招投标过程中,商务标书与技术标书(针对旅游规划方案、产品或服务内容的评审)共同构成完整的投标文件。评审委员会将根据商务标书和技术标书的综合评分来确定中标单位。

(一)基础资料的收集与整理

基础资料是进行标书编写的重要依据。一般在获得招标信息起便可展开收集。在进行旅游规划的基础资料收集前应做好以下几个方面:

(1)确定资料类型。根据旅游规划的目标和范围,确定需要收集的资料类型,如旅游资源、市场需求、竞争分析、政策法规、自然环境、历史文化等。

(2)制订收集计划。根据资料类型,制订一个系统化的收集计划,包括收集时间、频率、责任人等。

(3)确定资料来源。资料来源包括政府部门、研究机构、行业协会、数据库、互联网、实地调查等。

在收集资料的过程中,注意保持资料的真实性、准确性和时效性。以下是一些可能的收集渠道:

一是政府部门。联系旅游、规划、环保、文化等部门,收集相关政策法规、数据统计、发展规划等资料。

二是研究机构。查阅学术论文、研究报告、行业趋势分析等资料,了解行业动态和研究成果。

三是行业协会。联系旅游行业协会,获取行业数据、行业标准、最佳实践等信息。

四是数据库。利用专业数据库、统计年鉴等,收集历史数据、发展趋势等资料。

五是互联网。通过网络搜索、社交媒体等渠道,收集实时信息、市场动态、游客评价等资料。

六是实地调查。通过实地考察、访谈、问卷调查等方式,收集一手资料,如旅游资源状况、市场需求、竞争状况等。

收集到的资料,一定要进行有效的整理与归档,可以采用纸质资料结合数字档案的方式进行整理,并设置合理的分类和索引系统。

(二)投标文件的编制

商务标书是指在旅游规划招投标过程中,投标人提交的关于价格、合同、付款条件等相关商务方面的投标文件,一般由投标函、报价表、类似项目成功案例、拟派项目人员构成、资格证明文件、项目实施方案、其他辅助说明资料、其他附件等构成。若招标文件有特殊要求,则按招标文件要求提供。旅游规划商务标书主要是围绕项目成本、同类型业绩和企业资质等方面进行评审,旨在评估投标人的商业信誉、报价竞争力和合同履行能力。

旅游规划的技术标书是指在旅游规划招投标过程中，投标人提交的关于技术方案、产品或服务内容的投标文件。旅游规划技术标书主要是围绕技术方案、产品或服务内容进行评审，旨在评估投标人的技术实力、创意能力和方案可行性。

三、投标文件的提交

投标文件的提交方式通常分为纸质版文件提交和电子版文件提交。大部分招投标以纸质版为主、电子版备份的形式进行，但随着无纸化办公的推广普及，已经有一些项目开始尝试以纯电子版的形式将投标文件提交评审了。

纸质版文件应根据招标文件所规定的地点，于截止时间前将商务标书和技术标书两部分的正副本按要求封标，并提交。逾期提交将被拒绝并退还投标文件。在投标文件提交后，投标人不得补充、修改投标文件。

电子版文件提交时，要根据招标文件要求，于截止时间前在规定的网站以规定格式进行提交。

拓展阅读

商务标书与技术标书的编制要求

四、开标和评标

（一）开标

招标代理机构根据招标公告规定的时间、地点，组织公开开标大会。开标前，投标方须由法定代表人或委托代理人（具有法定代表人委托书）持有效身份证明参加，并签名报到，不参加开标会议的视为自动弃权。

（二）评标

评标一般是由评标委员会执行。招标方根据招标采购项目的特点组建评标委员会，评标委员会由采购人代表和有关技术、经济等方面的专家组成，成员人数为5人以上，其中技术、经济等方面的专家人数不少于专家总人数的2/3，设评委会主任（组长）1人，根据需要可设副主任（副组长）1—2人。主任（组长）、副主任（副组长）人员由委托方与规划评审小组协商产生。为了保持评审的公平性，旅游规划编制单位的成员不参加评审会。评标委员会对投标文件进行审查、质疑、评估、比较。

评标程序如下。

1. 投标文件初审

初审分为资格性检查和符合性检查。

（1）资格性检查：依据法律法规和招标文件的规定，对投标文件中的资格证明、投标保证金等进行审查，以确定投标服务商是否具备投标资格。

（2）符合性检查：依据招标文件的规定，从投标文件的有效性、完整性和对招标文件的响应程度进行审查，以确定是否对招标文件的实质性要求做出响应。

2. 比较与评价

按招标文件中规定的评标方法和标准,对资格性检查和符合性检查合格的投标文件进行商务和技术评估,综合比较与评价。

3. 推荐中标候选投标人名单

评标委员会根据招标文件中的评分标准和方法,对投标文件进行评审,按照综合得分向招标人提出书面评标报告,并推荐中标候选人。招标人根据评标委员会提出的书面评标报告和推荐的中标候选人,依据国家和地方现行法规确定中标人。招标人也可以授权评标委员会依据现行法规直接确定中标人。

微课链接
旅游规划招投标流程

评 标 办 法

《中华人民共和国招标投标法》第四十一条规定,中标人的投标应当符合下列条件之一:

(1)能够最大限度地满足招标文件中规定的各项综合评价标准;

(2)能够满足招标文件的实质性要求,并且经评审的投标价格最低;但是投标价格低于成本的除外。

据此,旅游规划招投标项目的评标方式多采用以下几种。

1. 综合评分法

综合评分法就是将投标文件的各项评审因素(如价格、技术方案、公司资质等)赋予一定的权重,对各项因素进行打分,最后汇总得分最高的投标人中标。这种评标方式可以较为全面地评估投标人的综合实力。

2. 最低投标价法

最低投标价法就是在满足招标文件实质性要求的前提下,选择投标价格最低的投标人为中标人。这种评标方式适用于标准化程度高、价格竞争激烈的项目。

3. 综合评标法与最低投标价法的结合

综合评标法与最低投标价法的结合就是在评审过程中,可以先采用综合评分法对投标文件进行技术评估,确定通过技术评审的投标人;然后,在通过技术评审的投标人中,选择投标价格最低的投标人为中标人。这种评标方式结合了综合评分法和最低投标价法的优点,适用于较为复杂、对技术要求较高的项目。

4. 性价比法

性价比法就是对投标文件的价格和技术方案进行综合评估,然后选择性价比最高的投标人为中标人。这种评标方式适用于技术含量较高、价格影响因素较多的项目。

5.两阶段招标评标法

两阶段招标评标法适用于需要保证技术支持的大型复杂项目的招标。一般要求投标人先投技术标,进行技术方案评审(不涉及价格)。评审后淘汰其中的不合格者,合格者才允许投商务标。在实际操作中,招标方会根据项目特点和需求选择合适的评标方式。评标方法可以在招标文件中明确规定。投标方需要严格按照招标文件的要求和评分标准准备投标文件,以提高中标概率。

(三)中标通知

中标通知根据招标文件的相关规定进行公示,一般有现场公示和网上公示两种。

现场公示是在评标结束后,当场公布评标结果,宣布中标单位,其他投标单位在规定时间内未提出质疑的,招标人可向中标方发放中标通知书。

网上公示是指评标结束后,招标代理机构接到招标方的中标结果确认函后,将中标结果在网上进行公示。其他投标单位在规定时间内若无异议,招标代理机构则可向中标单位发放中标通知书。

(四)签订合同

评标结束后,招标方向中标单位签发中标通知书。中标方应按中标通知书规定的时间、地点签订合同。中标方未按中标通知书规定的时间、地点签订合同,视为放弃中标。

【思考讨论】以某一旅游规划项目为例,讨论不同评标方法在旅游规划招投标中的利弊。

项目小结

商务工作贯穿旅游规划实际工作的全过程,直接连接市场和技术,是旅游规划不可或缺的重要工作。旅游规划商务工作的从业人员通常需要与旅游规划项目中的各利益相关方进行沟通和协调,以确保项目的顺利推进。

项目管理在旅游规划商务实践中是一种重要的工具和方法。运用项目管理的方法和工具,可以更有效地规划、开发和运营旅游项目,确保项目的顺利推进和成功实施。

项目训练

一、知识训练

1. 旅游规划项目管理的基本流程和关键节点包括哪些?
2. 购买招标文件的步骤是什么?

二、能力训练

1. 当下,商务沟通的形式逐渐趋于电子化,电子邮件、商务通信软件(如领英)、即时社交软件(如微信)等交流媒介种类繁多,不同的媒介形式适用于不同场景,发挥着不同的作用,且在不同国家有着不同的商务沟通偏好。你认为应如何合理选择这些电子交流媒介进行商务陌生拜访?

2. 客户转介绍在规划设计及建设工程行业是较为重要的商务拜访方式。客户转介绍具有很多优势,能否成为旅游规划设计单位商务拓展的主要途径?请说出你的理由。

3. 商务拜访是带有主题目标的,不是简单的"联络感情",需要具备专业技术素养,使潜在客户认可己方的技术实力。因此,早期的商务拜访工作通常由技术骨干协同管理者完成。但随着行业发展,现在不少规划设计单位在管理与技术之外,会单独建立商务部门来完成相关工作。请思考出现这种趋势的原因,以及技术与商务剥离带来的利弊。

项目十
评审与修编旅游规划

 项目概述

旅游规划评审是一个很重要的工作和程序,它不仅是评价、检验和监督规划编制的工作,也是对旅游规划进一步完善的过程。外部环境和内在条件的变化会影响旅游地的发展战略、总体布局、产品结构和旅游形象。对此,《旅游规划通则》指出,要根据市场环境等各个方面的变化对规划进行进一步的修订和完善。此外,旅游规划修编是旅游规划过程的一个环节,也是旅游地持续发展的实际需要。本项目从旅游规划的评审和修编入手,针对旅游规划的评审流程、要点以及修编内容和流程,对评审和修编的知识要点进行阐述。

 学习目标

知识目标
1. 熟悉旅游规划的评审流程。
2. 了解旅游规划评审重点。
3. 了解旅游规划报批知识。
4. 熟悉旅游规划修编的动因。
5. 掌握旅游规划修编的内容。

能力目标
1. 阐述旅游规划的评审重点。
2. 梳理旅游规划修编的技术路线。
3. 辨析旅游规划修编的直接动因和间接动因。
4. 阐述旅游规划修编的内容。

素质目标
1. 立足新发展阶段,贯彻新发展理念,构建新发展格局。
2. 以制度化建设为牵引,以改革创新为根本动力,培养精益求精的工匠精神。

知识导图

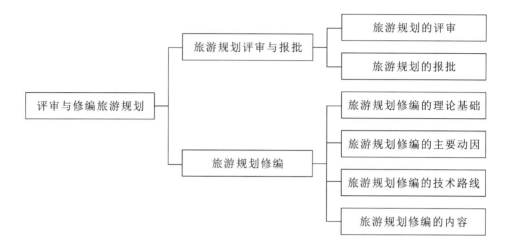

案例导入

《广西文化和旅游发展"十四五"规划》通过评审

《广西文化和旅游发展"十四五"规划》(以下简称《规划》)评审会在南宁召开,与会专家和代表对《规划》进行认真审议,一致同意《规划》通过评审。

"十四五"时期,是我国开启全面建设社会主义现代化国家新征程、向第二个百年奋斗目标进军的第一个五年。《广西文化和旅游发展"十四五"规划》是统领全区文化和旅游发展、建设文化旅游强区的行动纲领和指南,做好《规划》编制工作,谋划好"十四五"文化和旅游发展,意义重大。

《规划》提出,"十四五"期间,广西文化和旅游发展的战略任务是构建三大体系,打造六大品牌,实施十大工程。

构建三大体系,即现代文化产业和旅游业体系、文化和旅游高品质服务体系和现代文化和旅游市场体系。打造六大品牌,即"桂林山水"大品牌、"浪漫北部湾"大品牌、"壮美边关"大品牌、"长寿广西"大品牌、"壮族三月三"大品牌、"刘三姐文化"大品牌。实施十大工程,分别是实施文艺精品创作与文化名家培养工程,公共文化服务与文化惠民提升工程,环广西国家旅游风景道建设工程,数字文化与智慧旅游提升工程,世界级、国家级文化遗产申报工程,世界级、国家级旅游景区与度假区建设工程,高端度假酒店、山水主题酒店与精品民宿建设工程,国家级旅游休闲城市与国际乡村旅游目的地建设工程,新业态与新消费提升工程,大健康与文旅装备制造业发展工程。

任务一 旅游规划评审与报批

任务描述：旅游规划评审环节是旅游规划工作中很重要的程序，它不仅是评价、检验和监督旅游规划成果的主要工作，也是对旅游规划进一步完善的过程。结合目前我国旅游规划的实践，旅游规划评审一般分为两个阶段，即初次评审和最终评审。对于个别小型和简易的规划，也有一次性终审定稿的情况。本任务主要学习旅游规划评审与报批的工作程序与基本知识。

任务目标：通过任务学习，掌握旅游规划评审与报批的工作流程。

我国的旅游规划编制工作一般是三方参与，三方分别是政府主管部门、规划的委托方、规划的被委托方（编制方）。其中，政府主管部门是指国家、地方主管旅游的行政部门，负责制定旅游规划的相关制度、法规；委托方即旅游规划的需求方，又称甲方，主要包括各级人民政府、旅游主管部门、旅游开发商、投资商等；被委托方（编制方）即旅游规划设计单位，又称乙方，包括具有旅游规划设计资质的高等院校、科研院所、专业公司等。旅游规划编制完成后，一般要经过初审等多个工作阶段。

一、旅游规划的评审

（一）旅游规划初审

被委托方向委托方提交的第一次成果，一般称为"征求意见稿"，委托方一般组织审议小组或者规划编制相关单位对草稿进行审议，在征求上级主管部门、本地各相关部门意见的基础上，召集各相关专业人士进行研讨与座谈，结合规划的不同类型，有可能还需要征求本地主要旅游行业代表的意见。在意见征询后，由委托方整理形成初审意见并提交给被委托方，被委托方根据意见或者建议对文本进行合理修改。若规划初稿改动工作量较大，有些部分可能需要重新编制。

相对来说，初审只是规划的中间过程，其形成的意见或措施也属于建议性质。规划的终审环节对规划的通过与否起决定性作用，因为终审意见最终反映为规划成果是否被评审会专家组认同，这对于规划委托方和被委托方有着重要意义。因此，规划双方基于各自的角度和立场往往都会投入相当精力。当然，双方也都在规划成果的质量保证的基础之上，与规划评审形成环环相扣的关系。

（二）旅游规划的评审

规划工作组根据汇总的初审意见并结合实际情况进行修改后，形成"送审稿"，在规划评审会上供领导和专家评审。

评审是旅游规划过程中主要的验收程序,根据《旅游规划通则》(GB/T 18971—2003),评审应遵循相关规定,主要内容如下。

1. 评审方式

旅游规划文本、图件及附件的草案完成后,由规划委托方提出申请,上一级旅游行政主管部门组织评审。

旅游规划的评审采用会议审查方式。规划成果应在会议召开五日前送评审人员审阅。

旅游规划的评审,需经全体评审人员讨论、表决,并有 3/4 以上的评审人员同意,方为通过。评审意见应形成文字性结论,并经评审小组全体成员签字,评定意见方为有效。

2. 规划评审人员的组成

旅游发展规划的评审人员由规划委托方与上一级旅游行政主管部门商定;旅游区规划的评审人员由规划委托方当地旅游行政主管部门确定。旅游规划评审组由 7 人以上组成。其中行政管理部门代表不超过 1/3,本地专家不少于 1/3。规划评审小组设组长 1 人,根据需要可设副组长 1—2 人。组长、副组长人选由委托方与规划评审小组协商产生。

旅游规划评审人员应由经济分析专家、市场开发专家、旅游资源专家、环境保护专家、城市规划专家、工程建筑专家、旅游规划管理官员、相关部门管理官员等组成。

3. 评审程序

规划评审通常包括三个阶段:评审准备阶段、评审会阶段和规划完善阶段。

在组织评审前,规划委托方应邀请业内专家、主管部门和相关部门等组成评审专家小组,将送审稿及早送达各专家手中,保证其在会前有充足的时间深入研究规划成果。另外,在评审会召开前,委托方应组织评委会成员对规划区域的主要旅游资源、设施和环境进行实地考察。

评审会阶段一般包括规划组陈述、评委和与会人员发言、规划组答辩、评委总结四个环节。规划编制组代表应就规划编制过程、指导思想和主要内容向全体评委做陈述,并向评委和与会人员展示规划图件及有关规划成果材料。汇报后,评委和与会人员主要就规划成果进行发言,对存在的问题进行探讨,如可能也会提出改进或完善建议。规划编制组代表就评委和与会人员的提问进行回答。规划编制组答辩结束后,评委会应在规划双方回避的情况下单独举行会议,研讨评审意见或评审结论,并将评审意见形成书面材料,附有评委会主任、副主任和全体委员的签名。评审会最后,由评委会主任向全体与会人员宣读评审意见后,规划双方可对评审意见做出必要的说明,也可在正式宣读前向双方通报评审意见草案,然后正式宣读评审结论。

对于未能通过的规划成果,规划双方应在理性的情况下对旅游规划进行磋商,探讨修改的思路和时限。对于已经通过评审的规划,规划方有义务按照评审会形成的意见,对规划成果中存在的问题及时做进一步修改和完善。

4. 规划评审重点

旅游规划评审应围绕规划的目标、定位、内容、结构和深度等方面进行重点审议,包括:①旅游产业定位和形象定位的科学性、准确性和客观性;②规划目标体系的科学性、前瞻性和可行性；③旅游产业开发、项目策划的可行性和创新性；④旅游产业要素结构与空间布局的科学性、可行性；⑤旅游设施、交通线路空间布局的科学合理性；⑥旅游开发项目投资的经济合理性；⑦规划项目对环境影响评价的客观可靠性；⑧各项技术指标的合理性；⑨规划文本、附件和图件的规范性；⑩规划实施的操作性和充分性。

5.评审结论

目前，评审结论（或意见）尚无固定格式，一般包括下述内容：第一，评审会的时间、地点和参会人员概况；第二，对规划基本内容的简要介绍；第三，对规划的基本评价。例如，规划是否符合实际情况，是否与国民经济和社会发展计划、城市总体规划，以及交通、土地、园林、文化、环保等其他专业规划相衔接，客源市场定位是否正确，资源开发方向是否合理，旅游产品是否形成特色竞争力，规划是否具有可操作性，投入产出分析与结论是否合理等。这些问题都是规划中的关键性问题，在此基础上，评审专家小组再综合规划的特点、优点和不足做出评价。

规划等级判断一般包括"一致通过""原则通过""暂缓通过""不予通过"等用语，评审专家认为规划不符合国家规定的有关要求、不符合当地实际情况、不符合旅游发展趋势的，应明确指出存在的问题，要求规划编制组做出必要的修改，对于规划成果或规划双方的建议和措施可以作为评审意见在评审结论中出现，也可用文字方式形成会议纪要供双方参考。

规划若通过评审，规划方应根据评委会的意见和建议，对规划成果做进一步修改和补充，使之更加完善。除非有重大或者原则性修改，评审后的规划定稿一般不需要再通过专家审查。若规划未通过评审，则由委托方与被委托方按照规划合同规定或者双方协商处理。未通过评审的规划成果，经修改再次定稿后，须重新举行评审会。

旅游规划评审

二、旅游规划的报批

《旅游规划通则》规定："旅游规划文本、图件和附件，经规划评审会议讨论通过并根据评审意见修改后，由委托方按有关规定程序报批实施。"旅游规划的报批作为法定程序的一个环节，规划委托方必须执行此项工作，并对规划报批进行跟踪管理。此外，对于委托方控制的规划成果，必须进行归档保管，其借阅和使用实行统一管理，针对项目需要，根据不同的归口部门报批流程进行规划的报批。

文化和旅游部于2019年印发的《文化和旅游规划管理办法》对规划的报批和发布做出了进一步规定。

旅游规划报批

【思考讨论】旅游规划文本形成后的初审、评审和报批程序，对旅游规划的实施和旅游项目的开发具有哪些意义和价值？

任务二　旅游规划修编

任务描述：旅游规划的修编就是对旅游规划的修改与调整。在规划执行过程中，当国家和地区社会经济发展战略、相关城市总体规划、土地利用规划等发生调整，或市场需求的变化对旅游发展提出新的要求时，各级旅游行政主管部门可以对旅游规划进行调整和完善，以符合新的经济发展战略、城市总体规划、土地利用规划和市场需求。

任务目标：通过任务学习，了解旅游规划修编的理论基础，熟悉旅游规划修编的动因，掌握旅游规划修编的内容。

拓展阅读

如何编制好"十四五"时期旅游规划

外部环境和内在条件的变化会影响旅游地的发展战略、总体布局、产品结构与旅游形象。对此，《旅游规划通则》指出："在规划执行过程中，要根据市场环境等各个方面的变化对规划进行进一步的修订和完善。"旅游规划修编是旅游规划过程的一个环节，也符合旅游地持续发展的实际需要。

一、旅游规划修编的理论基础

旅游规划修编的理论基础主要包括系统动态平衡理论、旅游地生命周期理论和旅游规划创新理论。其中，系统动态平衡理论为旅游规划修编提供了一般方法论指导，旅游地生命周期理论为旅游规划修编提供了具有重要参考价值的分析工具，旅游规划创新理论则为规划修编过程中克服传统规划的弊端、增强现实指导意义奠定了基础。

（一）系统动态平衡理论

系统的诸多构成因素随着时间的推移会发生变化，它们的不均衡发展导致系统结构和功能发生变化。在旅游系统及其规划体系的视野内，旅游系统的变化至少可以分为发展问题、功能问题和结构问题三类。当外界环境和内在条件发生变化时，旅游系统的状态也随之发生变化。因此，旅游规划修编正是针对我国市场经济迅猛发展、旅游需求剧烈变化、旅游竞争日趋激烈的大环境，以及各地旅游资源变化、交通条件改善、产业结构调整等小环境的变化，重新修订规划方案，促进旅游系统的良性循环。

（二）旅游地生命周期理论

加拿大学者 Bulter 提出了旅游地生命周期理论，他认为旅游地发展的理想模式大体可以划分为探索阶段、参与阶段、发展阶段、巩固阶段、停滞阶段、衰落或复苏阶段。该理论既可以解释和预测旅游地的发展，又可以指导旅游地在发展过程中及时调整开发方向、产品结构、产业政策，改善发展环境，改变营销策略。通过调整规划的制定与实施,使旅游地生命周期延长、稳定发展,或者及时得到调控,达到旅游地可持续发展的目的。

(三)旅游规划创新理论

管理学中的权变理论强调根据组织所处内外部条件随机应变,针对具体条件寻求最合适的管理方法。彼得·德鲁克也曾提出,管理就是创新。旅游规划创新包括理论、内容、技术、人才和组织创新。理论创新要求树立与时俱进的规划观、科学的思维方式,构建规划理论体系;内容创新要求集成性、个性、层次性、自然性;技术创新要求创新分析工具和运用先进技术;人才创新要求培养创新型综合人才;组织创新要求强化管理、落实措施、建设团队、双向规划。

二、旅游规划修编的主要动因

在实践中,旅游规划修编的动因有很多,并且各地旅游规划修编动因差别很大。总体而言,旅游规划修编的直接动因是原有旅游规划不能有效指导旅游地健康发展,间接动因包括:

(一)旅游规划的理念与方法发生变化

由于时代背景的变化、理论研究的深入与实践经验的日益丰富,旅游规划理念与方法也在不断创新。原来的旅游规划由于理念陈旧和方法落后而无法指导旅游发展,从而促使旅游规划修编。

(二)旅游需求特点发生变化

由于时代背景的变化,旅游需求的层次、内容、结构也在不断地发生变化。由于旅游产品的市场导向性,旅游规划也必须采取适应性措施。例如,随着人们生态保护意识及健康意识的逐渐提高,对生态旅游和康养旅游的需求不断增加,旅游规划也应对此类旅游产品设计有所侧重。

(三)旅游发展的宏观环境发生变化

旅游产业受政治、经济、文化、生态、科技等方面因素的制约,受区域旅游发展格局、周边旅游地发展变化的影响。当这些因素发生变化时,旅游发展战略、旅游产品、总体布局、市场定位、旅游形象等都可能受到影响,因此,对旅游规划进行修编符合客观要求。

(四)旅游发展的内部条件发生变化

在受外部环境制约的同时,旅游发展也受到内部条件变化的影响,这些因素包括旅游资源条件、旅游交通条件、产业要素培育等。

旅游规划修编的理论基础与主要动因

【思考讨论】《"十四五"文化和旅游发展规划》是文化和旅游部组建以来的第一个五年规划,对于我国文化和旅游产业的发展都具有十分重要的意义。请分析该规划编制面临的新形势和新要求。

三、旅游规划修编的技术路线

旅游规划修编是基于变化的环境与条件而对已有的旅游规划进行修订,因此,规划编制人员必须对旅游发展环境与条件进行重新审视并评估其影响,对前期已有的旅游规划进行分析和评价。

(一)上一轮旅游规划的评价

上一轮的旅游规划是旅游规划修编的重要基础。旅游规划修编需要对上一轮的旅游规划进行分析、评价,修改不合时宜的内容,在其基础上进行继承、创新。

(二)重新审视旅游发展环境与条件

旅游规划修编过程中,需要对区位条件、自然地理条件、社会经济条件、旅游资源条件、旅游市场培育、旅游竞争与合作态势进行重新审视,界定发生变化的关键因素,并评估其对旅游发展的影响。

(三)旅游产业发展现状分析与评价

旅游产业发展现状分析与评价的内容主要包括旅游发展指标、旅游资源开发、旅游市场发育、旅游产业要素发展、旅游宣传促销等。分析和评价的目的在于界定存在的问题,并寻找可能的解决途径,为重新确定发展目标与战略奠定基础。

(四)重新确定发展目标与战略

在上一轮的旅游规划的评价、重新审视旅游发展环境与条件,以及旅游产业发展现状分析与评价的基础上,旅游规划修编要重新确定发展目标,并制定新的发展战略。

(五)规划核心内容修订

旅游规划修编的重点在于总体布局、旅游产品、旅游形象、市场定位。总体布局的调整重点在于强化中心地的地位,培育新的增长极并尽力形成环线;旅游产品的调整重点在于巩固老产品市场占有率,开发新产品,完善产品体系,优化产品结构;旅游形象的调整重点在于旅游形象的重新定位、旅游品牌的提升等;有时还要根据实际情况调整旅游市场定位。

(六)相关内容修订

总体布局、旅游产品、旅游形象、市场定位修订后,旅游规划对象的其他内容也会随之发生变化,因此也要进行相应修订,包括基础设施、服务设施、人力资源、环境保护、融资渠道、分期建设等。

旅游规划修编的技术路线如图10-1所示。

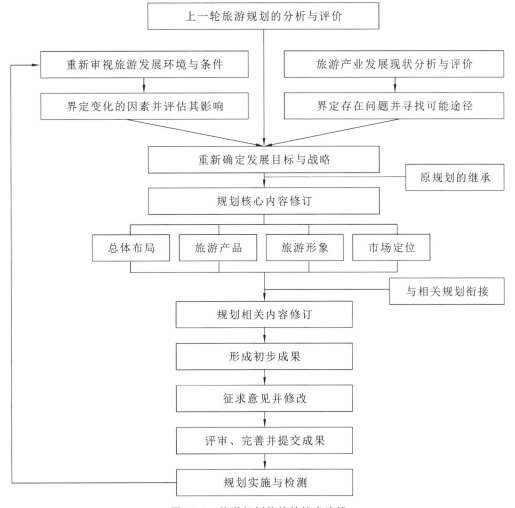

图10-1 旅游规划修编的技术路线

四、旅游规划修编的内容

旅游规划修编的内容很多,几乎涉及旅游系统各个要素。在实践中,旅游规划修编的主要内容包括:旅游发展目标与战略的调整;旅游总体布局的优化;旅游市场的重新定位;旅游产品结构的优化;旅游形象的调整与品牌提升;旅游资源的深度开发;现有旅游区(点)的提升改造;旅游项目库的更新、旅游产业要素优化配置;旅游基础设施规划的调整;旅游发展支撑体系的调整;旅游发展保障体系的调整。

【思考讨论】旅游规划进行修编可能是因为哪些背景发生了变化?

微课链接

旅游规划修编的技术路线和修编内容

项目小结

旅游规划文本、图件及附件的草案完成后,由规划委托方提出申请,上一级旅游行政主管部门组织评审。旅游规划的评审采用会议审查方式。

旅游规划文本、图件及附件,经规划评审会议讨论通过并根据评审意见修改后,由委托方按有关规定程序报批实施。

在规划执行过程中,要根据市场环境等各个方面的变化对规划进行进一步的修订和完善。

项目训练

一、知识训练

1. 旅游规划修编的主要动因包括哪些?
2. 旅游规划修编的主要内容包括哪些?

二、能力训练

请自行检索任一开展旅游规划修编工作的相关案例,要求完成以下内容:①基于案例分析规划修编的背景;②分析旅游规划重新修编后,规划内容主要的创新点。

模块四
旅游业态创新规划

《"十四五"旅游业发展规划》提出,"十四五"时期,我国将全面进入大众旅游时代,旅游业发展仍处于重要战略机遇期,但机遇和挑战都有新的发展变化。进入新发展阶段,旅游业面临高质量发展的新要求。全面建成小康社会后,人民群众旅游消费需求从低层次向高品质和多样化转变,由注重观光向兼顾观光与休闲度假转变,大众旅游出行和消费偏好发生深刻变化,线上线下旅游产品和服务加速融合。大众旅游时代,旅游业发展成果要为百姓共享,旅游业要充分发挥为民、富民、利民、乐民的积极作用,成为具有显著时代特征的幸福产业。

创新是推动人类社会向前发展的重要力量,也是现代旅游业得以诞生和演化的关键所在。相对于丰富多彩、日新月异的旅游创新实践而言,旅游创新的整体性研究、总体性判断和系统性规划设计还较为欠缺。

实施创新驱动发展战略为旅游业赋予了新动能,对旅游业提出了创新发展的新要求。坚持创新在现代化建设全局中的核心地位,推动新一轮科技革命和产业变革深入发展,将深刻影响旅游信息获取、供应商选择、消费场景营造、便利支付以及社交分享等旅游全链条。同时,要充分利用数字化、网络化、智能化科技创新成果,升级传统旅游业态,创新产品和服务方式,推动旅游业从资源驱动向创新驱动转变。

项目十一
旅游规划热点解读

 项目概述

建设文化强国为旅游业指明了发展方向,旅游业也需要更加主动地发挥促进作用。推进文化强国建设,要求坚持以文塑旅、以旅彰文,推进文化和旅游融合发展。同时,要充分发挥旅游业在传播中国文化、展示现代化建设成就、培育社会主义核心价值观方面的重要作用。

进入新发展阶段的中国旅游业,需要在创新、协调、绿色、开放、共享的新发展理念指导下,特别关注文化旅游、全域旅游、体验旅游、善行旅游和智慧旅游等关键词,为旅游规划设计构建创新思维矩阵。

 学习目标

知识目标

1. 熟悉文化旅游、全域旅游、体验旅游、善行旅游和智慧旅游等旅游规划热点的内涵。
2. 掌握文化旅游、全域旅游、体验旅游、善行旅游和智慧旅游在旅游规划中的应用要点。
3. 了解文化旅游、全域旅游、体验旅游、善行旅游和智慧旅游等热点涉及的相关知识。

能力目标

1. 理解文化旅游、全域旅游、体验旅游、善行旅游和智慧旅游在旅游规划设计中的运用逻辑。
2. 运用文化旅游、全域旅游、体验旅游、善行旅游和智慧旅游相关知识分析区域旅游发展现状并提出提升改造建议。

素质目标

1. 强化创新、协调、绿色、开放、共享的新发展理念。
2. 树立系统化、全局性、可持续的旅游发展理念。
3. 培育探究学习、终身学习和可持续发展的意识。

知识导图

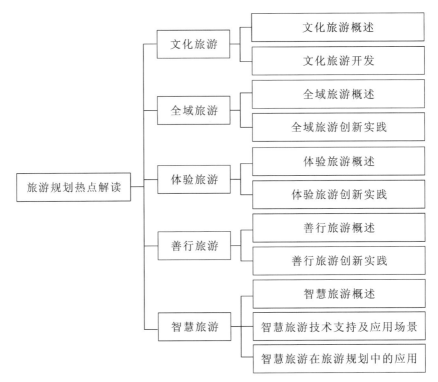

 案例导入

《世界旅游创新发展报告(2021—2022)》

  《世界旅游创新发展报告(2021—2022)》是世界旅游联盟(WTA)与中国社会科学院旅游研究中心共同编撰的一份年度研究报告。作为首份以全球旅游业创新理论和实践为主题的研究报告,该报告通过构建世界旅游创新分析框架、把握世界旅游创新最新特征、分析旅游行业创新关键要素、展望全球旅游创新未来趋势,从而为各国政府和旅游业界提供决策参考与智力支持。

案例分析

任务一　文化旅游

  任务描述:本任务主要学习文化旅游的概念与特征、功能与价值,文化旅游开发的基本理念与设计要点,并对不同类型的文化旅游资源开发进行探讨。

  任务目标:通过任务学习,掌握文化旅游的基本内涵,理解文化旅游开发的意义和价值,能够从文化旅游开发视角分析旅游目的地旅游规划典型案例。

非遗为旅游增添了地域文化底色

近年来，江苏创新开展"无限定空间非遗进景区"活动，突破时空限制，把形式多样的非遗展示展演植入景区旅游全要素，让游客全程感受、共享文化旅游活态魅力。

经过两年试点，江苏省已认定省级示范项目20家，打造了"古典园林空间的跨媒体非遗展示"项目苏州拙政园、引入园林版昆曲《浮生六记》的苏州沧浪亭景区等，这些景区已成为许多游客专程前往的打卡地。

"我们坚持从江苏实际出发，以非遗促进景区品质提升、以旅游促进非遗保护传承，加强顶层设计、实践路径的探索研究，推动非遗和景区真融合、深融合。"江苏省文化和旅游厅相关负责人说。

为了给"无限定空间非遗进景区"活动提供优质平台，江苏省创设了非遗创意基地、非遗旅游体验基地，打造了集传承、体验、教育、培训、旅游等功能于一体的非遗旅游融合载体。目前，全省已认定省级非遗创意基地13家、非遗旅游体验基地10家，这些基地成为人们走近非遗、体验非遗、品味非遗的重要场所和旅游目的地。数据显示，2019年至2021年，江苏省级非遗创意基地共为景区设计非遗文创产品2500余件，实现营业收入8120余万元，培训非遗创意人才超1400人次。2022年第四届大运河文化旅游博览会打造了"炫非遗"数字体验场景，展示了非遗之家元宇宙体验、数字非遗混合现实体验、运河非遗数字长廊等，用数字化、潮流化方式讲好非遗故事。

在南京，熙南里"传承有道乐享非遗"展演活动有声有色；在扬州，非遗元素已融入瘦西湖沉浸式夜游项目；在镇江，非遗项目已将西津渡1800米的游览线路完整串联；在苏州，景区线上线下同步共享的"非一般的甄选铺"琳琅满目……在江苏的景区，越来越多的人与非遗"不期而遇"，成为"水韵江苏"的一道独特风景。

作为"无限定空间非遗进景区"省级示范项目，拙政园通过非遗公益体验，将昆曲、古琴、苏绣、缂丝、苏式糕点等一系列随物赋形的非遗带入古典园林，重点打造"拙政问雅"夜游项目，让苏式雅趣在光影交错中带给游客无限想象。苏州市拙政园管理处（苏州市园林博物馆）主任、馆长薛志坚认为："活态传承是最好的保护，非遗不仅为景区增添了文化魅力，也让非遗项目扩大了知名度和影响力，使参观者在旅游的同时也潜移默化地参与到非遗传承和文化传播之中。非遗与旅游的双向赋能，使非遗不再是束之高阁的古老技艺，拙政园在打造'园林+'过程中对非遗文化的深度利用，为园林事业发展拓展了更广阔的供给空间和增量空间。"

（资料来源：中国文化报，2023-05-15）

案例分析

一、文化旅游概述

随着社会经济的迅速发展，旅游活动空间日益扩大，旅游活动内容不断丰富，文化旅游成为旅游热点被各界广泛关注。世界旅游组织指出，全世界旅游活动中约有37%涉及文化因素，文化旅游者以每年15%的幅度增长。2018年中华人民共和国文化和旅游部正式挂牌。2022年党的二十大报告明确提出,坚持以文塑旅、以旅彰文,推进文化和旅游深度融合发展。随着文旅融合的不断深入,文化旅游也在不断创新发展。

(一)文化旅游的概念与特征

1. 文化旅游的概念

国内外对文化和旅游关系的讨论由来已久,现基本一致认为文化与旅游关系紧密、相互影响,概括地说,文化是旅游的灵魂,旅游是文化的载体。而文化旅游的概念则众说纷纭,尚未形成统一的定义。

美国学者罗伯特·麦金托什(1985)较早研究了文化旅游,他认为文化旅游囊括了旅游的各种行为活动,旅客可以利用这种活动了解当地居民的思想以及生活状态。国际古迹遗址理事会通过的《国际文化旅游宪章》(1999)也曾对文化旅游进行定义,认为文化旅游就是着重于文化环境及文化本身的旅游,包括旅游目的地的传统习俗、生活方式、工业、风景名胜、价值和休闲娱乐,还包括对当地的文物古迹、博物馆等进行参观考察,和当地居民进行深入接触。陶汉军(1990)认为通过旅游活动,旅游者在旅游过程中获得知识、经历以及感受就是文化旅游。马勇(1990)提出文化旅游就是将文化作为消费产品,旅游者利用自己的艺术鉴赏能力和历史知识来感受其中的文化内涵,获得精神满足的旅游行为,包括建筑文化、风俗文化、历史文化、宗教文化、园艺文化、饮食文化等。

2. 文化旅游的特征

文化旅游是文化和旅游相结合的产物,既具有文化活动的属性,又具有旅游活动的特性,进而形成文化旅游的特征。

(1)地域性。文化都有其特定的生长土壤,离不开特定的地域环境,因此,文化旅游具有独特的地域性。地域性是激发游客进行文化旅游活动的重要基础。

(2)互动性。在旅游的过程中,旅游者与东道主相互接触、双方文化互相影响。在文化旅游过程中,由于旅游者的空间移动和信息传播,客源地与目的地的社会文化也在进行接触、交流、互动。

(3)体验性。体验是在情感和思维的引领下,在心理层面将自身与对象融合而实现对意义、价值的感悟。在文化旅游过程中,人们通过自身的经历,对各种形式的文化资源进行学习、理解、感悟、传承,从而体验文化的内涵与意义。

(二)文化旅游的功能与价值

文化旅游的功能与价值可以体现在国家(地区)和旅游者个体两个层面。

1. 国家(地区)层面

(1)有利于旅游目的地塑造文化形象,提高知名度。文化旅游以文化为旅游吸引物,旅游目的地通过文化树立鲜明的旅游形象,能促进旅游目的地知名度的提升,吸引更多的旅游者,进而加强与其他地区的文化交流。

(2)有利于增强旅游目的地的文化凝聚力。通过文化宣传旅游目的地形象,会加深旅游目的地居民对当地文化的理解,提升居民的文化认同感,进而增强旅游目的地的文化凝聚力。

(3)有利于促进不同文化群体之间的交流。文化旅游是以展示旅游目的地文化特征为特点的旅游活动,规划设计、活动安排都围绕当地文化特点而展开,旅游者通过文化体验活动能加深对目的地的了解,进而增强交流、加深友谊。

2. 旅游者个体层面

(1)有利于开阔眼界。旅游者会基于对异质文化的追求而进行文化旅游活动。在文化旅游过程中,异质文化的体验能够加深旅游者对目的地社会文化的认识,在开阔眼界的同时使人感受生活的意义。

(2)有利于提高审美能力。审美情感是旅游者主观情绪的反应,属于高级情感类型,追求的是身心愉悦。旅游者在文化的熏陶下,能够培养审美情趣、提高审美能力。

【思考讨论】请列举某一旅游地文化与旅游融合的案例,并分析文化旅游带给旅游者的深度体验内容。

微课链接

文化与旅游融合的时代背景

二、文化旅游开发

(一)文化旅游开发的基本理念

1. 可持续发展

1987年,世界环境与发展委员会在《我们共同的未来》报告中第一次明确提出"可持续发展",即"既满足当代人的需求,又不对后代人满足其自身需求的能力构成危害的发展"。1992年,联合国环境与发展大会在巴西里约热内卢召开,通过了以可持续发展为核心的《里约宣言》和《21世纪议程》。中国政府在签署宣言的同时,还编制了《中国21世纪人口、资源、环境与发展白皮书》,首次把可持续发展战略纳入中国经济和社会发展的长远规划。

可持续发展强调公平原则,包括代际公平,同代人之间的横向公平,人与自然、其他生物之间的公平。文化旅游是对有形景观、无形精神进行审美同时得以享受的旅游活动,文化资源能否得以长久保存,取决于开发者是否具有可持续发展理念。我们既要充分挖掘文化资源的旅游潜力,又要合理利用文化资源,以免破坏、改变历史风貌,文化旅游既要满足当代人的需求,又不能阻碍后代人的发展。

2. 文化多样性

1992年在里约热内卢召开的世界环境与发展大会通过了《21世纪议程》,首次提出"文化多样性"。2001年《世界文化多样性宣言》指出文化在不同时代和不同地方具有各种不同的表现形式,并在国际法层面确认"文化多样性对人类而言就像生物多样性对维持生态平衡那样必不可少"。2005年《保护和促进文化表现形式多样性公约》对文化多样性的定义是"各群体和社会借以表现其文化的多种形式"。

文化多样性是交流、创作、创新的源泉,保护文化多样性与保护生物多样性一样必不可少。文化是人类共同的遗产,文化旅游开发过程中应从可持续发展角度注重文化多样性的保护。

(二)文化旅游开发的设计要点

1.旅游景区文化旅游开发

(1)注意景点之间的有机协调。以文化为背景的资源开发,每个景点都要有文化意味,不仅要形成一方小天地,还要注意整体效果,景区整体氛围要与景区文化主题相协调。

(2)注意文化内涵的呈现。文化旅游开发切忌肤浅,要深入研究文化内涵,既要避免单调枯燥的科学解说,又要避免大量庸俗解说,在科学与美学的基础上结合文化背景开发具有观赏性、体验性的文化旅游活动,以最佳形式让旅游者充分领略文化旅游的乐趣。

(3)注意参与体验活动的设计。若旅游活动仅停留在观赏文化景观层面,那么文化旅游者的需求将难以满足,因此,我们需要在项目中设计文化体验活动,通过参与性提高文化旅游质量,使旅游者在亲身体验中领略和感受旅游景区的文化内涵。

2.文化旅游主题线路开发

随着人们对文化旅游的需求不断提升,我们可以将丰富的文化旅游资源设计成专题旅游线路,通过文化旅游主题线路带动区域文化旅游的开发。

(1)选择目标市场。旅游市场日趋多元化,在主题线路设计前,我们需要先确定文化旅游产品的目标市场,研究目标市场群体的特征,从而在主题线路设计过程中最大限度地满足文化旅游者的需求。

(2)确定线路主题。每条文化旅游主题线路应该具有自己的特色,以鲜明的主题为核心,将相关的文化旅游景区和文化旅游活动有机串联,并注意在吃、住、行、游、购、娱等方面选择与主题密切相关的、具有地方特色的旅游产品。

(3)优化线路设计。综合考虑文化主题的展现方式及带给旅游者的文化感受,优化设计主题线路,根据"序幕—发展—高潮—尾声"依次设计旅游活动环节,将文化旅游主题线路如文艺作品般展现给文化旅游者,提升旅游者对文化主题的领悟。

微课链接
文旅产业融合发展的重点

拓展阅读
文化旅游开发的具体应用

知识卡片

原 真 性

原真性概念在哲学、考古学、语言学、社会学、人类学、文学、艺术等多个领域都在使用,时代变迁与社会发展不断为原真性提出新问题。一般认为,"authenticity"来自"authoritative"(权威的)和"original"(起源的)两个词语。

"authenticity"引入文化遗产领域始于《威尼斯宪章》(1964),在汉语中能与"authenticity"相对应的术语是用于鉴定文物的"真品"一词中的"真";徐嵩龄(2005,2008)根据"authenticity"的含义及《奈良真实性文件》中的相关理解,认为应将"authenticity"译为"原真性"。

"authenticity"引入旅游研究领域源于对现代社会失真性的认识。美国历史学家Boorstin(1964)在《从旅行者到旅游者:旅行艺术的丧失》一书中将托马斯·库克组织的大众团队旅游称为"伪事件"(pseudo-event),他认为这是一种"失真"(inauthenticity)。与之相反,美国社会学家 MacCannell(1973,1976)则认为旅游者生活在现代化、异化(alienated)的社会中,真实的东西越来越少,他们旅游的动机就是为了寻找本真,在他看来,现代化导致了宗教的衰落和世俗化,而旅游则取代宗教成为寻求"本真"(authenticity)和"意义"的新渠道,因而旅游是一种"准朝圣"。王宁(1999)在将 MacCannell 的旅游"本真"概念介绍到中文语境时,使用了"本真"一词来翻译"authenticity"。

综上,"authenticity"的中文译法都各有背景,但从遗产保护的角度来看,"原真性"与"本真性"的词义基本相似,"原"指"原生的","本"指"本来的",只不过目前社会学界、民俗学界通常用"本真性",而文化遗产保护界常用"原真性",与之相比,旅游界常用的"真实性"更强调旅游者的体验,但由于"真实"失去了"authenticity"中"原初"的含义,与遗产保护的国际准则相悖,所以在遗产旅游研究中,使用"原真性"应该更符合原意。

(资料来源:张朝枝《旅游与遗产保护——基于案例的理论研究》,南开大学出版社)

【思考讨论】原真性与文化旅游的关系是什么?原真性对于文化旅游开发有什么意义?

习近平的文化足迹丨嘉峪关长城:守护中华民族精神根脉生生不息

2019 年 8 月 20 日,习近平总书记来到嘉峪关,察看关城并听取长城保护情况介绍。他强调:"当今世界,人们提起中国,就会想起万里长城;提起中华文明,也会想起万里长城。长城、长江、黄河等都是中华民族的重要象征,是中华民族精神的重要标志。"

嘉峪关是明代万里长城的西端起点,它和附近的长城墙体、壕堑、关堡、烽火台等共同构成严密的军事防御体系,被称为"天下第一雄关"。

习近平总书记在考察时强调:"要做好长城文化价值发掘和文物遗产传承保护工作,弘扬民族精神,为实现中华民族伟大复兴的中国梦凝聚起磅礴力量。"

近年来,甘肃深入挖掘长城文化价值,加强对长城文化内涵的阐释,在保护基础上传承与创新,以时代精神赓续中华文脉。

(资料来源:节选自新华社,2023-07-09)

拓展阅读

习近平的文化足迹丨嘉峪关长城:守护中华民族精神根脉生生不息

通过查阅资料进一步了解长城历史文化,基于原真性视角探讨长城保护与旅游开发之间的关系,探索促进长城旅游可持续发展的具体方式。

任务二 全域旅游

任务描述：本任务主要学习全域旅游的概念与特征、理念核心与重大意义、发展原则和目标，并对全域旅游的发展模式、体系构建，以及全域旅游规划编制要点、实践路径等进行探讨。

任务目标：通过任务学习，掌握全域旅游的基本内涵，理解全域旅游理念对旅游规划实务的指导价值，辨析全域旅游规划与传统旅游规划的差异。

定日县全域旅游发展规划

西藏自治区日喀则市定日县生态区位特殊、民族文化独特，充满了神秘性与神圣性。县域内特色鲜明的高品质旅游资源禀赋具有绝对的垄断性与差异性，优势明显，旅游产业将是推进区域经济社会可持续发展的最佳路径与选择。紧抓新时代发展新机遇，站在生态文明建设、乡村振兴战略实施、新型城镇化建设、供给侧结构性改革等战略高度，以市场需求为导向，按照全域旅游的发展理念，全面统筹和谋划定日县旅游产业的系统开发与转型升级，具有重要的现实意义和战略意义。

一、全域旅游概述

2016年1月，国家旅游局组织召开全国旅游工作会议，明确提出全域旅游的发展方向。随后积极开展国家全域旅游示范区创建活动，全域旅游上升为国家旅游发展战略。随着全域旅游示范区创建工作的深入推进，社会各界对全域旅游的认识不断深化。全域旅游作为新时代旅游发展的新理念和新模式，涉及经济社会发展的各个领域，其目的不只是将特定区域的旅游产业做大做强，而是通过全域旅游实践提高旅游对相关产业的附加值；不只是要推动地区旅游收入的增加，而是要通过全域旅游实践推动地区经济的发展和综合效益的提高。可以说，全域旅游不仅是我国旅游化进程的重要表现形式，也是当前我国推动社会经济发展的重要方式。

（一）全域旅游的概念与特征

全域旅游是指将一定区域作为完整的旅游目的地，以旅游业为优势产业，进行统一规划布局、公共服务优化、综合统筹管理、整体营销推广，促进旅游业从门票经济向产业经济转变，从粗放低效型向精细高效型转变，从封闭的旅游自循环向开放的"旅游＋"转变，从企业单打独享向社会共建共享转变，从景区内部管理向全面依法治理转变,从部门行为向政府统筹推进转变,从单一景点景区建设向综合目的地服务转变,努力实现旅游业现代化、集约化、品质化、国际化,最大限度满足大众旅游时代人民群众消费需求的发展新模式。

全域旅游的基本特征有以下五个方面。一是旅游发展全局谋划。发展全域旅游,要立足于区域发展的战略高度,全域、高效、优化配置经济社会发展的各类资源,充分发挥旅游对国民经济和社会发展的带动作用,打造宜居、宜业、宜游的全域旅游目的地。二是旅游景观全域优化。发展全域旅游,需要按照景区标准统筹规划旅游目的地,整体优化环境、优美景观,实现处处皆美景、处处皆可游,将有吸引力的资源、要素转化为旅游业态产品。三是旅游治理全域覆盖。发展全域旅游,构建全域大旅游综合协调管理体制,创新区域治理体系,提升综合治理能力,形成旅游市场综合监管格局。四是旅游产业全域联动。发展全域旅游,要发挥"旅游+"功能,推动旅游与其他相关产业深度融合,树立全域旅游观,充分发挥旅游业消费拉动、要素融合、产业催化、功能集成等作用,延伸产业链条、提升产业附加值。五是发展成果全域共享。发展全域旅游,要充分释放旅游业综合功能,增强游客和当地居民的参与度和共享度,推动城乡一体化发展,实现全域旅游发展成果全民共享。

(二)全域旅游的理念核心与重要意义

全域旅游理念的核心在于"四新",即全新的资源观、产品观、市场观和产业观。全新的资源观是指不再将旅游吸引物单纯地分为自然旅游吸引物和人文旅游吸引物两种类型,还需要将吸引物自身与吸引物所处社会环境结合在一起,构建社会旅游吸引物类型,否则孤立的吸引物就如同博物馆中的展品,很容易丧失其鲜活的生命力和吸引力。全新的产品观不仅包括吸引物、吸引物所在的环境,还包括了吸引物所处环境中的居民,居民对所居城市的记忆和体验是游客感受目的地的重要媒介和信息来源。全新的市场观是指市场主体不局限于外来的基于旅游目的的游客,也包括本地的基于休闲需求的居民,全域旅游不仅要为外来游客提供优质的服务,还要充分考虑本地居民的利益。全新的产业观是指在全域旅游概念中,旅游的发展不是孤军奋战,而是在产业融合中共同发展,有些形成了产业之间的交叉,有些形成了产业之间的互相渗透,有些则通过产业之间的聚变反应创造形成了全新的产业。

全域旅游既是基于我国国情提出的重大发展战略,又反映出世界旅游发展的共同趋势和方向,成为新时代旅游业发展中的重大理论创新和实践突破以及指导全国旅游工作的重大战略方针,也是我国建设世界旅游强国的有效途径和抓手。发展全域旅游的重要意义可以概括为以下六个方面。一是开启新征程的有效路径。全域旅游是推进美丽中国建设和生态文明建设的有效路径,是建设"幸福中国"和"健康中国"的有效路径,为实现"两个一百年"奋斗目标和开启重大愿景的新征程提供了新路径。二是贯彻落实新理念的综合载体。推进全域旅游,是落实创新、协调、绿色、开放、共享的新发展理念的有效抓手,是旅游业贯彻落实新发展理念的重要体现。三是培育新动能的重要引擎。"旅游＋"方式不断加强第一、第二、第三产业融合力度，形成产业新载体、新产能和新动能，推动旅游产业发展的新旧动能转换，加大旅游供给侧结构性改革力度。四是乡村振兴和新型城镇化的有效载体。发展全域旅游可以加快城镇化建设进程，有效改善城镇和农村基础设施现状，实现人流、信息流、资金流、物流等在乡村和城镇间自由流动。五是转变发展模式的现实选择。全域旅游正在成为优化区域经济发展格局、调整产业结构、带动资源枯竭型城市转型、探索高质量发展模式的新选择。六是提升国际竞争力的重要平台。世界旅游发展的共同规律与方向就是全域化发展，且全域旅游目的地是旅游发展的高级形态，我国推动全域旅游发展是通过全方位、全域化资源优化，实现国际竞争力的提高，为世界旅游贡献中国力量。

（三）全域旅游的发展原则

统筹协调，融合发展。把促进全域旅游发展作为推动经济社会发展的重要抓手，从区域发展全局出发，统一规划，整合资源，凝聚全域旅游发展新合力。大力推进"旅游＋"，促进产业融合、产城融合，全面增强旅游发展新动能，使发展成果惠及各方，构建全域旅游共建共享新格局。

因地制宜，绿色发展。注重产品、设施与项目的特色，不搞一个模式，防止千城一面、千村一面、千景一面，推行各具特色、差异化推进的全域旅游发展新方式。牢固树立绿水青山就是金山银山理念，坚持保护优先，合理有序开发，防止破坏环境，摒弃盲目开发，实现经济效益、社会效益、生态效益相互促进、共同提升。

改革创新，示范引导。突出目标导向和问题导向，努力破除制约旅游发展的瓶颈与障碍，不断完善全域旅游发展的体制机制、政策措施、产业体系。开展全域旅游示范区创建工作，打造全域旅游发展典型，形成可借鉴、可推广的经验，树立全域旅游发展新标杆。

（四）全域旅游的发展目标

旅游发展全域化。推进全域统筹规划、全域合理布局、全域服务提升、全域系统营销，构建良好的自然生态环境、人文社会环境和放心的旅游消费环境，实现全域宜居宜业宜游。

旅游供给品质化。加大旅游产业融合开放力度，提升科技水平、文化内涵、绿色含量，增加创意产品、体验产品、定制产品，发展融合新业态，提供更多精细化、差异化的旅游产品和更加舒心、放心的旅游服务，增加有效供给。

旅游治理规范化。加强组织领导，增强全社会参与意识，建立各部门联动、全社会参与的旅游综合协调机制。坚持依法治旅，创新管理机制，提升治理效能，形成综合产业综合抓的局面。

旅游效益最大化。把旅游业作为经济社会发展的重要支撑，发挥旅游"一业兴百业"的带动作用，促进传统产业提档升级，孵化一批新产业、新业态，不断提高旅游对经济和就业的综合贡献水平。

旅游规划全域融合化趋势

【思考讨论】全域旅游如何体现文旅融合？

二、全域旅游创新实践

运用全域旅游思维指导引领新时期旅游规划发展工作,突破传统规划限制,重新定义和评价旅游目的地的旅游资源优势,全面改进地区旅游发展指标体系,强调突出绿色低碳发展和文旅深度融合,推动全域旅游规划由部门规划向综合性规划转变,由专家规划、政府规划向社会各界参与规划转变。

(一)全域旅游发展模式

全域旅游发展根据不同区域的资源禀赋和社会经济发展状况,分为五种典型的发展模式:①龙头景区带动型,以龙头景区为核心吸引物和动力源,按照全域旅游发展要求,围绕龙头景区部署基础设施和公共服务设施、配置旅游业态和产品、调整各部门职责,形成"景城一体化发展",典型代表有湖南张家界、四川都江堰等;②城市全域辐射型,以城市旅游目的地为主体,依托旅游城市知名度、成体系的旅游产品、便利的交通条件、完善的配套服务,以都市旅游辐射和带动全域旅游,促进城乡旅游互动和城乡一体化发展,典型代表有辽宁大连、福建厦门等;③全域景区发展型,把整个区域看作一个大景区来规划、建设、管理和营销,按照全地域覆盖、全资源整合、全领域互动、全社会参与的原则,实现"处处是景"的城乡旅游风貌,典型代表有浙江桐庐、云南大理、宁夏中卫等;④特色资源驱动型,以区域内高品质自然及人文旅游资源为基础,以特色民族、民俗文化为灵魂,推动文旅与其他产业共生共荣,谋划一批旅游新业态新产品,形成特色旅游目的地,典型代表有重庆武隆、云南抚仙湖等;⑤产业深度融合型,以"旅游+"和"+旅游"为途径,推动三产融合、旅游业与其他行业融合,推出一批跨界产品,提升区域旅游业综合竞争力,典型代表有南京江宁、北京昌平等。

(二)全域旅游体系构建

全域旅游涉及区域经济和社会发展的方方面面,发展全域旅游一定要树立"大旅游""大资源""大市场""大产业"等观念,构建互联互通的旅游交通体系、服务设施完备的旅游接待体系、全时可体验的旅游产品体系、优美整洁的旅游环境体系、全业融合的旅游发展体系、全域监管数据共享的旅游信息体系以及全民参与全民共享的旅游服务体系。

(三)全域旅游规划编制要点

全域旅游规划的编制应从全域旅游发展的基本理念或模式的角度出发,来思考全域旅游规划的重点和内容,涵盖《全域旅游示范区创建工作导则》中的主要内容,包括规划融合与统筹、旅游要素规划、旅游公共服务规划、旅游资源环境规划、旅游优质服务规划、旅游品牌营销规划、旅游体制机制设计、旅游政策供给与创新等。全域旅游规划编制应当做到"八要"：一要起点高，不能简单地将全域旅游等同于国民经济和社会发展的规划或产业发展的规划，必须充分体现发展全域旅游的战略思路、重点项目和细化方法；二要定位准，结合规划区域的资源特点及文化禀赋，找准产业定位；三要结合紧，注重以示范区、示范基地带动区域旅游产业转型升级、促进旅游与相关产业融合发展，推动旅游业结构升级；四要基础实，要重视全域旅游区的企业集聚，重视扶持龙头企业，培育上市公司；五要方向正，具体产业选择上应当突出数字文化产业、新媒体发展、本土文化资源和产业资源整合，打造旅游文化名片、塑造文化品牌形象；六要项目新，建设若干个具有品牌效益的特色旅游项目，如结合区域民族文化、红色文化等，策划一批参与性、互动性、体验性强的重点项目；七要链条长，注重在创意、策划、产品研发、产业配套、营销、广告、品牌授权、对外连锁经营、夜游、人才培训等方面的全产业链打造；八要不跟风，避免硬件式思维、盲目跟风、重复建设、占用过多土地资源、重点不突出的项目。

（四）全域旅游规划实践路径

全域旅游规划要实现五个目标，并起到相应的示范引领作用。一是实现旅游治理规范化，成为体制机制改革创新的典范；二是实现旅游发展全域化，成为目的地建设的典范；三是实现旅游供给品质化，成为满足大众旅游消费需求的典范；四是实现旅游参与全民化，成为全民参与共建共享的典范；五是实现旅游效应最大化，成为旅游业惠民生、稳增长、调结构、促协调、扩开放的典范。

全域旅游规划要突出六项原则。一是突出改革创新，始终将改革创新作为创建工作的主线，构建全域旅游发展新局面；二是突出党政统筹，充分发挥地方党委、政府的领导作用，形成推动全域旅游发展新合力；三是突出融合共享，大力推进"旅游＋"，形成全域旅游共建共享新格局；四是突出创建特色，形成各具特色、差异化推进的全域旅游发展新方式；五是突出绿色发展，实现经济、社会、生态效益共同提升，开辟全域旅游发展新境界；六是突出示范导向，强化创建单位的示范引领作用，树立全域旅游发展新标杆。

全域旅游规划要落实好八方面任务。一是创新体制机制，全面构建现代旅游治理体系，促进部门行为向党政统筹推进转变；二是加强规划工作，全面做好全域旅游顶层设计，促进分头规划向区域内"多规合一"转变；三是加强旅游设施建设，全面创造和谐旅游环境；四是提升旅游服务，全面推进服务人性化、品质化，促进粗放低效旅游服务向精细高效旅游服务转变；五是丰富旅游产品，坚持融合发展、创新发展，全面丰富旅游产品有效供给；六是实施整体营销，促进传统的旅游产品营销向全域整体营销转变，全面凸显区域旅游品牌形象；七是加强旅游监管，全面强化依法治旅，保障游客权益；八是优化城乡环境，全面营造旅游发展良好社会环境，促进单一景点景区建设管理向综合目的地服务转变。全域旅游最终要努力实现旅游业现代化、集约化、品质化、国际化，最大限度满足大众旅游时代人民群众消费需求。

主客共享

　　主客共享中的"主"为旅游目的地东道主,"客"为游客,目前学术界对于主客共享的概念缺乏统一的界定。主客关系一直作为旅游学者的研究对象,20世纪70年代末,瓦伦·L.史密斯所著的《东道主与游客:旅游人类学研究》研究了旅游业发展带给旅游目的地东道主的影响,分析了东道主和游客间的关系,为研究主客关系奠定了基础。Nash在《旅游人类学》中指出,作为旅游活动过程的服务提供者和消费者,主客之间的交往关系是不平等的,进而产生了主客情感差异、主客利益冲突等主客对立关系。随着共享经济的发展,特别是新发展理念的提出,"共享"一词迅速进入大众视野,共享住宿、共享汽车等整合资源的旅游相关产业日益发展壮大。而这种服务交换过程中的主客关系趋于平等,"主"与"客"从"二元二体"的对立关系转变为"二元一体"的融合关系。让游客像当地居民一样真实地体验当地的生活方式和风土人情,有助于游客了解旅游目的地原有面貌,满足游客对于本真性的旅游体验诉求,即在旅游过程中脱离"表演的舞台",感受当地的人文风貌和生活场景,像当地人一样体验"后台区域"(back regions)。而当地人(即东道主)则可以在获得旅游收益的同时,通过地区旅游业发展促进文化繁荣、改善基础设施、切实提高生活品质,以及与游客共享旅游发展成果。

【思考讨论】全域旅游与主客共享之间的关系是什么？在全域旅游发展过程中,如何营造主客共享生活场景？

定日县全域旅游

　　定日县是世界第一高峰珠穆朗玛峰(简称珠峰)所在地,被誉为珠峰第一县,这里的旅游资源集雄、奇、险、壮、美于一体,是世界各地游客向往的重要旅游目的地。

　　到珠峰景区,赏巅峰之美。珠峰景区是一个让人流连忘返的绝美之境。在这里您可以从珠峰大本营向南望去,欣赏到世界独一无二的"珠峰旗云"等自然景观。

　　到珠峰景区,品景色之秀。在被誉为"世界十大景观之一""世界最美丽的山谷""世界十大经典徒步线路之一"的珠峰东坡嘎玛沟,可以欣赏到巍峨连绵的雪山冰峰,如镜似玉的湖泊海子、造化神秀的峡谷森林。

　　到珠峰景区,享文化之韵。漫步世界之巅,在最接近天的地方,感受一下跳"洛谐"的快乐,品一品藏宴的鲜香,看一看藏服的缤纷。

到珠峰景区,感服务之诚。我们不断加强旅游配套,提升接待服务质量,完善基础配套,珠峰小镇加快建设。

(资料来源:"云上的格桑花"2023年定日县珠穆朗玛峰文化旅游推介会)

知行合一

根据《定日县全域旅游发展规划》,补充查阅定日县旅游发展现状相关资料,对照《国家全域旅游示范区验收、认定和管理实施办法(试行)》和《国家全域旅游示范区验收标准(试行)》,分析定日县全域旅游示范区创建当前存在的短板和不足。

任务三 体验旅游

任务描述:本任务主要学习旅游体验的本质、峰终定律、体验旅游设计的创新方法,并对体验旅游的价值共创与创意设计、契机与融合等创新实践方法进行探讨。

任务目标:通过任务学习,掌握体验旅游理念的基本内涵,理解体验旅游对旅游规划实务的指导价值,能够从体验旅游视角分析不同类别旅游规划典型案例。

同步案例

只有河南·戏剧幻城:文化+旅游"共鸣于心"的新一代文旅产品

如果告诉你,这世界上有这样一面墙:它是用来自黄河岸边200多立方米的黄土垒砌而成,而在这个高达9米的夯土墙上,写满了河南省下辖市县的名称,你会相信吗?如果让你在这面夯土墙上寻找自己的家乡、自己的姓氏,你觉得会是一种什么体验?

如果再告诉你,在这面夯土墙的里面,还有一个由椅子拼凑成的椅阵,这个椅阵被折叠起来,从你的视线内看过去,椅阵仿佛悬在空中。你能想象到你在看椅子的时候,椅子也在看你这种奇妙的感觉吗?

现在可以告诉你,以上这些震撼的、类似想象的描述都是真实存在,它们全部存在于全新文旅项目"只有河南·戏剧幻城"之中。

(资料来源:中国旅游协会,2022-12-19)

一、体验旅游概述

体验经济是以信息技术的高速发展为背景,以健全成熟的服务经济为基础,在新消费方式和需求下产生的经济模式,其最明显的特征就是消费的"个性化",即消费群体更加遵从内心需求,愿意为个性化的体验支付更高的价格。在体验经济背景下,旅游体验设计已不再局限于对某一旅游场所的简单装饰,更要遵从人本主义原则,以满足游客多样化、情感化的出游需求为目的,运用创新的设计手法,凸显视觉美感与人文关怀,从而打造良好的服务环境与消费环境,营造愉悦的旅途生活氛围。

(一)旅游体验的本质

从本质上看,旅游个体通过与外部世界取得暂时性的联系从而改变其心理水平并调整其心理结构的过程就是旅游体验。目前,"旅游体验"正被纳入旅游学研究的范畴,逐渐成为旅游知识共同体所认同的"内核""共核"或"基点",在旅游哲学一元论的构建上被赋予了独特而重要的地位,已然成了一个热门的显性研究领域。

首先,旅游体验是一个心理现象、情感现象和精神现象。旅游作为一种休闲现象,是人们出于愉悦的目的,暂时离开常住地,展开对新奇和快乐的追求。这一根本点决定了旅游者的心理不同于人们日常生活中的其他心理,这种变化是旅游的魅力,是旅游现象独立存在的理由。其次,旅游体验的一个显著的独特性就是,这种心理、情感和精神现象的实现过程和方法都与旅游世界中存在的、被构建的和被解读的符号有关。这不仅是因为符号是文化系统的重要表征、是社会成员沟通交流的重要工具,还因为符号本身构成了旅游世界的魅力源泉,是旅游者本能的"凝视"所在。最后,作为旅游体验的原因和结果的一个方面,旅游世界中的社会关系是日益重要且值得研究关注的,旅游中的人际交往是充满符号寓意的互动仪式。

学者谢彦君(1999)指出,旅游体验是旅游个体通过与外部世界取得联系,从而改变其心理水平并调整其心理结构的过程,是旅游者的内在心理活动与旅游者所呈现的表面形态和深刻含义之间相互交流或相互作用后的结果,是借助观赏、交往、模仿和消费等活动形式实现的一个时序过程。

从旅游者的视角看,旅游体验就是用自己的生命来验证旅途中的事实,感悟生活之外的旅游世界,留下印象。体验到的东西会使得我们真实地感受现实,并在大脑中留下深刻印象,使我们可以随时回想起曾经亲身感受过的生命历程,也因此对未来有所预感。

(二)体验旅游的峰值和终值

心理学家丹尼尔·卡尼曼经过深入研究发现对体验的记忆由两个因素决定,即高峰(无论是正向的还是负向的)时与结束时的感觉,这就是峰终定律(peak-end rule)。这条定律基于潜意识总结体验的特点,即在体验过一项事物之后,人最能够记住的多是在高潮和结尾时的感受。

(三)体验旅游设计的创新方法

与以往旅游产品相比,体验旅游更加注重的是游客对旅游产品的内心感受和体验,即给游客带来的一种有别于其本身生活的体验过程,它能为游客带来不同地域或不同年代的生活体验等。体验经济时代下的旅游设计通常使用"六化"创新手法。

1. 项目设计的主题化

旅游体验设计必须服务于旅游项目的"主题"定位,在主题整合下,形成项目的独特吸引力,凸显"独特性",形成主题品牌。这种围绕主题展开旅游设计的方法和趋势称为旅游设计主题化。旅游项目规划设计中的所有景观,从入口、游乐项目、标志性建筑到接待设施、休闲项目、引导系统等,都应该围绕"主题"进行展开,这样才能达到整体景观的最佳效果。主题化的景观设计,可以有效地将主题通过景观充分地表现出来,以增强吸引力。

2. 环保资源的生态化

旅游体验设计要求有高标准的生态和审美环境,这使得不符合生态和谐性要求的设计无法得到认同。以生态和谐为特点,形成绿色生态、环保节能效应是旅游设计的基本要求,而生态材质、本土化植物、低耗能技术等环保资源和技术的运用,是旅游生态化的重要手段。

3. 体验内容的本土化

在旅游体验设计的过程中,要充分与当地传统文化、民族风俗和生活习惯相结合,通过本土化材料运用、本土化植物配置、本土化建筑风貌打造等手法,还原当地的景观风格,展现地域特色文化魅力,为游客打造本土化的游览氛围。

4. 项目设施的游乐化

旅游体验设计的"游乐化",是指运用文化、科技等元素,在规划项目中的功能型建筑和设施中融入趣味化体验,包括虚实结合的场景、时空穿越的游乐设施、亲近自然的食宿空间、主客互动的文创体验等,以满足游客追求新鲜感、个性化、差异化的出游需求,使得功能型建筑和景观具备更强的吸引力。

5. 景观环境的情境化

旅游体验设计情境化,就是让旅游环境变成制造情境的手段,让景观环境成为体验过程中的道具和工具。在旅游设计中,要求用"情境化"的手法进行设计,旅游要素中的每个环节都要围绕主题定位展开,形成"情境"氛围,达到游客在情境之中体验和感悟的效果。通过情境化设计,游客可以将自然与文化资源转变为人性化的观赏过程,转变为具有吸引力、可使游客兴奋的产品。

6. 体验环境的互动化

互动性是体验式环境的关键要素,在原本静态的场景中植入鲜活的、互动的感知元素,能够赋予旅游项目生命力和吸引力。旅游设计要从人的感知系统出发,围绕视觉、听觉、嗅觉、味觉、触觉和知觉展开,可归纳为感知设计与共鸣设计。感知设计是针对前五项的设计,包含色彩、形态、气味、声音、机理等可感知物理特征的设计;共鸣设计则是一种文化设计,涉及符号、文字及内容等具有特定代表性的文化要素,可同特定的游客产生情绪共鸣。在设计中要以共鸣为先导思路,分解共鸣文化的特征要素,继而引导感知设计,营造互动的游客体验氛围。

【思考讨论】如何通过旅游设计实现体验旅游创新?

二、体验旅游创新实践

(一)沉浸式体验的关键是价值共创与创意设计

为鼓励沉浸式业态发展,国家出台了一系列政策。2019年,《国务院办公厅关于进一步激发文化和旅游消费潜力的意见》提出,促进文化、旅游与现代技术相互融合,发展基于5G、超高清、增强现实、虚拟现实、人工智能等技术的新一代沉浸式体验型文化和旅游消费内容。2020年,《文化和旅游部关于推动数字文化产业高质量发展的意见》明确提出发展沉浸式业态。2021年3月,国家发改委等28部门联合发布的《加快培育新型消费实施方案》提出,加快文化产业和旅游产业数字化转型,积极发展演播、数字艺术、沉浸式体验等新业态。我国的沉浸式体验项目呈指数级增长,至2019年已有1100个沉浸式体验项目。全球沉浸式娱乐产业(含主题公园)的价值在2019年达618亿美元。

沉浸式体验的本质是价值共创,设计者需要充分考虑消费者需求,投其所好,并吸引消费者自主参与。虽然各地均在推广沉浸式旅游体验,但现有项目质量参差不齐,仍有迭代升级的空间。设计者应了解消费者的兴趣与爱好,为其提供价值共创的机会,适时制造有趣的互动体验节点。例如,近些年剧本杀备受年轻人喜爱。《2021实体剧本杀消费洞察报告》显示,国内剧本杀市场规模超150亿元,消费者规模达941万人次,其中超过70%是30岁以下的年轻人群,且近一半的消费者每周会参与剧本杀项目1次以上。剧本杀与旅游体验的融合是提供价值共创平台,进行沉浸式体验的创新方式之一。例如,同程旅行与滕王阁景区打造的《宴游飞阁》不仅再现了盛唐实景,而且参与者在游览景区时可换装体验沉浸式剧本杀,活动中有专业的NPC(non-player character,非玩家控制角色)发布任务,借此与游客一起创造出独一无二的体验。

沉浸式体验的核心是创意设计,设计者需要加强故事情节设计和优化体验感来满足消费者的猎奇心理。首先,创意设计需要为消费者提供未知感,鼓励其去探索。比如英国先锋剧团将莎士比亚经典作品《麦克白》改编为沉浸式舞台剧《不眠之夜》在上海推出。观众们没有固定座位,与演员之间也没有舞台间隔,且没有统一的剧情。观众可随着自己的步调穿梭在这个史诗般的故事中,自由选择故事线,感受属于自己的剧情。与此相似的沉浸式舞台剧还有《南京喜事》《爱丽丝冒险奇遇记》《死水边的美人鱼》等。与传统舞台剧不同,沉浸式舞台剧更强调观众的参与和选择。其次,引人入胜的故事情节是设计沉浸式体验的基石。无论是艺术展览、舞台剧抑或景区,都需要具有故事感。体验是故事性的实体化,提供清晰且无缝衔接的故事线是沉浸式体验设计的关键。不成功的设计大多源于剧情过于零散和无趣。不清晰的故事线,会让参与者不知所措,无法身临其境;而简单枯燥的故事,会使参与者失去兴趣,无法意犹未尽。最后,创意设计的展现方式为结合高科技手段,增强画面感和代入感,营造增强感官体验的场景空间。随着科技的发展与普及,全息投影技术、裸眼3D技术、互动体验技术、数字动画技术、5G网络、人工智能、虚拟现实、增强现实和混合现实等均已应用到体验设计之中。

(二)沉浸式体验的契机是科技进步与元宇宙构建

沉浸式体验项目的蓬勃发展离不开科技的进步以及数字经济的宏观背景。《"十四五"数字经济发展规划》要求到2025年,数字经济核心产业增加值占GDP比重达到10%,并明确了人工智能、区块链、云计算、大数据、物联网和工业互联网等重点产业。元宇宙的构建,也为沉浸式体验项目的发展提供了契机。"元宇宙"是2021年中国十大热门词语之一。元宇宙的概念始于1992年尼尔·斯蒂芬森发表的科幻作品《雪崩》(Snow Crash)。元宇宙是对现实世界的数字化与虚拟化,通过扩展技术提供沉浸式体验,基于区块链平台搭建经济体系,将现实与虚拟的生活、经济和社交系统紧密融合,形成新型社会体系的数字生活空间。简言之,元宇宙就是利用高科技打造虚拟环境,为消费者提供沉浸式虚拟空间。此外,虚拟现实、全息投影技术和5G网络是沉浸式体验设计中的重要科技手段。

虚拟现实技术可以打造沉浸式拟真世界。与传统的视听体验不同,虚拟现实是利用三维动态视景,让参与者身临其境。虚拟现实技术已普遍应用于文化与旅游产业,它可以在游客出行前和出行中提供沉浸式体验。英国国家旅游局曾推出"非凡英国"旅游项目,即通过360°虚拟现实技术,展现英国的非凡旅游景点,旨在吸引更多人前往英国旅游。此外,虚拟现实技术也可高度还原某一段历史时期或文物古迹。例如,南昌虚拟现实主题乐园利用科技展现1000年前南昌的繁华市井,游客可以沉浸式体验老茶馆的热闹,感受武状元比武的风采,到访万寿宫、绳金塔和滕王阁等历史古迹。

全息投影技术和5G网络呈现全方位体验空间。沉浸式体验注重视觉、听觉、触觉和嗅觉等感官的全方位体验。扬州大运河博物馆2021年推出了"5G大运河沉浸式体验区",运用裸眼3D技术为游客营造奇幻虚拟之旅。游客无须佩戴虚拟现实设备,即可游览17座运河城市的美景。全息投影营造的立体视觉效果,使游客仿佛亲临美丽的运河城市,感受运河的文化与生活气息。全息投影技术也在平昌冬奥会闭幕式上"北京8分钟"的演出中有所体现。演出利用360°全息幻影成像系统,通过声、光、电、影和音的结合,展现中国结、熊猫等中国元素,呈现精彩绝伦的视觉盛宴,提供独具特色的沉浸式体验。沉浸式的凡·高展览更是注重多感官的结合,参观者不仅可以看到全息投影打造的凡·高画作,还可以闻到浮动的香气,听到悠扬的古典音乐,多感官的体验使参观者沉浸于凡·高的创作之中。

(三)沉浸式体验的融合是多元化与互动式旅游

在创新科技的推动下,多感官体验是现代旅游的特色。随着"90后"逐渐成为消费主力,其消费习惯已逐渐从购买实体商品转变为追求娱乐体验,更加注重体验的多元化与独特性。旅游体验不只限于景区内的体验,沉浸式体验娱乐行业正在快速蓬勃发展,已衍生出沉浸式马戏团、沉浸式餐厅和沉浸式酒店等复合型沉浸式体验项目。德国隆卡利马戏团是第一个利用全息投影为观众提供360°虚拟体验空间的马戏团。随着社会文明的进步,以动物表演为主的马戏团遭到了众多动物保护者的强烈反对。德国隆卡利马戏团使用 11 台投影仪组成 3D 野生动物阵列。此虚拟体验既可避免动物受到伤害,亦可以增进观众对动物的了解,增强环保意识。沉浸式餐厅通过满足用餐者视觉、听觉和触觉全方位感官,为餐饮增添独特的艺术氛围。比如深圳花舞印象艺术感官餐厅会为不同的菜品营造柳树飘扬、樱花漫天飞舞和鹊桥相会等场景。沉浸式酒店不仅为游客提供住宿场所,更提供众多主题活动,丰富住宿体验。比如迪士尼推出的"星球大战:银河星际巡洋舰"主题酒店会通过人物扮演和游戏活动,让游客仿佛穿越到《星球大战》电影之中。

沉浸式体验项目的可持续发展需要统一规划。沉浸式体验项目近些年发展迅猛,容易出现同质化产品,因此,各地需要统筹规划,避免相似的沉浸式餐厅、沉浸式酒店或沉浸式展出的重复出现。过多雷同的项目容易让游客产生审美疲劳,难以全身心投入体验当中。另外,互动式体验是营造沉浸式空间的关键。比如沉浸式的凡·高展览提供了互动体验与打卡拍照的主题空间及艺术课体验,人们从过去被动的参观者,转变成为主动的参与者和价值创造者。

拓展阅读

飞猪发布"超级目的地"创新营销解决方案为目的地量身定制"旅行+X"体验

知识卡片
Zhishi Kapian

拟 剧 论

拟剧论又称戏剧论,是由美国社会学家欧文·戈夫曼(Erving Gofman)在深入研究人们在他人眼中制造形象的过程之后所提出的一项社会互动理论。戈夫曼的思想集中体现于其著作《日常生活中的自我呈现》一书中,他提出的自我展示、仪式和框架等重要概念被多个不同理论广泛吸纳。戈夫曼认为社会是一个舞台,全体社会成员在这个舞台上扮演不同的角色。人们都在社会互动中"表演"自己,塑造自己的形象并更好地达到自己的目的。戈夫曼运用了诸如"剧本""表演者""观众""角色""后台""前台""面具""道具"等戏剧用语,对人们在日常生活中进行社会互动的过程做出了解释。戈夫曼认为社会互动规则的存在是社会生活秩序井然的原因之所在,社会成员则是舞台上的表演者,他们对于如何在诸多观众(与其互动之人)面前塑造良好的社会形象分外关心。在借助拟剧论进行微观互动研究时,戈夫曼将人们的社会行动划分为角色表演和角色外互动两种。基于拟剧理论的旅游体验场景创造性设计和资源整合如图 11-1 所示。

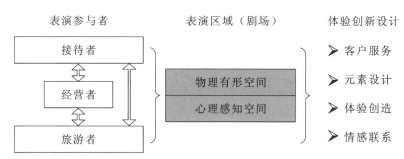

图 11-1 基于拟剧理论的旅游体验场景创造性设计和资源整合

【思考讨论】运用拟剧论相关知识,分析飞猪发布的"超级目的地"的旅游体验要素和创新策略。

大型红色舞台剧《重庆·1949》:弘扬红岩精神,传承红色基因

《重庆·1949》是一部践行习近平总书记对文艺作品"有筋骨、有道德、有温度""努力彰显信仰之美、崇高之美"要求的大型红色舞台剧,在建党百年之际,由重庆兴亚控股集团有限公司投资,由著名旅游专家、策划人张小可和著名导演李捍忠担纲策划和创作,集结多位国家一级编剧、导演、知名音乐制作人等,以及参加过北京奥运会、意大利都灵冬奥会、上海世博会等一众国际舞美大师团队参与制作,肩负着"弘扬红岩精神,传承红色基因"时代使命的红色历史大剧。

目的地本身的旅游资源是相对固定的,但旅行体验总是需要差异化,实现的路径有哪些?

任务四 善行旅游

任务描述: 本任务主要学习善行旅游的概念与特征、功能与价值、发展原则、目标与愿景,并对善行旅游的发展路径、开发机制、技术与方法等进行探讨。

任务目标: 通过任务学习,掌握善行旅游的基本内涵,理解善行旅游对旅游规划实务的指导价值,能够从善行旅游视角分析旅游目的地旅游规划典型案例。

同步案例

松赞的善行旅游实践

松赞(SONGTSAM)是一家以藏族文化为特色、以度假酒店为依托、以线路产品为卖点的旅行服务商,业务涵盖酒店、旅行、公益及文化传播。作为国内首家藏地精品酒店集团,旗下酒店分布在滇藏两地"三江并流"横断山脉及"世界屋脊"喜马拉雅山脉,这里自然风景优美、在地文化独特。松赞的线路产品分为以酒店度假为核心的一地游"林卡度假"系列和以越野车队和旅行管家为服务主体的长线游"松赞旅行"系列。产品空间区域主要涉及云南大香格里拉地区环线(一环)及东起丽江西至拉萨的茶马古道滇藏线(一线)。线路产品既有常规性产品,也有季节性、定制化产品;是集酒店度假、文化体验、自然旅行于一体的体验线路。

松赞将"追寻香巴拉内心的自在与安宁"作为企业核心价值观和愿景,以发掘和保护藏族文化精髓为企业责任,为每一个渴望超越所限、延展空间和自由的人建造"远方的家",开启了一扇通往传说中香巴拉秘境的"隐秘之门"。松赞希望旅游者能通过其营造的人与自然、人与社区、人与精神世界的凝视与交往,在审美和移情的体验过程中理解藏区生活方式,为自己开启心灵之门,以完成"追寻快乐源泉"的使命。

(资料来源:松赞官网,https://www.songtsam.com)

案例分析

一、善行旅游概述

在从观光旅游、休闲旅游向体验旅游深度发展的新业态下,旅游产业建设应从高速度发展向高质量发展转变。在满足大多数人日常消费的大众旅游产品的基础上,旅游目的地应通过产品创新与改造升级提升旅游产品质量,提高人民群众的获得感和幸福感,增进社会福祉。善行旅游由亚太旅游协会(PATA)于2011年提出,黄山风景区是国内较早践行善行旅游理念的景区,提出"环境影响最小化、经济产出最大化、社会效益最优化和游览体验最佳化"的发展愿景。其后,海南呀诺达雨林文化旅游区成为联合国教科文组织信托基金项目"善行旅游——促进遗产保护与人的发展"的基础调研点。善行旅游是蕴含东方智慧的新型旅游消费理念与行为准则,体现了"善待自然、善待他人、善待自己"的宗旨。

(一)善行旅游的概念与特征

善行旅游(good tourism)是基于"天人合一"理念的旅游行为准则,主张在旅游中切实保护遗产的真实性、完整性与多样性,并协调人与自然的关系,实现人自身的全面发展,其目标是建立共生共荣的自然世界与多元和谐的精神家园。

善行旅游是基于东方传统文化基因而产生的一种新型旅游消费理念与行为,是旅游可持续发展和本土化实践的一种新尝试。作为一种新型旅游消费理念,善行旅游是对生态旅游、低碳旅游等概念的继承与发扬、提升与拓展,它不仅关注生态环境,也关注文化遗产;更侧重道德准则或行为准则,而不是具体产品。传统旅游统计体系主要以旅游人数、旅游收支、停留天数等旅游活动的基本量化指标来评价旅游发展状况。随着旅游产业的纵深发展,衡量标准除了经济指标,更应关注旅游体验、旅游效应等社会福祉相关要素。善行旅游运用"天人合一""和而不同""各美其美,美美与共"的东方智慧,将绿色旅游、生态旅游、低碳旅游、公益旅游、可替代性旅游、负责任旅游和可持续旅游等现代旅游发展理念与模式进行"国际化思维、本土化行动"的有机融合,影响旅游管理者、经营者、研究者、旅游者和社区的态度与行为,关照包括自然在内的利益相关者的发展。

(二)善行旅游的功能与价值

在大众旅游时代,旅游目的地形成以"门票经济"为主的发展模式,而基于参与性、互动性更强的深度体验诉求,则可将旅游目的地引领到包括经济、文化、社会和环境等综合效应协同发展的轨道上,其带动能力和融合作用通过社区参与行为,改善旅游目的地的生活质量、规划管理、利益分配等环节,推动教育、科研、公共服务等方面的发展。当代旅游者对幸福的追求与旅游目的地全体居民新的幸福水平相吻合。如果把经济需求与道德和可持续发展的需求结合起来,旅游业将有一个辉煌而成功的未来。

随着城市化进程的加快和后工业化时代的来临,人们对传统乡土生活的怀念与期待,以及对自然生态体验的渴望,使愉悦的体验性游历成为新的生活需求,成为现代旅游产业发展的实际基础和核心内容。旅游目的地产品的核心价值在满足旅游者已知需求的同时,引导和提供以社会共识为基础需求的产品,以哲学思维指导旅游者获取审美情感、伦理道德、人生价值、思想境界的精神力量。旅游者可通过善行旅游达到天人合一的境界,满足更高层次的需求,尤其是爱与归属和尊重等层次的精神需求。以自我实现为发展目标的愉悦和畅爽的旅游体验应成为旅游目的地的核心产品。

(三)善行旅游的发展原则

善待自然。旅游活动应以尊重自然为前提,最大限度地依循自然面貌和规律为准则,增进人与自然的和谐关系。

善待文化。旅游活动应奉行文化平等原则,切实保护文化遗产,发挥文化交流和促进作用。

善待他人。旅游活动应奉行人人平等原则,倡导更加友好、谦逊、善良的旅游行为。

善待自己。旅游活动应将促进人的发展作为重要的功能和目的之一加以认识、宣传并切实为之努力,在人的全面发展中发挥积极作用。

(四)善行旅游的目标与愿景

善行旅游促成"善世"。善行旅游的目标是建立共生共荣的自然世界与多元和谐的精神家园,实现人天相调、天人相亲的和谐图景。善行旅游将社会平等、经济公平、文化和谐、环境永续视作人类共同的目标和愿景,通过引导各方保护、利用和享受自然和文化遗产,为所有人带来可持续的、长久的利益。塑造今日旅游精品,为子孙后代、为长远的未来创造文化遗产,促进自然与文化遗产的多样化发展。

微课链接

善行旅游理念

善行旅游培养"善人"。善行旅游鼓励公民遗产友善行为,鼓励各利益相关者成为遗产的守护者、创造者与受益者。旅游者在善行旅游过程中铸就"和平共处、平等相待、相互宽容、视人如己、慈悲博爱"的品格,从安乐、经解脱、到觉悟,逐渐升华,将旅游的利益共同体转化为文化命运共同体。

善行旅游促成善世与善人相调相顺,美人之美,美美与共,天下大同。

【思考讨论】善行旅游理念与中国传统文化中的哪些元素相契合?

二、善行旅游创新实践

在旅游规划活动中,应以善行旅游理念为指导,优化要素配置,净化生态环境,保护文化原真性,关注利益相关者,通过旅游发展机制、产业体系、产品形态和服务理念等旅游规划内容的创新设计,达成旅游可持续发展目标。

(一)善行旅游的发展路径

在后现代旅游时代,旅游导向从商业化的实用导向向生活化的心灵导向转变,旅游消费倾向符号、象征、信仰和体验消费,旅游空间格局由集聚化转变为分散化,旅游发展理念应体现绿色自然、情感体验、个性本我和健康公平,从而实现旅游者与目的地包括目的地居民的心灵共鸣。区域旅游项目通过景观体系、游憩活动、服务体系、主题活动、文创商品和游程控制等环节的开发设计,实现旅游产品从周游型到逗留型、从综合型到专题型、从观光型向体验型的属性转变。善行旅游理念契合当代旅游的体验需求和可持续发展趋势,为旅游目的地的旅游规划、旅游产品转型与升级提供了创新视角。

(二)善行旅游的开发机制

善行旅游开发要树立"重义轻利"与"以义取利"的义利观;突出重资源保护与人类之大义,轻个人之小利。旅游开发之利应基于资源保护之义和社区发展之义。

建立保护开发协调机制。选择我国自然与文化旅游资源开发与保护案例,进行类型、绩效、运行机制、适用条件与局限等方面的总结,探索旅游活动与保护协调的典型模式,解决目前普遍面临的保护与开发、政府与市场、商业化与真实性、开发商与社区等二元对立困境。建立保护开发协调机制的主要举措包括:构建多方参与的利益分配机制,确定合理的产权激励机制,构建持久的、多方参与的监控机制,建立中国式的"社区共管"机制与旅游助力乡村振兴的机制,采用遗产友好型开发模式(生态博物馆模式、文化大舞台模式、景观嘉年华模式等),创设自然遗产与文化遗产、物质遗产与非物质遗产之间的互动保护模式,采取非传统的差异化、低成本高效益的游击营销(guerrilla marketing)方式。

推行本地化。通过雇佣本地居民、建立本地供应链、扶持成立本地企业、支持使用当地提供的服务设施等方式,确保让当地居民获得更多利益。依托地方艺术、手工艺及所在地文化资源发展旅游业,让更多的当地居民受益。

拓展阅读

善行旅游导则

(三) 善行旅游的技术与方法

善行旅游要与时俱进,积极探索新技术与新方法,使管理向高效、智能、活化方向发展。相关技术与方法,如应用保护自然资源的生态标识、生态足迹管理方法;保护文化资源的数字遗产管理技术;保护大运河、丝绸之路、长城之类线形遗产的遗产廊道(heritage corridor)方法;保护非物质文化遗产的地域性与整体性的文化空间(生态博物馆、民俗村和文化生态保护区等)模式。例如,积极探索遗产数字化管理,生态博物馆、遗产廊道等现代遗产管理技术与方法在中国的可行性。活化非物质文化遗产,开发旅游资源。更新数字景区技术,利用智慧旅游等现代管理技术,促进遗产保护和旅游开发。积极采用绿色技术,提高能源使用效率,减少温室气体排放,促进生态环境可持续发展。

善行旅游是借鉴传统智慧而适应当代旅游发展的旅游理念,主要侧重人与自然之间的和谐与共处、不同文化之间的包容与对话、历史与未来的延续与发展、人在旅行中的思考与成长、人与人之间的平等友善与互助互利。善行旅游的核心是强调多元化旅游资源对旅游可持续发展的价值、遗产的真实性作为遗产旅游的核心吸引力,以及通过倡导善行旅游的理念,促进旅游者的人生发展、旅游地社区发展及旅游从业人员的素质提高。通过善行旅游的准则,引导和规范人们的行为,促进遗产保护与旅游开发的协同发展。推行遗产友好型公民行为准则(建设思考型旅游者、志愿者、捐赠者、传承人、守护者队伍),培养崇尚乐活、追求真实、自然导向、环境友好的旅游者。

知识卡片

旅游伦理

旅游伦理(tourism ethics)是指约束与影响旅游主体即旅游者与旅游组织的道德准则与行为规范,主要涉及旅游者与旅游企业具有社会影响力的行为,以及与之相关的社会群体的自律性质。旅游伦理涉及公平与正义、主客交往、社区参与,以及旅游环境、商业行为、行政管理和旅游消费等旅游活动的方方面面。

世界旅游组织 1999 年通过的《全球旅游伦理规范》明确规定,旅游不仅仅是经济杠杆,更是精神发展、道德发展以及文化发展的一个折射。现代旅游是在尊重人们将闲暇时间用于休闲或旅行方面的选择的基础上,促进负责任的、可持续的、可为全球所接受的旅游。《全球旅游伦理规范》强调,通过负责任和可持续的旅游促进全球经济、精神、道德和文化的共同发展。

2020 年 8 月,联合国世界旅游组织秘书长 Zurab Pololikashvili 指出:旅游业是团结和发展的真正驱动力。让我们充分利用其力量,将人民和社区团结在一起,遵守《全球旅游伦理规范》。通过这种方式,旅游业可以继续为全球数百万人提供更好的机会和可持续发展。

工业化和后工业化时代的旅游规划逐渐泛化为休闲规划,旅游者和投资者均更加大众化,旅游规划遵循的不仅仅是市场规律和商品美学,而更多的是社会规律和环境美学。因此,我们应该以一种更加开放的姿态从事旅游规划活动,使其在引导后工业化时代社会休闲活动的推进、旅游和休闲产业的提升、文化多样性的保护、个人的提升和社会的进步等方面发挥更大的作用。

【思考讨论】善行旅游与旅游伦理之间的关系是什么?为什么说善行旅游是"国际化思维、本土化行动"的典型范例?

慎思笃行
Shensi Duxing

松赞(SONGTSAM)

松赞是从土地里长出来的。我们所在的大山、大山里的村庄、村庄里的人,他们如何生存,如何生活,如何思考?这一切,就是土地……未来,松赞会继续做一座连接土地和城市的桥梁,努力成为我们所在土地的代言人。松赞的酒店、旅行和博物馆,都是这座桥梁的具象表达,会通过不同的方式讲述土地的故事。

(资料来源:纪录片《松赞博物馆》解说词)

知行合一
Zhixing Heyi

基于善行旅游的视角,分析松赞的企业理念、产品结构和旅游影响等旅游产品开发要素。

任务五　智慧旅游

任务描述:本任务主要学习智慧旅游的概念与特征、功能与价值、发展趋势、技术支持和应用场景,以及智慧旅游在旅游规划中的应用。

任务目标:通过任务学习,掌握智慧旅游的概念、智慧旅游所涉及的技术支持和应用,理解智慧旅游在旅游业态创新中的重要性,并具备分析和评估智慧旅游应用的能力。

同步案例

兰州黄河之滨生态文化旅游高质量发展规划

黄河是中华民族的母亲河,保护黄河是事关中华民族伟大复兴的千秋大计。国家高度重视黄河流域生态保护和高质量发展。兰州是黄河唯一穿城而过的省会城市,多

案例分析

年来，不断优化兰州段生态空间，沿黄河打造了以中山桥为中轴，以两岸风光为依托的开放式景观带，形成了独具魅力的"百里黄河风情线"。黄河风情线大景区西起西固达川三江口，东至榆中青城古镇，全长152千米，是全国较长的城市滨河景观带之一。

随着兰州文旅市场的高速发展，黄河风情线大景区逐渐显露出知名景区景点量少质弱、沿岸景观风貌有待提升、旅游配套设施仍不完善、滨河空间保护与利用需统筹协调和高质量发展仍不充分等突出问题。为解决兰州黄河沿线旅游产品薄弱、沿岸景观风貌不足等问题，以及增强黄河保护和治理的系统性、整体性，2021年，兰州政府在运用智慧旅游技术进行市场调查与分析的基础上，出台《兰州黄河之滨生态文化旅游高质量发展规划》，提出围绕"一河、两岸、立面、两山、两端"，以生态为基，把黄河兰州段打造成为世界级滨水生态廊道和高质量发展示范区，将"一河两岸"建设成为山清水秀生态带、便捷共享游憩带、人文荟萃景观带、商旅融合经济带。

（资料来源：兰州市人民政府网，http://zgzfg.lanzhou.gov.cn/art/2022/1/28/art_15334_1094179.html）

一、智慧旅游概述

智慧旅游是中国旅游业由信息化和数字化时代向智慧化和数智化时代转型升级的重要标志，也是文旅产业基于新一代信息和数字化技术应用的重大变革。它基于信息和通信技术，通过智能化设备和大数据及云计算等的应用，提供优质的旅游服务和创新的旅游体验。智慧旅游的发展对旅游业产生了深远的影响，实现了旅游业从传统服务业向现代服务业的升级，即旅游产业的结构升级，提升了旅游服务品质，提供了更多元化、个性化的选择，提高了旅游目的地的竞争力和吸引力。同时，智慧旅游也带来了挑战，如数据安全、隐私保护、技术投入成本等问题需得到有效解决。因此，旅游业需要不断创新，积极应对智慧旅游带来的机遇和挑战，推动行业的可持续发展。

（一）智慧旅游的概念与特征

智慧旅游是指借助数字技术和创新手段，通过数字化、智能化和个性化的方式来提升旅游体验和服务质量的一种旅游模式。它利用先进的信息通信、人工智能、物联网等技术，在旅游过程中提供更便捷、高效、个性化的服务。

智慧旅游是一种基于数字技术和创新手段的旅游模式，它通过数字化将传统旅游资源和服务转化为数字形式，以提供便捷的资源获取和管理方式。这使得游客可以更方便地获取信息、使用预订服务和管理旅行计划。另外，智慧旅游注重个性化需求，能够根据游客的偏好和兴趣提供个性化推荐和定制化服务。通过分析游客的需求和喜好，智慧旅游能够为每位游客量身定制独特的旅行体验。实时性也是智慧旅游的重要特征之一。游客可以随时通过移动应用和互联网平台查询实时导航，预订机票、酒店这为游客节省了时间和精力,让他们能够更好地规划和安排旅行。智慧旅游还强调与游客的互动,能够通过智能设备和互联网平台获得更多的参观体验和互动乐趣。例如,游客可以通过扫描二维码获取导览信息,参与互动游戏,与其他游客交流等。此外,数据驱动是智慧旅游的关键。通过收集和分析游客的行为数据,旅游企业可以了解游客的偏好、消费习惯和市场需求。这使得游客能够享受个性化推荐和优化服务,从而推动旅游产业的发展。综上所述,智慧旅游具有数字化、个性化、实时化、互动性和数据驱动等特征,能够为游客提供更便捷、丰富和智能化的旅游体验。

(二)智慧旅游的功能与价值

智慧旅游的发展可以为游客提供更加便捷、个性化和丰富的旅行体验,通过数字化技术和创新手段,游客可以轻松获取实时信息、享受预订服务、参与互动活动等,从而提高旅游的便利性和游客的满意度。在营销层面,数字化技术的应用可以拓宽市场渠道,通过互联网和移动应用等渠道,旅游产品和服务可推广到更广泛的受众群体中,从而吸引更多的潜在客户,开拓新的市场份额。在旅游企业的运营与管理中,数字化技术的应用,如在线预订和自助服务等方式,可以缩短人工操作的时间和降低成本,数据分析和智能化系统的支持,可以提高资源利用效率和改善管理效果。智慧旅游还有助于增强旅游行政管理部门、旅游目的地和旅游企业的市场竞争力。通过数据分析和用户行为的追踪,旅游企业可以了解客户需求并进行精准定位,提供更符合用户期望的产品和服务,从而吸引更多游客,提高市场份额。

智慧旅游的发展还对整个旅游产业具有推动作用。通过智慧旅游的应用,旅游产业逐渐实现数字化、智能化和创新化的转型升级,促进旅游业从传统模式向"互联网+"、文化创意等新兴领域拓展,增加附加值和提高经济效益。

(三)智慧旅游的发展趋势

近年来,智慧旅游在跨平台整合、社交媒体融合、虚拟现实与增强现实的应用、人工智能和智能助手的普及,以及数据安全和隐私保护等方面表现出迅猛的发展势头。

第一,跨平台整合是智慧旅游不可忽视的趋势之一。智慧旅游倡导整合各种应用、平台和服务,以提供一体化的旅游解决方案。通过一个应用程序或平台,旅游者能够完成旅游的规划、预订、导航和互动等多个环节,从而获得便捷性和统一化的旅游体验。

第二,智慧旅游与社交媒体的融合催生了更加丰富的旅游体验。社交媒体在旅游中的作用日益重要,而智慧旅游与社交平台的结合,为旅游者提供了更强的互动性和便捷性。旅游者可以通过社交媒体分享旅行经历、获取朋友和其他旅游者的推荐,同时智慧旅游平台也整合了社交媒体的数据和功能,为旅游者提供更全面、个性化的旅游服务。

第三,虚拟现实与增强现实技术的广泛应用拓展了旅游的新境界。虚拟现实技术为旅游者提供了身临其境的视听体验,使旅游者能够在虚拟世界中探索各种场景。而增强现实技术则通过实时导航、景点解说和互动交流等功能,为旅游者带来沉浸式和更有趣的旅游体验。

智慧旅游发展模式

第四,人工智能和智能助手在智慧旅游中的普及,为旅游者提供了更加个性化和便捷的服务。通过语音识别、自然语言处理和机器学习等技术,智能助手能够理解旅游者的需求并提供个性化的旅游推荐、互动服务和问题解答。随着智能助手的不断完善,智慧旅游将变得更加人性化和智能化。

第五,数据安全和隐私保护是智慧旅游发展的重要环节。随着智慧旅游数据的不断增加,如何保护旅游者的个人隐私和交易数据的安全成为紧迫问题。智慧旅游平台和服务提供商需要加强数据安全管理和隐私保护措施,确保旅游者的个人信息和交易数据得到保护,并提升公众对智慧旅游的信任度。

【思考讨论】分析某一景区现有的智慧旅游模式为旅游者带来的增值体验价值。

二、智慧旅游技术支持及应用场景

(一)地理信息系统与卫星定位技术

地理信息系统(geographic information system,简称 GIS)是一种基于地理空间数据的信息系统。它通过地理数据的采集、存储、管理、分析和展示,帮助人们理解和解释地理空间现象。GIS 利用地理信息技术和计算机科学的方法,将地理数据与属性数据进行关联,并运用空间分析、可视化和决策支持等功能,提供地理空间数据的模拟、预测和规划等应用。

卫星定位技术是一种基于卫星信号的定位技术,主要包括全球定位系统(global positioning system,简称 GPS)、伽利略卫星导航系统(Galileo satellite navigation system)、北斗卫星导航系统(Beidou satellite navigation system)等。通过卫星发射信号并接收、解算接收信号的时间和空间信息,卫星定位技术能够提供准确的地理位置和导航信息。这些技术已广泛应用于交通导航、车辆追踪、地质勘探、军事作战等众多领域,为人们提供实时、高精度的定位和导航服务。

地理信息系统(GIS)和卫星定位技术在智慧旅游中发挥了关键作用。通过卫星定位技术,智慧旅游应用可以精准确定旅游者的位置,并提供实时导航和路径规划服务。同时,GIS 技术将地理数据与旅游信息结合,为旅游者提供地理信息展示和查询功能,让旅游者可以轻松了解目的地的位置、周边景点和服务设施等。这些技术还能利用位置、兴趣和行为数据进行智能推荐和定制化服务,根据旅游者的喜好提供个性化的旅游体验。此外,GIS 技术还辅助旅游目的地的管理和规划;通过空间分析和景点管理,帮助管理者了解旅游需求和趋势,优化旅游资源配置和场地利用效率。

(二)通信技术与移动互联网技术

通信技术是指用于传递和交流信息的技术手段。它涉及电信、无线电和光纤等各种传输方式,包括传统的电话、短信、传真等,以及近年来发展起来的宽带互联网和移动通信技术。通信技术使人们能够迅速、高效地进行信息交流和远程沟通,促进了社会的交流和发展。

移动互联网技术是指利用移动设备(如智能手机、平板电脑)实现互联网接入和信息交互的技术。移动互联网技术结合了移动通信技术和互联网技术,在任何时间和地点,都能为用户提供丰富的在线服务和应用。通过移动互联网技术,用户可以随时获取各种信息、进行在线购物、观看视频等各种活动,实现了信息的无缝连通,使用户得到便捷的移动体验。

通信技术和移动互联网技术的不断发展和融合,使得人们可以快速、便捷地进行信息交流和获取各种在线服务。它们在促进社会交流、推动商业创新、提高生活便利性等方面发挥了重要作用,并对社会经济的发展产生了深远影响。

通信技术和移动互联网技术作为智慧旅游发展的基础具有广泛应用。通过移动设备获取旅游信息、使用导航服务、智能导览和语音助手等功能,旅游者可以随时获取所需信息并享受个性化推荐和定制化服务。同时,移动互联网技术也为旅游者提供了实时互动和社交分享的平台,使其能够与他人分享旅行经历和获取实时资讯。这些应用提升了旅游的便利性、个性化和互动性,为旅游者带来更智能化和优质的旅游体验。

(三)虚拟现实与人工智能技术

虚拟现实(VR)是一种模拟真实世界或创造虚构世界的技术,通过专门的头戴式显示设备和交互设备,使用户能够沉浸在虚拟的环境中。虚拟现实技术可以为用户提供身临其境的感觉,让他们与虚拟环境进行交互和体验。虚拟现实技术广泛应用于游戏、娱乐、教育、医疗等领域,为用户带来全新的沉浸式体验。人工智能(AI)是模拟和仿真人类智能的技术,使机器能够理解、学习和自主决策。人工智能技术涉及机器学习、深度学习、自然语言处理等领域,它可以通过分析和理解数据,模拟人类的思维和决策过程,从而实现自主学习和智能行为。人工智能技术广泛应用于语音助手、智能机器人、推荐系统、自动驾驶等领域,为人们提供更智能化的服务和解决方案。虚拟现实技术与人工智能技术的结合可以带来更加强大和丰富的应用体验。通过人工智能技术,虚拟现实技术可以为用户提供更加智能化和个性化的交互体验,根据用户的行为和偏好进行实时的调整和反馈;同时,虚拟现实技术也为人工智能技术提供了更真实和沉浸的环境,促进了人机交互和智能学习的发展。

虚拟现实和人工智能技术在旅游业中得到广泛应用,通过虚拟旅游体验、虚拟导游和个性化推荐、虚拟实境旅馆预览、人工智能客服和语音助手,以及旅游数据分析和预测等方式,为游客提供更加真实、个性化的旅游体验和服务。而未来的发展包括更深度的沉浸式体验、智能化的个性化推荐、增强现实的融合,以及更智能化的数据分析和预测,这将进一步提升旅游行业的竞争力和满足游客的需求。

(四)云计算与旅游大数据

云计算是一种通过网络提供计算资源和服务的技术,它将计算和存储资源集中在云端的数据中心,以按需、弹性扩展和共享的方式为用户提供各种计算服务,包括虚拟服务器、存储空间、数据库、应用程序等。云计算可以帮助用户降低IT成本,提高数据安全性,实现灵活性和可扩展性。

大数据是指传统数据处理软件难以处理的庞大数据集合,包括结构化数据(如数据库记录)和非结构化数据(如文本、图像、音频)。大数据的特点是规模大、速度快、多样性和价值密度低。通过大数据技术和工具,我们可以从大数据集合中提取、存储、处理和分析有价值的信息,从而为决策制定、商业洞察和创新等领域提供支持。云计算和大数据技术有紧密的关系。云计算提供了高性能和可扩展的基础设施来存储和处理大数据集合,同时也提供了大数据分析和处理的工具和服务。大数据分析可以通过云计算平台的弹性和计算能力来实现高效、快速的处理。

云计算和大数据在智慧旅游发展中扮演着重要的角色,通过云计算提供的强大计算和存储能力,我们可以进行更精确的旅游数据分析和预测。旅游目的地及企业可以利用大数据技术收集和分析大量的旅游数据,如游客统计数据、预订统计数据、消费习惯统计数据等,从而洞察市场趋势、消费偏好,并根据这些分析结果调整营销策略和提供个性化的旅游产品和服务。云计算和大数据技术可以帮助旅游行业实现旅游资源的管理和优化。通过集中管理和共享数据,企业可以更好地监测和管理酒店、景点、交通等旅游资源,提高资源的利用效率,优化旅游行程和服务的安排。客户关系管理也是云计算和大数据技术在旅游业中的重要应用领域。通过整合不同渠道和平台的数据,旅游企业可以建立全面的客户关系管理系统,获得更全面、准确的客户画像。这样可以提供个性化和精准的推广和服务,增强客户满意度和忠诚度。云计算和大数据技术也为旅游行业带来了便捷的在线预订和支付平台。通过云计算的虚拟化和弹性计算能力,企业可以快速搭建和扩展在线预订系统,提供实时预订服务。大数据技术可以实现支付数据的实时分析和风险检测,保障在线支付的安全性和可信度。云计算和大数据技术还支持旅游行业实现个性化推荐和定制化服务。根据用户的历史记录、兴趣偏好等信息,企业可以提供个性化的旅游推荐和定制化的服务方案,提升旅游者的满意度和体验感。

云计算和大数据技术在旅游业中的应用为行业带来了许多机会和优势,包括数据分析和预测、资源管理和优化、客户关系管理、在线预订和支付,以及个性化推荐和定制化服务等。这些应用有助于提升旅游行业的效率、精确度和竞争力,为旅游者提供更好的服务和体验。

(五)物联网与区块链技术

物联网(internet of things,简称 IoT)是指通过互联网连接和通信技术,将各种物理设备、传感器和其他物体与互联网连接起来,实现设备之间的交互和数据共享。物联网通过收集、传输和分析物体生成的大量数据,实现物体的智能化和自动化。

区块链是一种基于去中心化的分布式账本技术,它将交易数据记录在不同节点的区块中,并使用密码学技术进行验证和保护,以确保数据的安全性、透明性和不可篡改性。区块链技术可以实现不需要第三方的安全交互来消除中间商和降低欺诈风险。

物联网和区块链技术有着天然的结合性。通过区块链技术,物联网可以实现设备间的认证、身份验证和数据安全传输,确保数据的可信度和完整性。区块链技术还可以使物联网设备的交互更高效、透明,并提供智能合约等功能,实现设备之间的可编程、自动化交互。此外,区块链技术还可以为物联网设备提供溯源和供应链管理等解决方案,增强网络的可信度和可追溯性。物联网与区块链技术结合可以实现设备间的安全交互、数据保护和智能化操作。它们共同提高了物联网的可信度、可编程性和可扩展性,拓展了物联网应用的范围,为各行业带来更多的创新和机会。

当物联网和区块链技术应用于旅游行业时,它们可以实现更多的创新和变革。例如,物联网设备可以用于智能客房管理,包括自动化控制温度、光照和设备操作,满足游客个性化的需求和提供更舒适的住宿体验。区块链技术可以用于旅游票务和预订系统,确保交易的去中心化、透明化和可追溯性,降低欺诈和纠纷风险。另外,物联网和区块链技术的结合还可以用于旅游景点的智能安全监控,通过实时数据收集和分析,提供实时警报和风险预警,加强旅游目的地的安全管理。此外,物联网设备还可以用于旅游活动的实时共享和互动,旅游者可以通过社交媒体与其他旅游者交流和分享体验,增强旅游的互动性和社交性。综合来看,物联网和区块链技术在旅游行业的应用潜力巨大,将为旅游者带来更安全便捷、个性化、互动性强的旅游体验,并推动整个行业朝着数字化、智能化和可持续发展的方向前进。

知识卡片

数字孪生技术

数字孪生是一种将物理实体与其数字表示相结合的技术。它通过使用传感器、物联网技术和数据分析等手段,将实际物体或系统的实时数据与其数字模型进行同步更新,以实现对物体的实时监测、仿真和分析。数字孪生的基本原理是将真实世界中的物体或系统通过传感器等方式收集的数据,通过云计算、大数据分析等技术进行处理和建模,生成一个与实际物体或系统相对应的数字模型。这个数字模型就是数字孪生,它能够高度准确地模拟和反映物体或系统的状态、行为和性能。

数字孪生可以应用于各个领域,包括制造业、能源、城市规划、物流等。在城市规划方面,数字孪生可以模拟城市的交通流动、人群分布、环境质量等,为城市规划和管理提供数据支持和决策依据。通过数字孪生技术,实际物体或系统的数据可以与数字模型进行实时的交互和对比,从而提供更准确、及时的信息和决策支持。数字孪生将物理世界与数字世界紧密连接,为各个行业提供了更智能、高效的解决方案,促进了产业的转型升级和可持续发展。

数字孪生在旅游业中有许多潜在的应用,可以提供更智能、高效的解决方案,改善旅游体验和管理效率。在资源管理和规划方面,建立数字孪生模型,可以优化旅游目的地的资源分配和规划,提高资源利用效率和供应链管理。同时,数字孪生可以模拟旅游目的地的实际环境和活动,帮助游客更好地规划和体验旅程,并通过虚拟现实和增强现实技术提供丰富和沉浸式的旅游体验。此外,数字孪生能够在旅游安全管理方面发挥作用,通过模拟游客分布和流动情况，预测人流高峰和瓶颈，从而合理安排安保人员和控制人流，并模拟紧急事件和灾害情况的应对。

【思考讨论】结合智慧旅游技术发展现状，探讨 AI 在智慧旅游技术改善上的可能性。

三、智慧旅游在旅游规划中的应用

智慧旅游中的技术应用为旅游规划带来了革命性的变化。从大数据分析到人工智能导航，从虚拟现实到区块链和移动应用程序，各种技术在旅游规划中发挥着重要的作用。

在景区资源勘察和测绘阶段，地理信息系统和卫星定位技术可用于收集和分析景区的地理数据，包括地形、土地利用、水源等信息，以帮助规划者了解景区的实际情况和潜力。

在需求调研和市场分析阶段，利用移动互联网技术和通信技术，可以进行问卷调查、在线调研等形式的数据收集。这些技术可以帮助规划者了解游客的兴趣、需求和旅行习惯，为后续的景点设计和旅游产品规划提供依据。

在景点设计过程中，可以利用虚拟现实和人工智能技术创建虚拟的景区模型，帮助规划者预览和评估不同设计方案的效果，以优化景区布局和景点安排。

而在旅游产品开发和推广阶段，云计算和大数据技术能够提供对于游客行为和市场需求的深入分析。基于这些数据，旅游企业可以开发和推广具有市场竞争力的旅游产品，并实施个性化的营销策略。

在游客服务和体验提升阶段，物联网技术和区块链技术可在景区中应用于游客服务和体验提升。例如，物联网传感器可以监测游客流量、环境指标等，提供实时的导航和安全提示，而区块链技术则可以用于实现快速且安全的门票预订和行程安排。

在景区运营和管理阶段，依托数字孪生技术可以模拟和预测景区的运营情况，帮助旅游行政管理部门或景区制定有效的管理策略。

总的来说，智慧旅游的技术应用不仅提高了旅游规划的准确性和效率，还提供了更丰富、个性化和沉浸式的旅游体验，为旅游行业的发展和创新带来无限的可能性。

【思考讨论】结合某一区域旅游发展现状，分析智慧旅游技术在旅游发展规划中的实际应用前景。

拓展阅读

智慧旅游技术在旅游业中的应用

微课链接

智慧旅游助力旅游规划

大数据平台助力《兰州黄河之滨生态文化旅游规划》

旅游大数据平台在《兰州黄河之滨生态文化旅游规划》中主要参与了前期旅游市场分析、游客画像分析以及旅游产品规划等环节。规划团队在兰州黄河沿线重点监测了甘肃省博物馆、中山桥、白塔山景区、百合公园、兰州老街、正宁路夜市、南关夜市、黄河楼等景区景点，通过对景区景点到访游客的客源地、年龄、家庭生命周期、出游方式、住宿偏好和游览停留时间等多个维度的数据监测，得出兰州黄河周边景区的总体接待规模和游客画像。

知行合一

分析旅游大数据平台在旅游规划中的功能与作用,针对某一区域旅游规划提出智慧旅游参与规划活动的环节和任务。

项目小结

进入新发展阶段的中国旅游业,对旅游规划提出了更广泛、更高阶的设计要求。本项目通过对文化旅游、全域旅游、体验旅游、善行旅游和智慧旅游等规划热点的解读并分析它们在新时期旅游规划中的创新实践和转化运用,探讨了旅游规划发展的新方向和新思路,为旅游规划设计构建创新思维矩阵。

项目训练

一、知识训练

1. 请简述文化旅游的主要特征。
2. 在旅游者个体层面,文化旅游具有哪些功能?
3. 旅游景区文化旅游开发的重点包括哪些环节?
4. 全域旅游的基本特征包括哪些方面?
5. 请举例说明全域旅游的主要发展模式。
6. 体验旅游设计的创新方法包括哪些?请举例说明。
7. 请简述沉浸式体验旅游开发的重点。
8. 请简述善行旅游的核心观点。
9. 智慧旅游的发展趋势包括哪些方面?
10. 在旅游规划的不同阶段,可以分别应用哪些智慧旅游技术?

二、能力训练

1. 选择一个你熟悉的旅游目的地,分析其已开发的文化旅游项目,根据文化旅游开发理念思考对其进行深度开发的具体路径。
2. 选择一个国家全域旅游示范区,分析其全域旅游发展的典型经验和创新做法。
3. 选择某一代表性城市漫步(city walk)或者乡村旅行的旅游产品,分析其旅游产品体验性设计的优点和不足。
4. 选择一处文化或自然遗产地,分析其在旅游规划与开发过程中的善行旅游实践经验,提出基于善行旅游视角下的旅游开发创新策略。
5. 选择一处旅游景区,分析其智慧旅游建设成果并对景区智慧化建设提出创新建议。

项目十二
旅游规划创新设计

 项目概述

　　旅游规划创新设计是指通过创新的思维和方法,对旅游目的地的规划和设计进行改良和优化,以提升旅游体验、增加经济效益和保护环境为目标,以整体性、可持续性、科技性和社区参与为核心原则,通过创新的思维和方法,为旅游目的地的规划和设计带来更多的机遇和挑战。旅游规划创新设计旨在提升旅游体验,促进经济发展和保护环境,推动旅游业可持续发展。目前,乡村旅游、研学旅行、遗产旅游和生态旅游是旅游规划的创新热点。

 学习目标

知识目标
1. 熟悉乡村旅游、研学旅行、遗产旅游和生态旅游等的概念与原则。
2. 掌握乡村旅游、研学旅行、遗产旅游和生态旅游在旅游规划中的应用要点。
3. 了解乡村旅游、研学旅行、遗产旅游和生态旅游等热点涉及的相关知识。

能力目标
1. 理解乡村旅游、研学旅行、遗产旅游和生态旅游相关规划的编制逻辑。
2. 运用乡村旅游、研学旅行、遗产旅游和生态旅游相关知识分析区域旅游发展现状并提出提升建议。

素质目标
1. 强化创新、协调、绿色、开放、共享的新发展理念。
2. 树立系统化、全局性、可持续的旅游发展理念。
3. 培育探究学习、终身学习和可持续发展的意识。

项目十二　旅游规划创新设计　　227

知识导图

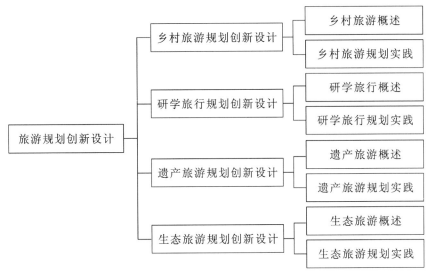

案例导入

《"十四五"文化和旅游科技创新规划》

文化和旅游部2021年发布《"十四五"文化和旅游科技创新规划》,明确了"十四五"文化和旅游科技创新发展的总体要求、重点领域、主要任务、保障措施,系统部署指导文化和旅游科技创新工作,描绘了文化和旅游科技创新工作蓝图。

《"十四五"文化和旅游科技创新规划》描绘了科技在文化和旅游行业研究及应用的重点领域,提出了基础理论和共性关键技术、新时代艺术创作与呈现、文化资源保护和传承利用、文化和旅游公共服务、现代文化产业、现代旅游业、文化和旅游治理、文化交流和旅游推广八个重点领域,为文化和旅游科技创新明确了主攻方向。

（资料来源:文化和旅游部关于印发《"十四五"文化和旅游科技创新规划》的通知, https://www.gov.cn/zhengce/zhengceku/2021-06/11/content_5616972.htm）

案例分析

任务一　乡村旅游规划创新设计

任务描述:本任务主要学习乡村旅游规划创新设计的基础知识,结合典型案例分析如何对乡村旅游规划进行创新性设计,促进乡村旅游业的发展。

任务目标:通过任务学习,理解乡村旅游规划的概念与原则,掌握乡村旅游规划的内容体系及规划程序,了解乡村旅游发展系列规划的类型与内容。

安徽潜山乡村旅游可持续发展模式

安徽潜山已建成4条美丽乡村示范带,覆盖全市乡镇和重要干道沿线,荣获"中国人居环境范例奖"和"中国美丽田园"称号。明确了"一核两区三带四板块"的乡村旅游格局,不挖山、不填塘、不砍树、不截断河流、不取直道路,保持乡村原有肌理和风貌。形成了"政府引导、市场主导、农民主体"的可持续发展模式。

一是"政府+产业"模式。政府投资用于旅游宣传营销、产品开发、品牌创建等。

二是"公司+科研院所+专业合作社+种养基地+农户"等多方合作参与开发模式。天柱福元乡村民宿休闲区通过这种模式发展乡村民宿度假,推动整个村致富;提供12种产品——家庭乐游、好友集会、民宿度假、养生餐饮、湖滨烧烤、野菜采摘、户外拓展、徒步旅游、登山攀岩、洞房探秘、婚纱摄影、乡村婚礼。

三是"景区+村委"模式。马潭村以资金和土地入股白马潭景区,民居包装,形成村景合一的综合型生态休闲观光度假区。

四是"公司+农户"模式。查冲生态园,村民以土地入股,公司负责建园,种植花卉、果树、蔬菜等。

五是"龙头+农户"模式。旅游合作社为龙头,吸引农户以山场、闲置房屋入股。

一、乡村旅游概述

随着人们对休闲方式创新的不断追求,旅游业已经由当初的走马观花为主步入体验休闲的"慢旅游"时代。乡村旅游如雨后春笋般蓬勃发展,不仅满足了城市居民亲近自然、体验乡村生活休闲娱乐需求,同时也带动了农村相关产业的发展,拓宽了农民致富的渠道,改变了农村面貌。然而,在缺少规划的情况下,许多乡村旅游开发依葫芦画瓢,存在较大的盲目性,只考虑当前,不顾长远,对于市场的把握不精确,因此,乡村旅游规划编制至关重要。

(一)乡村旅游规划相关概念

1. 乡村旅游

徐虹(2019)等认为,乡村旅游是以远离都市的乡村社区为其活动场所,以乡土文化为吸引核心,以乡村自然生态景观、乡村聚落景观、农业劳作景观、乡村经济景观、乡村农耕文化及民俗文化景观、乡村民居建筑景观等"乡村性"景观为旅游资源,以乡村地域环境、乡村生活方式、乡村经历、乡村农事劳作方式有别于当地乡村社区的居民为目标市场,以满足旅游者休闲观光、回归自然与求知学习等需求,着眼于生态环境保护与可持续发展的一种旅游形式。

乡村旅游一直以来都是国内旅游业的重要组成部分。随着乡村振兴战略稳步推进,以及人们对生态环境、文化传统和健康休闲的需求日益增强,乡村旅游在中国的市场前景十分广阔。

2.乡村旅游规划

乡村旅游规划,是旅游规划的一种。从资源的角度而言,它以村落、郊野、田园等环境为依托,通过资源的分析、对比,形成一种具有特色的发展方向。我国广大的乡村地区存在着丰富的人文历史资源和生态自然资源,乡村旅游开发和发展存在着巨大的潜力和市场。

(二)乡村旅游规划的发展方向

1.乡村旅游规划的创新方向

乡村旅游对乡村社会、农民增收、农业现代化发展等各方面都有着重要推动作用,是全面推进乡村振兴的重要引擎之一。在新时代背景下,中国文化和旅游产业的消费客群、消费需求等都发生了新的变化,发展乡村旅游,要适应时代特色,充分把握数字经济带来的产业机遇,实现创新发展。

(1)利用乡村丰富的绿色开放空间,为城乡居民提供形式多样的体育旅游产品和户外休闲产品,如骑山地自行车、骑马、攀岩、滑雪、滑草、溯溪、露营等。体育旅游和户外休闲在我国方兴未艾,相对城市,乡村具有开发这类旅游产品的土地成本优势和生态环境优势。

(2)为城乡居民提供乡村亲子休闲娱乐产品。受休假制度、建设用地供应等因素影响,我国城市中的动物园、主题公园等亲子休闲娱乐场所节假日普遍人满为患。在乡村打造亲子牧场、萌宠乐园、郊野游乐园等亲子休闲娱乐产品,可以缓解这一供需矛盾,并为乡村创造可观的旅游经济效益。

(3)在适宜推进城市化的乡村地区发展小吃街、电影院、虚拟现实体验馆、文化演出等夜游经济,以满足外地游客的夜游需求和当地农村居民的日常休闲需求,并促进乡村旅游与城市化协同发展。相比外地游客的夜游需求,当地农村居民的日常休闲需求季节性更弱,所以在乡村地区发展夜游经济还有助于缓解乡村旅游的季节性问题。

(4)把乡村旅游与科技、教育相结合,积极在乡村地区发展科教旅游。除了已经比较成熟的农业科技旅游、红色旅游,还可以在乡村地区开发观星旅游、生态知识科普旅游、美食技艺研学旅行、乡土艺术研学旅行等科教类旅游产品。这些科教类旅游产品的目标人群既可以是少年儿童,也可以是成年人。

2.乡村旅游规划的重点方向

乡村旅游的发展要遵守政府建立的法律法规、规章制度,在有法可依的情况下,以市场需求为导向,充分合理地利用资源条件,合理筹划,科学评估,分析自己在区位条件、资源特色、社会环境及客源市场中的优势,打造旅游品牌,从而真正实现从资源优势到经济优势的合理转化。

(1)规划乡村意境。乡村旅游规划的重点是规划乡村意境。乡村意境规划以自然情趣、诗画田园、草原牧歌、蓝色海湾为灵魂,挖掘乡村文化所承载的人与自然和谐、政治秩序与自然规律和谐的思想,将"天人合一"的观念应用于乡村旅游规划之中。

(2)反映传统与现代乡村的多元化发展。根据乡村旅游特点,统筹规划发展乡村观光和休闲乡村。在规划的过程中,要根据地域性、自然性、专业性等特点,因地制宜地开发独特的乡村旅游项目,把旅游产品贯穿在具有高科技含量、高环境质量、高价值效益的"三高"乡村生产中,使传统粗放型乡村转变为集精致性、系统性、集约性、教育性于一体的现代乡村。

(3)营造和谐、自然、优美的乡村人居环境。乡村人居环境是整个乡村经济环境、社会环境和生态环境的综合体现,是乡村社区的成长性和可持续能力的综合标志。以乡村经济、社会、环境的可持续发展为目标,通过合理的乡村旅游规划,保证乡村人居环境的整体性和稳定性,保证人居环境空间布局的高效性和合理性,保证人居环境的功能设施建设的便捷性和全面性,以营造出和谐、自然、优美的乡村整体人文景观生态系统。

(4)提供乡村体验式旅游模式。乡村旅游的主要目标人群是城市居民,乡村旅游规划就是为城市居民提供惬意的乡村体验的旅游模式,通过整合乡村旅游资源,游客能够真正体验乡村生活与生产,感受"乡村农夫""乡村牧民""乡村渔夫"生活。

(5)完善乡村旅游基础配套设施。乡村基础设施建设直接关系到乡村旅游的发展。应按照政府主导、部门联动、社会参与的思路,在文明生态村建设的基础上,加快旅游村各项功能建设。具体做到"四化":基础设施城市化,完善旅游村内外道路、水电设施、污水垃圾处理设施、清洁能源设施、公共厕所、景区景点指示牌等;配套设施现代化,开通宽带、有线电视、卫生服务站等;农村景观生态化,保护原生态植被,按照景观标准改造农房等;交通便利化,开通大中城市直达乡村旅游景区景点的公交线路。

乡村旅游内涵解析

【思考讨论】结合你熟悉的地方,思考当地乡村旅游规划模式的选择应该考虑的因素。

二、乡村旅游规划实践

(一)乡村旅游开发现状

乡村旅游发展回顾

随着人们收入的增加,乡村旅游吸引的客户不再局限于传统的自驾游客、亲子游客,越来越多的游客希望通过乡村旅游来接触自然风光、感受乡土风情以及了解传统文化,同时也满足其社交的需求。同时,更多的年轻人成为乡村旅游市场的一员,对乡村旅游的认可程度越来越高,客源市场呈现多元化趋势。

旅游消费的智能化、数字化的变革推动着乡村旅游的升级。当前,中国旅游市场迎来智能化、数字化的变革。在住宿、交通、导游等环节,智能化、数字化创新持续推动着旅游服务效率和用户体验的提升。同时,在乡村旅游领域,很多地方智能化推进的速度明显快于城市,可以实现一些城市尚未覆盖的功能,如虚拟导游、农场预约等。

知识卡片

乡村旅游资源开发方式

1. 多主体的合作模式成为共识性选择

随着乡村旅游规模扩大化和服务精细化,旅游经营者与旅游参与者日益多元,多主体合作成为常态。初级的乡村旅游开发一般以农户为单位,其典型特征表现为资源开发者往往也是资源所有者,且旅游从业者间具有明显的亲缘、地缘关系。为了对乡村资源进行统一管理、集中投资,以及建立起相对规范的纠纷调解、利益分配机制,"政府主导""政企合作"的开发模式形成。例如,碧桂园在英德市皮坑村旧房改客栈的实践中,就采用"村集体租赁房屋+大集团改造建设+地方企业运营+三方分红"的合作方案,不仅使投资规模扩大和资金来源渠道增加,而且政府、企业、社区的合作关系也更加明朗和互惠。企业化运作的旅游开发有着清晰的投资边界和明确的受益主体,投资规模较大,是当前主要的资源开发模式,其中既包括外来企业主导型,也涵盖乡村旅游合作社办企业的模式。与此同时,高校、志愿组织、基金会等非营利性组织,也在乡村振兴战略的引领下广泛参与到乡村旅游开发和建设的实践中来。"有为政府""有效市场""有序参与",如何在尊重乡村主位的前提下发挥作用、制定共赢且可持续的多主体合作方案已成为重要议题。

2. 多类型的资源整合方式日渐成熟有效

乡村旅游资源开发从"小体量、投资运营一体模式"向"大体量、重资产、投资运营分离模式"转变。21世纪初,个体经营户和农民自建农家乐,综合利用果园、水塘、菜地等资源,实现吃、住、游、娱要素初级整合,是乡村旅游的主要形式,具有"小、弱、散"的特征。后来随着乡村旅游投入和工程量增大,整合开发、经营管理等运作模块逐渐分离,例如,广西阳朔的鸡窝渡村形成了宅基地承包、建设、使用和经营流转的权利分置创新模式,盘活了大量农村闲置资源。不仅土地、房屋实现溢价,民宿的品牌、设计、活动乃至民宿主等都可能成为乡村旅游可资利用的新资源,在较短时间内实现旅游资源叠加式新增和再生。同时,旅游开发过程也更多采用项目承包制,投资体量持续增大。以浙江省为例,2021年,浙江省文化和旅游在建项目共2857个,总投资2.07万亿元,实际完成投资2769.7亿元,平均每个项目投资接近1亿元。

知识卡片

乡村旅游规划空间布局

合理配置乡村的空间资源,并形成一种和谐的空间资源关系,使人们生活在其中,感觉到舒适与便利、自我与开放。这样的乡村空间伦理,对当下中国乡村建设,具有宏观的指导意义,即如何实现以人为本的乡村空间规划设计的关系。

1. 乡村空间的类型

近年来,伴随着城市生活的富足,城市人越来越青睐乡村的自然生态和简单朴实,乡村承载着太多人的情怀和记忆。

乡村空间分为生产空间、生活空间、交流空间、信仰空间、道德空间、商业空间等类型,并且与人们的生活密切相关。而在乡村生活中,老井、古树、老戏台、庭院、晒场等意象所形成的空间,正是乡村空间重要的组成部分。

(1)老井·乡村空间。

村中的那口老井,满足了人们的日常生活需求,是生产生活的空间,是村民们交流的公共空间,是令人敬畏的信仰空间,同时也是秩序规范的道德空间。

(2)古树·乡村空间。

古树是村庄的根,是村庄的魂。在那岁月铭刻的年轮下,它是人们推崇的信仰的力量,是交流的公共空间,亦是贸易往来的商业空间。

(3)老戏台·乡村空间。

老戏台,是乡村节日狂欢空间,是文化教化空间,是社会争斗空间,亦是流动的商业空间。

(4)庭院·乡村空间。

庭院,小空间,大智慧。那不足一人高的矮墙,将起居空间、生活空间、公共空间进行了完美的划分。

(5)晒场·乡村空间。

故乡的晒场,是秋收时的生产生活空间,是孩子们做游戏以及夜幕下放电影的公共空间。

2. 乡村空间功能的复合

乡村空间的功能具有多样性与复合性,这是一个非常突出的鲜明的乡土特色,与城市空间的单一性不同,在乡村中,每一个具体的空间都有很多不同的功能性及文化内涵。城市中,广场就是广场,道路就是道路,商场就是商场……这些小空间的功能划分过于明确,使其整体功能趋于单一化。而乡村空间,具有多元化和复合性的功能,比如老树这种意象下形成的空间,既可以是生产生活空间,又可以是公共空间,也可以是信仰空间。乡村空间的功能之所以多元化，实质就是以乡村生产生活为核心、以人的需求为核心，而不是以空间的功能性为核心。乡村空间的功能之所以能够叠合，在很大程度上取决于乡村空间表达出的一种精神，而不在于空间本身的性质。从这个角度来看，乡村空间的定义不是固定化的，它不是一个全封闭的空间，而是一个开放或半开放的空间，除了涵盖生产功能、生活功能及娱乐功能外，还有一些精神功能。

（二）乡村旅游创新路径

1. 加强特色主题产品打造

深度挖掘乡村旅游资源，形成特色。基于当地的自然、文化、人文等资源进行剖析，形成特色的乡村旅游品牌，增强游客的体验感和互动性。

2. 利用移动互联网技术为经营赋能

借助移动技术和物联网技术，为游客提供更加智能化、人性化的服务，如全程导航、自主选择景点、定制化行程、预约服务、特色餐饮服务等，保障服务的及时性，节约劳动力成本，提升服务效能。

3. 引入创新旅游产品，满足游客多元化需求

乡村旅游产业可以从文化体验、生态体验、休闲体验、运动体验、艺术体验等多方面入手，打造具有创新性的旅游产品，并不断更新和升级线路、景点等。

4. 创新融资模式，吸引更多投资

乡村旅游产业需要拓宽资金渠道，吸引政府和社会资本等投资，乡村旅游经营主体要创新融资模式，对关键节点项目要舍得让利，不以短期盈利为目的，以品牌效益、综合效益、长期效益为衡量标准，营造良好的投资环境，提升新项目的融资和资本实力。

5. 创新引智模式，争取更多专业人才

通过青年创业孵化、营销托管、大学生实训基地建设、人才飞地建设与自媒体矩阵建设等多种方式，采用项目分红、股权激励、经营对赌、特许经营权释放、众筹管理团队等合作模式，吸引更多远程及驻场专业人才和团队加盟到乡村旅游项目经营中来。

6. 完善服务体系和管理机制

一是建立科学的发展策略、运行机制和法律法规体系，提升乡村旅游产业服务质量，切实保障游客安全和利益；二是做好品质管理与标准制定，乡村旅游产业需要从品质控制和标准制定方面入手，确保乡村旅游产品的质量，实现品牌建设与市场化运作，打造有影响力的乡村旅游品牌。

7. 政府搭台，国企引领，建设联合经营机制

积极争取政府引导，地方平台公司搭台，发挥国有企业经济杠杆作用，打破行业壁垒，建设区域智慧旅游系统，实现合作共赢。针对乡村旅游资源不足、服务水平不高等问题，将产业链上游和下游的旅游企业、农民等充分整合起来，形成区域性整合营销、整合订购、统筹服务、统一管理的联合经营机制，提高营销效能，提升服务品质，降低管

理成本,构建合作共赢的行业关系。

(三)乡村旅游发展趋势

乡村旅游的快速发展解决了农村经济转型中的一些顽固性问题,推进了旅游和农业的协同发展。通过村民的创业、就业与增收,加速了当地农产品的产业化、网络化和品牌化等方面的发展。除此以外,还有一些新的趋势正在涌现,包括:

1.融合数字技术的乡村旅游

现代科技的快速发展促使数字技术与乡村旅游的深度融合,为游客提供更舒适、便捷、个性化的服务。例如,利用VR、AR等技术实现虚拟导览、在线预订等服务,提供更加个性化的旅游体验。

2.低碳生态乡村旅游

以传统文化、自然景观、生态保护为主题的低碳生态乡村旅游已经成为乡村旅游的一个重要分支。低碳、环保、可持续性成为新一轮乡村旅游的重要特征。例如,可持续经营的有机农庄、森林农场、自然村落等。

3.文化体验型乡村旅游

文化体验型乡村旅游将游客带到具有民俗文化、手工艺、民间艺术和饮食文化等多种传统文化元素的村庄,为游客提供文化体验,丰富游客的体验感受的同时也使村民直接受益。

4.基于"共享经济"的乡村旅游

共享经济模式,即共同使用公共资源、产品和服务,它逐渐在乡村旅游市场中得到应用。例如,借助民宿平台和共享出行平台,游客可以更加灵活、自由地选择其旅行方式,同时也给乡村民宿、餐饮等带来更多的发展机遇。例如,德国柏林公主农园,让都市人也能实现自己的田园梦。

5.乡村红色旅游

作为乡村产业振兴的新业态之一,红色旅游让"沉睡"的红色资源被"激活",昔日"沉寂"的山村也随之"苏醒",红色文化与乡村旅游相融合,不仅美了乡村、富了村民,还为乡村振兴注入了新活力。百年党史中的各个时期都在乡村留下了深刻烙印。乡村的红色文化资源十分丰富,红色旅游发展潜力巨大。在红色文化资源丰富的乡村积极开拓红色旅游的多元发展路径,是推动我国红色旅游高质量发展的必要之举,也是全面推进乡村振兴的有效方式。

6.乡村康养旅游

在乡村振兴战略和健康中国战略大背景下,"休闲田园+康养度假+文化旅游"模式,迎来了黄金发展期。田园康养休闲度假是农业与康养旅游业相结合的产物,即在乡村范围内,以田园自然康养环境与人文环境为依托,以"三农"为载体,以多产业融合为手段,以科学养生方法为指导,满足游客康体保健体验、乡村休闲度假、农业观光教育等健康养生目的的新兴农业旅游模式,即"农康旅"融合发展。

拓展阅读

开发红色旅游资源,高质量推动乡村振兴

7.乡村体育冒险旅游

2022年修订的《中华人民共和国体育法》第七十条明确规定：国家支持和规范发展体育用品制造、体育服务等体育产业，促进体育与健康、文化、旅游、养老、科技等融合发展。融合发展可以创造更多的机会和价值，提高社会的整体福祉，这是必然的趋势。"乡村旅游+体育休闲+生态农业"作为旅游市场的一种跨界新产品，是以田园乡村、体育运动的资源为基础，以休闲环境氛围塑造为依托，通过各种专项活动来规划、设计、组合成相关产品，引起城市居民的消费欲望与需求，进而促使他们参与运动以及感受大自然情趣的一种新的休闲旅游形式。

总体来看，中国乡村旅游市场的发展前景还非常广阔，在未来的日子里，乡村旅游将以文化传承、可持续性发展为基础，以多元化、差异化、个性化为宗旨，推进城乡融合发展和生态文明建设。

安徽西递村

安徽西递村传承徽韵文化，创新旅游发展。西递村地处黄山南麓、黟县盆地南侧，交通闭塞，历史上很少受到战争侵袭，因而村落得以较好保存。

西递村面积12.47平方千米，景区核心面积0.13平方千米，现有明清祠堂3座、牌楼1座、古民居155幢，古建筑保存较为完整。"村里最有特色的资源是古建筑，它就像一座宝库。"西递村党总支书记、村委会主任胡傲立介绍，2000年，西递被列入《世界文化遗产名录》，是世界文化遗产中难得的村落型遗产，享有"明清民居博物馆"美誉。通过探索文化遗产在保护中活化利用，"人、物、景"良性互动的可持续发展路径使西递村从一个普通村庄转变为国内外知名的乡村旅游目的地。

多年来，西递村积极依托特色皖南古建筑和田园风光发展旅游。1994年，西递村成立了西递旅游开发公司，并将部分旅游收入用于旅游开发和遗产保护。2015年起，黟县徽黄旅游发展（集团）有限公司承接了西递村的独家开发、经营与管理，保护和活化利用文化遗产，进行旅游开发。为实现可持续发展，西递村积极实施西递景区民宿水污染整治项目，推进生态治理工程，改善西递村水域整体水质；实施村庄环境卫生工程，常态化开展村庄日常保洁，加大村周边及公路沿线环境整治力度；鼓励商家使用环保用品，维持村落的水景观。同时，西递村还大力推进文旅融合，通过"旅游+传统文化"，打造"千古黟技，匠人圣地"百匠堂文化名片，包括非遗传承体验区、农耕文化体验区和徽食文化街区三部分；通过"旅游+研学"，成立研学旅行大师工作室，自主开发设计古村落游学、非遗项目体验、农耕文化体验等五类研学旅行产品；通过"旅游+传统民俗"，打造地方特色传统民俗活动，结合原有西递特色"抛绣

拓展阅读

体育元素融入乡村发展

微课链接

乡村旅游产品规划

球"和"徽州祠祭"表演,进一步丰富参与性、体验性业态。

（资料来源：文化和旅游部，https://www.mct.gov.cn/whzx/qgwhxxlb/ah/202112/t20211210_929734.htm）

知行合一
Zhixing Heyi

查阅相关资料,进一步了解西递村,从乡村旅游规划空间布局视角探讨其在空间利用方面的优势与不足。

任务二　研学旅行规划创新设计

任务描述：本任务主要学习研学旅行项目规划的相关概念、主要类型、基本原则及设计要点,归纳总结研学旅行相关政策文件要点,了解研学旅行行业发展现状、趋势。

任务目标：通过任务学习,理解研学旅行规划设计的基本内涵,掌握研学旅行行业发展政策导向,熟悉研学旅行项目专题规划设计的理念和主要内容。

 同步案例

《中国研学旅行发展报告（2022—2023）》

2023年3月20日,由中国旅游研究院、浙江省文化和旅游厅、绍兴市人民政府共同主办,绍兴市文化广电旅游局承办的"中国研学旅行发展报告·绍兴发布"会议在浙江绍兴召开。中国旅游研究院产业所张杨博士代表研学旅行课题组发布了《中国研学旅行发展报告2022—2023》,分别从演化、催化、坚守、聚焦、思考五个维度分享了年度报告的核心观点与主要数据。

自2016年教育部等11部门联合发布《关于推进中小学生研学旅行的意见》以来,人们对研学旅行的认知不断深化,研学旅行的参与者从狭义的中小学生扩展到学龄前儿童、大学生以及成年人、老年人等群体,呈现出更加广阔的发展空间。

研学旅行相关的政策红利仍在持续释放。从国家层面看,更多部门关注并支持研学旅行,更高层次的政策不断出台,在研学旅行的时间、空间和资源方面都有更多支持,总体上前瞻性和指导性更强。从省级层面看,研学旅行、劳动实践等成为各地文旅、教育等领域推进"十四五"规划的重要内容;相关职能部门在基地营地评定、研学课程建设、指导师培养等方面的融合、联动、协同正在加强;省级政策的颗粒度更细更小。值得关注的是,四川、湖北等省份在进一步推进研学旅行的专项政策建设方面有创新突破。

报告提出,疫情影响下,研学企业的坚守、创新、进场、离场同时发生。总体而言,

2021—2022年开展研学业务企业的数量不断增加,主体更加多元化,但新增注册企业的数量增幅有所缩窄。研学相关企业在华东、华中地区的分布较为集中,以湖南、江苏、山东最为明显。

报告显示,疫情让研学旅行遭受持续性打击的同时,也激发了行业内生动能,促进了企业不断转型升级。疫情下出行距离缩短、团组变小的现实制约,让研学企业更加聚焦课程的体系化开发,专注本地研学以及"楼下研学"的产品创新。作为研学旅行的核心承载空间,全国研学基地营地建设正处于"跑马圈地"式扩张生长中,体育、文博、工业等主题营地增长明显。学校端与基地营地的直连趋势一直是行业的关注焦点。从调查数据来看,大多数中介型旅行服务商对此已开始思考,或正在进行相应的调整和布局。

报告认为,研学旅行发展的关键在于人才培养。从研学旅行管理与服务新专业的开设,到研学旅行指导师新职业的诞生,都反映了人才短缺的现实困境及其超越路径。新职业人才的培养将为研学旅行高质量发展注入新动能。

(资料来源:中国旅游研究院,https://www.ctaweb.org.cn/cta/gzdt/202303/c15c73ade7624347b5627cc6051f0236.shtml)

案例分析

一、研学旅行概述

(一)研学旅行的定义

研学旅行具有广义和狭义两种定义。

广义的研学旅行并不限于中小学生,而是指任何旅游者,不论年龄、学历或职业,旅游者出于文化求知的需要,在人生的任何阶段暂时离开居住地,独自、结伴或者与团队一起在异地开展的文化考察活动。例如,中小学生的夏(冬)令营活动、高中生的交换生活动、大学生的专业实习、生产实习等活动,以及其他年龄阶段离开居住地在异地进行的以学习、研究或实践为目的的旅游活动都可以称作研学旅行。

狭义上的研学旅行,如《关于推进中小学生研学旅行的意见》中定义的那样,"由教育部门和学校有计划地组织安排,通过集体旅行、集中食宿方式开展的研究性学习和旅行体验相结合的校外教育活动"。研学旅行是学校教育和校外教育衔接的创新形式,是教育教学的重要内容,是综合实践育人的有效途径。2019年颁布的《研学旅行指导师(中小学)专业标准》(T/CATS 001—2019)和《研学旅行基地(营地)设施与服务规范》(T/CATS 002—2019)中也对研学旅行进行了定义:"以中小学生为主体对象,以集体旅行生活为载体,以提升学生素质为教学目的,依托旅游吸引物等社会资源,进行体验式教育和研究性学习的一种教育旅游活动。"从中不难看出,狭义上的研学旅行是特指参与旅游活动,并且以学习、研究和实践为目的的中小学生集体出行的旅行方式。本书主要采用狭义的研学旅行的定义,讨论研学旅行项目开发与运营的相关知识。

微课链接

研学旅行的发展与趋势

(二)研学旅行项目的定义

旅游项目的表现形式丰富多样,有资源开发、住宿、娱乐、交通、会议、节事活动等。张汛翰(2001)从规划设计角度,按照旅游活动与场地的对应关系,将旅游项目分为硬质项目和软性项目;从层次性的角度又可以分为集合项目、元素项目和单元项目。刘琴(2011)将旅游项目界定为一种设施或活动。它是具体可见的,能够落实到具体的地块上,有特定的主题和明确的功能。旅游项目是指为了旅游活动创造的产品,其中包含为开发目标而规划的投资、政策、机构以及各方面的综合体。

研学旅行项目是旅游项目中的一种,即以中小学生为主体对象,以集体旅行生活为载体,以提升学生素质为教学目的,进行项目规划、参与者投资、政策扶持、机构参与及各方面的综合体。

(三)研学旅行基地的主要类型

根据《研学旅行基地(营地)设施与服务规范》,研学旅行产品按照资源类型可分为五类,即知识科普型、自然观赏型、体验考察型、励志拓展型、文化康乐型。有学者则根据基地的具体资源属性与设施配置,将其归纳总结为十类,即国防军事类、科普教育类、文化遗址类、科研机构类、文博院馆类、古村古镇类、民族艺术类、红色旅游类、综合实践基地、青少年活动中心。其中,科普教育类基地占比最高。也有文献将基地分为自然风景区、文化遗产景区、综合实践基地、农业基地、工业园区、高等院校和科研院所等。

综上,在总结已有成果、合并同类项的基础上,本书将研学旅行基地划分为以下七个类别。

1. 科普教育类

科普教育类基地主要向学生提供各种科学知识、科技常识等科普内容,以培养学生的科学素养。科普教育类基地包括各类高校、科研机构、工业园区等。

2. 民族遗产类

民族遗产一般指各类物质文化遗产,包括各类历史遗址、历史建筑、村镇聚落、壁画石刻、史迹遗存等。民族遗产类基地给学生提供深入了解、直接接触体验民族传统文化与文化遗产的机会,并在此基础上培养学生对传统文化遗产的认知与爱护,提高学生的美素养与人文关怀。

3. 文化艺术类

人类在文化艺术上的创造非常丰富,能正确认知与欣赏博大精深的文化艺术,也是对人类本身认知的提升,是一种重要的人文素养。文化艺术类的基地提供的研学项目以文化艺术的欣赏与熏陶为主,主要目的是提高学生的人文素养与综合发展能力。

4. 自然风景类

自然风景类基地主要是自然风景类的旅游目的地,包括山川水系、林石洞天、动物花木、四时风光等。自然风景类的研学基地能够让学生亲近大自然,了解生态环境,欣赏大好河山,既陶冶情操,又锻炼身体。

5.乡村农业类

乡村农业类基地是在当下的乡村田园环境中建设而成的,是自然环境与人工改造的村落环境的综合体,既有适合人们生活的环境,也有新开辟的田园空间。乡村农业类基地是在"农家乐"与乡村民宿等产业基础上转型升级形成的新业态,契合乡村振兴战略。

6.红色教育类

红色教育类基地是以爱国主义教育为主要产品与服务的一类研学基地,一般在红色旅游目的地、革命根据地遗址、革命博物馆等旅游目的地的基础上建设。红色教育是培养年轻一代的爱国情操与综合素质的关键一环。

7.国防军事类

这类研学基地一般依托已有的但并非保密的、可以对公众开放的国防军事类设施进行开发。这类研学基地的主要目标是通过展示国防军事方面的知识,提高学生的国防认知,并在此基础上培养学生的爱国情操与民族自豪感。

【思考讨论】请查阅资料,分析某一全国科普教育基地的研学旅行项目。

二、研学旅行规划实践

(一)研学旅行项目设计的基本原则

1.教育性原则

与一般旅游项目相比,研学旅行项目承担着校内教育与校外教育相结合的责任,在进行研学旅行项目的开发与运营时,教育功能是最需要注意的,需要结合学生身心特点、接受能力和实际需要,注重系统性、知识性、科学性和趣味性,为学生全面发展提供良好的成长空间。研学旅行项目的策划通常是和某一学科或多个学科结合,确定相应主题而开展的,是综合实践活动课程的重要组成部分。研学基地在开发时,要考虑其规划与设计是否符合课程设置要求。研学旅行活动本身要具体根据其在研学主题与本地特色基础上编制的教育大纲,通过观赏、阅读、探究、服务、制作、体验等各种丰富的方式表达活动的核心主题,形成符合多元化的实践性课程,培养学生的综合素质,促进学生的多元能力发展。

2.实践性原则

研学旅行不是一般性的旅游活动,是一种综合了"研""学""旅""行"的多元的新型实践课程形态,是课堂教学之外的实践性教学模式,强调让学生走出课堂,在广阔天地中亲身实践,这对于提高学生的实践能力和综合素养有积极促进作用。实践性是研学旅行的主要特征之一,因此,研学基地的场地空间设计要能便捷、合理地满足研学旅行中的各种实践活动需求,并尽可能根据研学主题来进行空间设计,以便烘托气氛,提升学生体验。

研学旅行课程只有通过开展社会实践,开展体验性学习,引导学生体验自然生态环境或社会生产劳动,了解人与自然的关系,理解社会系统运作,才能有助于增强学生的爱国、爱家、爱岗意识,以及环保意识与社会责任感等基本价值观,并发展实践能力。

3. 规范性与安全性原则

目前国内研学旅行的学员以中小学生为主,自主能力与抗风险能力较弱,需要比较周全的照顾与服务。因此,研学旅行基地提供的设施与场所对安全的要求较高;相关设施与布局应该能够保障学生的人身安全,并有利于教师及管理者进行规范性管理。其中,安全规范最为重要。安全设施应符合《研学旅行基地(营地)设施与服务规范》及各级标准要求,并且进行定期保养,确保安全设施的有效状态;在条件许可的情况下,建议在设施的设置安排等方面,尽量采用人性化设计,并凸显主题特色。

4. 公益性原则

《关于推进中小学生研学旅行的意见》强调研学旅行不得开展以营利为目的的经营性创收,对贫困家庭学生要减免费用。因此,在研学基地的规划设计上,也需要贯彻公益性原则,尽量控制开发与运营成本,以免后期需要用较高的学费来覆盖成本。所以规划设计既要考虑以社会效益为主要目标的实际运营需要,又要在符合各项标准的基础上严格控制相关成本。研学基地的建设方向应该考虑满足不同年龄段学生的各种需求及相应课程活动,在规划设计上贯彻空间开放、共享使用的理念。

【思考讨论】除了以上基本原则,还有哪些旅游规划的共性原则应该贯彻在研学旅行项目规划设计实践中?

研学旅行课程设计

(二)研学旅行基地的开发理念

1. 明确特色主题

研学旅行基地开发,要在分析本土文化资源的基础上,形成有本土特色与本土生命力的特色元素,再提炼、整合、塑造形成相应的特色文化主题。主题既要有积极意义,也要植根于本土文化与基地的基础基因,还要符合文旅融合与素质教育的主旨。如果之后发展顺利,还应该提炼形成品牌标识,培养品牌效益。基地的主题可以是多个或者复合的,但需有主次;相邻地区的不同基地间的主题也可以有机组合形成一个可以互动的系列主题。服务和产品还可以联合一些广受欢迎的IP来进行推广。

研学基地可以为学生提供丰富的旅游吸引物,是供学生开展研究性学习和集体旅行生活的场所,整体应有一定的观赏价值、历史价值或文科教化价值。因此,文化教育资源的挖掘与塑造是研学基地建设的关键。

2. 突出研学教育功能

研学旅行目的地应当与一般旅游目的地有所区别。目前,国内外学界对研学旅行基地尚没有明确的定义。2016年,《研学旅行服务规范》首次提出"研学营地"概念,即研学旅行过程中学生学习与生活的场所。

研学基地在观光游览和休闲度假方面应有较高的开发利用价值,并且具备适合宣传教育的基础资源,应围绕主要的研学功能与主题(如团队协作、动手实践、生活自理能力提升、传统文化、科技、生态、爱国、思政、纪律教育、体能训练等)来进行规划与设计。

3. 甄别参与者需求

要通过扎实的市场调研与分析,在研学基地现有基础上,归纳总结出能够符合潜在客户群体核心需求的研学主题,并设计相应的具体旅行活动方案。在明确的主题和课程基础上,设计能够符合各类活动需要并提升用户体验的空间场所与设施。总体来说,《研学旅行基地(营地)设施与服务规范》要求基地场所规模适当,满足活动需求,布局与路线合理方便;有相应接待与配套设施以满足生活需要,整体布局应当合理,环境设施应当整洁且安全和卫生达标;景点类游览路线设计应与研学主题相关;确保活动安全性、营运秩序良好、管理人员到位,具备完善的安全设施与管理制度;具备一定的医疗保障条件。

4. 符合标准、遵守规范

研学基地开发需要符合国家与当地各级管理部门的各类规范、标准与管理要求。

《研学旅行基地(营地)设施与服务规范》中有关研学基地的规划与设计,主要涉及环境空气质量、声环境质量、污水综合排放、生活饮用水卫生、食品安全与餐饮卫生、洗浴卫生、消防安全、游乐设施安全、垃圾分类、旅游厕所质量、导游服务规范、饭店星级评定、休闲露营地建设与服务、研学旅行服务、道路及游憩服务设施等方面的基本标准与要求。

5. 提供系统性产品

研学基地应该提供有教育价值的、复合多样的研学旅行产品,包括有吸引力、有趣的观赏、体验或互动项目体系。要在横向上(同一地区的同类产品之间相互支持的有机系统)和纵向上(全产业链上相互联系的不同产品与服务也要加强合作,形成共赢)都形成有机产品系统。

6. 与时俱进,智能化与可持续发展

信息时代的市场变化总是迅速的,学生随时能接收到潮流信息。研学旅行产品有教育属性,必须与时俱进,以便能够为学生提供最新的学习体验,形成有吸引力、有趣的观赏、体验或互动项目体系,而落后于时代的研学活动会失去教育意义。

研学旅行数字化发展趋势

据预测,研学旅行在未来 5 年内将达到千亿元的市场规模,"暑期档"研学旅行异常火爆,它在数字化发展赛道上也在加速创新,智慧研学平台的运用是未来推动研学旅行治理现代化的重要一环。智慧研学平台利用人工智能、大数据、云计算、物联网、区块链、移动互联网、"5G+"等数字技术和平台化理念，采用"一云多端"的技术架构，可连接政府监管端、学校管理端、机构应用端、家长服务端和基地营地端，帮助解决研学市场的社会治理、监管难题。

新一代数字技术具有普惠性、便捷性、开源性、共享性。依托研学数字化服务平台，在政府主导下，研学机构、学校等不同参与主体能够通过数字化方式统筹协调研学各类资源、共享多元化社会服务。大数据、云计算平台等数字化手段赋能，提高了治理过程中的信息透明度，使得研学各个环节安全公正，并且向家长开放意见反馈渠道及接受监督，契合了数字社会治理对外开放的服务理念，有利于解决研学各参与方之间的信息不对称问题，加强整体流程管控和提高服务效率。

智慧研学平台可通过制定研学课程开发标准、研学旅行服务规范标准、研学旅行效果评价体系等保障研学旅行安全、规范、高效、有序开展，真正做到让政府安心、学校放心、机构省心、家长舒心。

(三) 研学旅行基地项目规划编制的主要程序和内容

在完成可行性分析报告、确定建设方案具备较高可行性的基础上，需要明确研学基地项目的开发定位，并编制规划与设计任务书。

1. 规划与设计任务书的编制依据

规划与设计任务书的编制依据，一是其先天条件（已有资源、面临的限制等），二是国家与各地管理部门出台的各类相关规范与管理条例。其中，主要的国家政策法规与行业标准规范包括：国务院办公厅发布的《国民旅游休闲纲要（2013—2020年）》与《关于促进旅游业改革发展的若干意见》；教育部等11部门联合发布的《关于推进中小学生研学旅行的意见》；教育部发布的《中小学综合实践活动课程指导纲要》；国家和行业标准《旅游规划通则》《休闲露营地建设与服务规范》《研学旅行服务规范》；文化和旅游部发布的《文化和旅游规划管理办法》；中国质量认证中心发布的《中小学生研学实践教育基地、营地建设与管理规范》；中国旅行社协会发布的《研学旅行基地（营地）设施与服务规范》。

此外，研学基地的建设开发涉及区域规划、建筑设计与土木工程各方面，需要对接各地的规划、建设与环境等各方面的政策。

2. 规划与设计任务书的编制要求

(1) 符合当地的城市规划、城市管理、教育规划、文化旅游规划等各方面政策倡导的发展方向。

(2) 找准能够突出本土特色的研学主题，在任务书中提出相应的主题策划要求。

(3) 突出课外素质教育、与团队合作的能力，以及实践的功能。

(4) 发展目标与规划设计任务要符合实际并具有可操作性与易评价性，应该尽可能通过量化指标来明确具体任务。

3.规划与设计任务书的编制内容

研学基地的规划与设计任务书的编制内容,需要兼顾文化旅游与教育两方面的产品和服务属性。编制内容应该大致包含以下内容。

1)资源分析

研学基地项目中,能利用的一切有形或无形的物质、条件等都可定义为资源。不利的条件与限制,则是资源有所限制的状态。资源分析包括已有的、可利用的内外有利资源,如旅游吸引物、扶持政策、基础设施等方面;当下市场和能预判到的中长期市场状态,以及潜在客户群体的认知与培育。应深入分析资源限制的条件,探讨限制条件下的对策方案。

2)学习目标与定位

在已有先天条件的基础上,确定合理可行的学习目标与定位是能够进行下一步工作的重要保障与必要步骤。明确合理的近期、中期和远期目标,能够帮助项目开发工作有序推进。目标定得过低,会导致资源浪费;目标定得过高,则无法实现,导致投入得不到应有回报。因此,要根据研学基地的内外条件,在前期调研的基础上,找准项目的长期目标与短期目标,并确定基地的战略定位、功能定位、市场地位等,在此基础上形成短期、中期与长期的发展思路与发展规划。

3)主题策划

主题策划是指根据资源分析与项目定位,确定适合研学基地的主题与发展方向,并进行相关的配套策划与课程设计,以便能进一步确认需要的功能分区、场所形态与交通流线等。项目中的建筑设计、空间修饰、花木栽种等,都必须与策划的主题相一致,并能烘托主题气氛,展现项目特色等。

4)功能分区与流线设计

根据主题与课程设计,进行合理的功能分区布局,设计相应的空间形态与装饰主题,规划适当的动静流线。另外,需要规划好分阶段的建设时序与进度,开发要分清主次缓急,并安排好监管措施。

5)优化配套设施与辅助设施

落实必需的各种安全保障,优化后勤辅助空间的安排与设计,确保各种设施能合理有序地设置。其中包括工作人员使用的后勤辅助空间,以及学生使用的室内外活动空间中的辅助设施和附属空间。基于目前智能化设备与管理的普及,如果条件允许,建议多使用智能化设施设备来提高工作效率,同时也要做好政策、市场、质量、监控等方面的保障。

6)成本与收益测算

要对项目建设与监管的成本进行估算与监控,并测算如何达到收支平衡。研学基地的公益性要求项目不能把利润作为主要目标。为了保证公益性,项目的开发成本需要监管与控制。

拓展阅读

如何打造精品研学旅行基地？

微课链接

研学旅行基地建设要点

拓展阅读

研学旅行五大经典案例研究

研学旅行五大经典品类

　　研学旅行市场拥有庞大的市场基数、研学旅行被纳入素质教育均说明研学旅行市场潜力大、未来可期。研学旅行的开展离不开研学旅行目的地，随着研学旅行教育内容的细分，研学旅行项目层出不穷、百花齐放。目前，"跨界融合"成为研学旅行发展的主流趋势，现有研学基地与户外拓展、自然教育、综合实践、田园体验、爱国主义教育等品类相结合，构成研学市场重要产品体系。

　　（资料来源："旅居天下游来已久"微信公众号）

　　阅读研学旅行五大经典案例资料，思考作为研学旅行基地，如何提高客群的参与度和加强体验感，开发双向互动式研学产品，呈现更有深度的目的地研学内容，规划设计出精品研学旅行基地。

任务三　遗产旅游规划创新设计

　　任务描述：本任务主要学习遗产旅游规划的概念、原则与内容，在对遗产资源现状分析与评价的基础上，探索遗产旅游空间布局与功能分区、影响评估与实施保障等遗产旅游规划创新路径。

　　任务目标：通过任务学习，掌握遗产旅游规划的基本内涵，分析遗产地旅游规划与开发的现状问题，提出推进遗产地旅游可持续发展的规划策略。

《世界遗产公约》"下一个 50 年"主题活动

　　2022年，《保护世界文化和自然遗产公约》（以下简称《公约》）迎来自己50周岁的生日。在过去的50年中，《公约》在保护传承人类的宝贵遗产，转变我们认识遗产的方式等方面发挥了巨大作用。

　　值此50周年之际，我们所赖以生存的世界却面临着前所未有的挑战。不仅有疫情对人类经济、社会与文化生活的影响，更有着不断加剧的环境恶化，以及不断扩大的社会隔阂。我们正处在一个未知领域，不断对我们作为个体、社会以及全球社群的基础价值观提出疑问:我们真正宝贵的财富是什么?我们应该怎么做才能让世界变得更好?在面对危机之时,我们应向下一代传递什么?

以此为背景,联合国教科文组织(UNESCO)认为,《公约》50周年不应该仅仅回顾、庆祝过往 50 年中所取得的成就,更应该以此为契机,致力于对世界遗产的未来发展开展跨学科的反思。

在此精神的指导下,2022 年《公约》50 周年的活动主题确定为"下一个 50 年:作为韧性、人类与创新之源的世界遗产"。

1. 主题介绍

在该主题的指引下,"下一个 50 年"活动框架覆盖以下五个领域:
- 气候变化与遗产保护;
- 数字化转型;
- 疫情后的恢复;
- 可持续旅游;
- 申报遗产地的均衡代表性。

以上五个领域代表了当前影响遗产保护工作的已知挑战和尚未得到完整探索的领域。通过对以上领域进行思考、反思与实践。"下一个 50 年"活动会为未来的遗产保护事业提供有建树的成果并实现创新加速的潜力。

2. 方法论

无论是气候变化、过度旅游抑或是疫情后的恢复,当前世界遗产地所面临的挑战与整个世界局势的变化与危机所带来的影响有着紧密的关系。因此,以围绕着遗产保护主题的解决方案为导向的讨论离不开除遗产学科之外的多学科专家的参与。

通过以下方式,UNESCO 旨在将人们对世界遗产的浓厚兴趣转化为对知识界和公众开放的动态场合,这些工作方法包括:
- 促进对非传统的、创新方法的讨论;
- 拓展遗产领域与非遗产领域的专家库;
- 推动前沿研究;
- 探索跨部门协同效应。

(资料来源:中国古迹遗迹保护协会,http://www.icomoschina.org.cn/content/details90_10668.html)

案例分析

一、遗产旅游概述

1. 遗产及世界遗产

大多数研究认为,"遗产"与历史相关,是某种前人留给子孙后代加以传承的东西,其中既包括文化传统,也包括人造物品;也就是说遗产是指那些社会希望继承的东西

(Tunbridge和Ashworth,1996)。这意味着遗产是具有选择性的。

遗产是当代社会选择继承与传承的历史部分;遗产既可以是物质的,也可以是非物质的;既可以是文化的,也可以是自然的。根据等级,遗产可划分为不同的类型,即世界遗产、国家遗产、本地遗产和个人遗产(Timothy,1997),有的划分则只涉及前三种。

世界遗产(world heritage)是一项由联合国支持、联合国教科文组织负责执行的国际公约建制,以保存对全人类都具有杰出普遍价值的自然或文化处所为目的。

世界遗产主要分为世界自然遗产和世界文化遗产两大类。其中,世界自然遗产(世界自然保护联盟,1977)包含世界湿地遗产(湿地国际联盟组织,2009),世界文化遗产(国际古迹遗址理事会、国际文化纪念物与历史场所委员会,1977)包含文化景观(1992)、线性文化遗产(1998)、全球重要农业文化遗产(联合国粮农组织、联合国开发计划署和全球环境基金会,2002)、世界灌溉工程遗产(国际灌溉排水委员会,2014)和现代遗产(1986),《世界遗产名录》还收录了世界文化与自然遗产(1987)、濒危世界遗产(1994)和被除名的世界遗产(2007)。另外,还有世界记忆遗产(世界记忆工程国际咨询委员会,1992)、非物质文化遗产(联合国教科文组织保护非物质文化遗产政府间委员会,2001)。

拓展阅读

遗产的主要类别及相关概念

【思考讨论】《保护世界文化和自然遗产公约》对遗产保护起到哪些促进作用?

2. 遗产旅游

学术界通常把前往世界遗产地的旅游称为遗产旅游。其实在世界遗产诞生之初就已经出现了小众化的文化旅游。当更多的文物、古迹、历史城区演变为世界遗产,遗产旅游也随之诞生。随着世界遗产的概念与范围不断扩大,现在遗产旅游也包括所有自然与文化保护地的旅游,不再仅仅限于世界遗产地(张朝枝,2022)。

世界旅游组织定义的遗产旅游(heritage tourism)是指:"深度接触其他国家或地区自然景观、人类遗产、艺术、哲学以及习俗等方面的旅游。"世界旅游组织指出,近40%的国际旅游都涉及遗产和文化。

Poria(2001)等学者提出另外一种遗产旅游的定义角度,认为遗产旅游是一种基于旅游者动机与认知而不是基于旅游景区景点具体特性的现象。据此,Poria(2001)等学者将其定义为一种旅游类型,旅游者游览旅游景点的主要动机源于该景点的遗产特色以及他们对遗产的认知。

无论是根据旅游地的历史和自然特性来划分遗产旅游的类型,还是强调旅游者认知和动机,这些观点都认为遗产以及对遗产的理解是无法同存在的环境分离开的,只是不同地域强调的重点不同。遗产旅游的研究领域具有极强的学科交叉性,它交叉了旅游学、环境科学、规划学、社会学、管理学、地理学、历史学、生态学等学科,旅游学和环境科学所占比重较大。

【思考讨论】请列举涉及遗产的旅游活动方式。

二、遗产旅游规划实践

（一）遗产旅游规划的原则与内容

1. 遗产旅游规划的原则

遗产旅游规划是遗产保护前提下遗产资源有限利用的一种形式，是满足人们对过去文明的一种认识和体验，是对开展历史文化与科学知识教育的地域与场所做出的统筹安排，具有功能指向性、使用限制性、遗产持续性等特性。

1）旅游发展与遗产保护相协调

根据遗产属性特征确定遗产利用方式和利用强度，以供定需，保护第一，合理利用，有限利用，通过时间协调、分区协调、社区协调、管理协调等多维方式实现保护与利用的协调。

2）旅游产品与遗产价值相一致

价值是遗产存在的基础，遗产地旅游产品生产必须是基于价值的生产，不得开发同价值不相关的旅游产品。遗产价值的多样性和可利用性，决定了旅游产品的多样性、适宜性和适度性。

3）旅游规模与遗产容量相匹配

遗产保护的基本目标是传承与教育、科研与科普。受自然季节性影响，旅游者流动规律也呈现明显的季节性，直接表现为客流的波峰波谷现象，导致遗产空间与服务设施超载问题严重，直接对遗产安全、访客安全、生态安全造成威胁。所以旅游规划必须充分关注遗产地承载力与旅游规模的匹配性问题。

4）旅游服务与区域发展相统筹

现代旅游发展促使遗产保护观念的变化，从被动保护转向主动保护，从消极保护转向积极保护。由于遗产地成为区域发展的重要资本和动力，遗产旅游规划必须从区域角度统筹遗产旅游与区域旅游的协同发展、遗产旅游服务基地同区域村镇体系发展布局的协同，实现保护与发展的统一。

5）旅游品牌与遗产形象相呼应

旅游规划强调旅游产品与项目策划、品牌与形象策划，但所有策划必须同遗产地属性一致，只能强化遗产地的积极形象，不能强化遗产地的负面形象。

2. 遗产旅游规划的内容

遗产旅游是当代一种普遍的社会经济现象。从遗产角度，遗产旅游是遗产资源利用的一种方式，是遗产价值实现的一种途径；从旅游角度，遗产是一种特殊类型的旅游资源，由遗产类型与价值来决定旅游产品形态，是一种有限制的和负责任的旅游，是一种以供定需的旅游。遗产旅游规划主要建立遗产保护与旅游发展的协调发展机制，以

拓展阅读

跟着国宝去旅行——关于促进文化遗产旅游高质量发展的倡议

及遗产地同区域的协调共生机制。

遗产旅游规划的核心任务是实现价值、解决矛盾，在遗产保护、社会需求、地方发展之间建立沟通协调平台和持续发展路径。深入研究遗产地自然或人文生态系统的结构特征及其遗产价值载体属性，发掘适应社会需求的可利用遗产资源。

遗产旅游规划应当包括规划总则、遗产现状分析与评价、遗产旅游需求分析与预测、遗产旅游思路与定位、空间布局与分区指引、专项规划、旅游规划影响评估与规划实施保障等内容。

遗产旅游规划成果包括文本图册、说明书与基础资料汇编等内容。

知识卡片
Zhishi Kapian

拓展阅读

遗产旅游规划说明书（大纲）

遗产旅游的真实性

《实施〈世界遗产公约〉操作指南》(2021)对文化遗产保护领域的真实性给出了最基本的定义。依据文化遗产类别及其文化背景，如果遗产的文化价值的下列价值特征要素真实可信，则被认为具有真实性：外形和设计；材料和实质；用途和功能；传统、技术和管理体系；位置和环境；语言和其他形式的非物质遗产；精神和感觉；其他内外因素。

王宁(1999)将旅游体验真实性归纳为客体导向的"客观真实性"和"建构真实性"，以及主体导向的"存在真实性"。"客观真实性"意为旅游中真实的体验，等同于对原物的真实性的体验；"建构真实性"指依据个体经验建立起来的真实性；"存在真实性"是旅游者在无拘无束的状态下体验到的"真实性"，他们借助旅游客体来寻找到本真的自我，它包括个体内在的真实性和个体之间的真实性。

从旅游主体视角，真实性可以定义为旅游者对自身体验真正的享受和感知(Kolar 和 Zabkar，2010)，是主体的"真实性感知"，是主体体验的真实，是一种主观感知状态，既与客体目标物真实程度有关，又依赖于主体的参与性过程。它指与旅游相关的居民和游客等主体体验的真实。

不同的访问者有不同的真实性诉求和感知体验，访问者体验的类型可以划分为存在型、实验型、体验型、转移型、娱乐型五类。遗产体验的核心其实是真实性信息的表达、传递和接纳过程，主体对这个过程的体验是经过设计而定制的，但这种定制仍需以文化遗产的"真实性"为中心，从而实现遗产价值与旅游价值的统一。

【思考讨论】以某一遗产旅游目的地为例，分析遗产旅游规划中如何实现客观真实性和建构真实性的平衡。

(二)遗产资源现状分析与评价

遗产资源现状分析与评价既包括对遗产本身的禀赋分析与评价,也包括遗产地的区域发展条件、发展现状和发展问题,以及与周边或同类型遗产间的竞合分析与评价等内容,是遗产认知和保护、遗产利用的前提和关键,也是遗产旅游规划的基础工作,综合性较强、数据量较大,往往涉及遗产地各个方面的信息收集与整理。

1. 遗产区域调查与评价

一方面,遗产区域调查需在相关文献、企事业资料及综合各领域专家意见的基础上进行广泛的普查、征集、筛选及数据处理,建立起遗产信息数据库;另一方面,要将遗产置于区域大环境发展格局中,分析遗产保护和利用的大环境发展现状与趋势。对获取的数据和信息进行整理,依托一定的评价标准或评价方法,对遗产区域调查情况进行分析和评价,整理出遗产区域综合区位条件、自然环境条件、社会经济条件等发展条件,对遗产旅游资源禀赋进行分析。在综合条件下,对周边遗产或同类遗产的资源、区位、旅游产品开发方向等进行竞合分析,对遗产及遗产区域的旅游经济、旅游品牌、旅游要素、旅游设施、旅游宣传营销、过去和现在存在的问题等发展现状进行分析。遗产区域调查与评价,可为遗产旅游规划提供信息支持,是遗产旅游规划各个部分的基础数据支撑。

2. 遗产价值研究与评价

遗产具有价值是进一步对其进行保护和利用的基础条件和原因,既包括对遗产某一具体场地上的资源进行分要素的价值研究与评价,得到该场地适合旅游开发的价值大小;也包括对遗产各个场地进行总体评价,即遗产整体评价,从中选择若干处作为重点开发的区位。基于遗产区域调查与分析,结合遗产本身的文化、艺术、美学、技术等方面的价值属性,我们可从历史价值、科学技术、社会文化、艺术审美、效益转化等方面综合研究和评价遗产价值,并依托科学的评价体系或评价方法,对遗产价值进行的定级或分类。通过遗产价值研究与评价,兼顾遗产的保护要求和再利用目标,结合不同等级、不同类型遗产的保护利用规定和要求,采取科学、适用的保护和再利用策略,能够有效促进遗产的适应性更新。

(三)遗产旅游空间布局与功能分区

遗产旅游发生和发展是以一定的空间为载体的,由遗产旅游资源加上一系列必要的设施和服务所构成。如何按照旅游市场需求,结合遗产旅游资源的分布特点和遗产地交通网络、城镇体系、旅游定位等,有效地进行遗产旅游地合理的空间布局和分区整合规划,形成体系化的、内部差异化的空间分区,是遗产旅游规划过程中需加以解决的重要问题之一。

1. 空间布局

遗产旅游空间布局是否合理直接影响遗产旅游目的地的健康、持续发展。遗产

微课链接

旅游真实性理论整体框架

拓展阅读

海丝之路文化遗产活化利用宁波倡议

旅游空间布局规划需结合遗产旅游发展的思路与定位,以遗产地国土空间规划为基础,立足遗产地重点资源分布、交通格局、城镇分布、区域发展规划、旅游项目存量等综合因素,在充分考虑未来旅游发展大趋势、遗产地交通格局更新变化的基础上,推动遗产旅游区域发展战略与遗产旅游空间有机统一、遗产旅游空间战略与遗产旅游要素配置有效衔接,谋划遗产旅游整体空间布局,将遗产旅游空间划分为核心区、辐射区、发展带、核心乡镇、缓冲区、保护区等,布局遗产旅游生产力格局。

旅游规划作为国土空间规划下的专项规划之一,必须严格遵守国土空间规划的三条控制线,即按照生态功能划定生态保护红线;按照保质保量要求划定永久基本农田;按照集约适度、绿色发展要求划定城镇开发边界。这三条控制线是调整经济结构、规划产业发展、推进城镇化不可逾越的红线。同时,遗产旅游发展规划作为文化旅游规划的重要类型之一,必须坚守一条重要的文化控制线,即文物保护控制线,这是为了保护文物而划定的一条虚拟线,是文物保护措施的具体体现,明确了文物保护的范围和边界。

2. 功能分区

遗产旅游功能分区是遗产旅游规划的重要手段,这种分区不能依据行政区划,而主要依靠遗产综合区位和优势资源的特性,是旅游规划的重头戏。在遗产旅游空间布局的基础上,进一步进行用地安排,结合旅游者食宿、购物、游憩等需求,对不同的旅游区进行游览区、接待服务区、商业服务区、遗产体验区、遗产保护区等功能分区,赋予各个区域不同的旅游功能,并将其整合为遗产地综合旅游功能。在进行功能分区时,既要使游客在各个区域停留更长的时间,也要关注遗产保护与控制;既要处理好各个区域之间的相互关系,推动协调统筹发展,也要处理好遗产旅游区内部的相互关系,协调安排旅游区内部旅游设施、旅游活动,并提高旅游区管理水平。

同时,遗产旅游的核心吸引物是遗产资源,规划的首要目标是对遗产资源的保护,通过持续地对遗产资源进行管理以达到保护和发展旅游的双重目标。平衡遗产资源保护和游客对遗产资源的使用之间的关系贯穿整个规划过程,需要将遗产旅游开发与遗产保护相结合,划分遗产保护区、遗产利用区、缓冲区等,实现分区保护和利用,并考虑遗产旅游区的游客容量与接待规模,结合"反规划",优先规划遗产旅游区的非建设用地、不发展区域等,根据遗产保护要求和旅游区环境要求设置游客设施、组织客流,保护遗产资源和景观的完整性,以免造成破坏。

微课链接

遗产旅游发展红线

拓展阅读

文化和旅游部关于推动非物质文化遗产与旅游深度融合发展的通知

知识卡片
Zhishi Kapian

"反 规 划"

"反规划"(anti-planning)一词最早由俞孔坚和李迪华(2002)提出,是城市规划与设计的新的工作方法,即通过优先进行不建设区域的控制,来进行城市空间规划的方法。在旅游区的规划中应用"反规划"方法,就是从环境容量、生态基础设施等方面入手,将优先规划旅游区的不建设用地作为项目设计的依据,划定强制性的不发展区域,以避免景区盲目开发建设,达到资源和环境保护的目的。

遗产社区

"社区"源于社会学的范畴。1887年德国社会学家滕尼斯在其著作《社区和社会》中首次将"社区"作为一个专业名词提出来,他指出社区是与现代社会对立的、旧有的人类生活组织形式,主要强调群体的共同性、组织性和联结性。

我国"社区"的概念是在20世纪30年代由社会学家费孝通基于外文翻译而来,他将社区定义为若干社会群体(家族或氏族)或社会组织聚集在某一地域里所形成的在各方面都相互关联的集体。2000年,我国下发的《民政部关于在全国推进城市社区建设的意见》中对社区做了定义,指出社区是居住在一定地域范围内人们社会生活的共同体。

遗产社区是一种特殊的社区类型,在遗产领域具有遗产属性,在城市研究领域具有社区属性。国内学者对遗产社区的理解,倾向于"遗产"和"社区"的有机融合。

遗产旅游是遗产社区的重要研究角度,把遗产旅游和社区结合起来,将"遗产社区"作为"遗产旅游目的地"呈现,即通过那些以遗产旅游为主导产业的社区,对遗产进行保护和利用,最终实现社区和遗产的共同发展。

遗产社区的界定标准不一,但主要从以下几方面定义:一是同属于一定的地理空间;二是与文化遗产有密切关系;三是人群之间有某种共性认知或文化维系力的群体。

遗产旅游容量

旅游容量是一个概念体系,是一个集合概念,并非各种旅游容量的数值之和,包括旅游感知容量、旅游资源容量、旅游生态容量、旅游经济发展容量、旅游社会地域容量等。遗产旅游容量是指在一定时间和空间内,在不损害遗产地的自然与人文环境、社会经济发展以及确保旅游者感知质量的前提下,所能承受的旅游业发展规模、旅游活动的最高限度,在数量上可量化为旅游人数的最大值。

● 旅游感知容量,指旅游者在某一地域从事旅游活动时,在不降低活动质量(保持旅游者一定审美体验、旅游质量)的条件下,该地域所能容纳的旅游活动最大量。

微课链接

遗产旅游容量

● 旅游资源容量,指在保证游览质量以及旅游资源数量的前提下,某地旅游资源(包括自然资源和人文资源)所能提供的最大旅游活动量。

● 旅游生态容量,指在一定时间内旅游地域的自然生物链不被破坏、自然生态环境不退化的前提下,旅游场所能容纳的旅游活动量。

● 旅游经济发展容量,指一定时间、一定区域范围内经济发展程度所决定的能够容纳的旅游活动量。它主要受旅游基础设施建设程度、餐饮住宿、旅行社等发展程度的影响,还受到外资吸纳消化能力、人力资源供给以及与其他冲突产业的利益关系等影响。

● 旅游社会地域容量,指旅游接待地区的人口构成、宗教信仰、民情风俗、生活方式和社会开化程度所决定的当地居民可以承受的旅游者数量。通常考虑两个方面:一是本地居民接纳外来游客的程度和对政府发展旅游业的态度,二是游客对旅游地总体形象的感知。

【思考讨论】分析北京中轴线文化遗产的旅游规划举措对城市可持续发展所产生的影响。

(四)遗产旅游规划影响评估与规划实施保障

1. 遗产旅游规划影响评估

旅游规划意味着分析过去、把握现在、预测未来和采取有计划的行动,任何行动都会产生某种程度的效应或影响。本着遗产旅游可持续发展的目的,在规划编制过程中,我们需要对规划可能导致的社会文化、环境和经济影响进行审慎评估,对遗产旅游项目效益进行定量评估,对旅游影响进行综合评价,并针对不利影响设计控制性措施和解决方案。

2. 分期与投资规划

为推动遗产旅游规划的实施,我们需要对遗产旅游规划的实施时间和投资安排做出细化,主要对遗产旅游相关的旅游项目、旅游设施进行分期规划和投资规划。结合遗产旅游规划的短期、中期和长期规划时限和目标等内容,对遗产旅游规划中的旅游项目及其子项目、具体项目,以及旅游公共服务设施、旅游交通等提出短期、中期和长期的建设分期规划,并对投资估算、投融资渠道等内容进行规划设计,为遗产旅游规划的实施提供具体的时间计划和指导。在分期与投资规划中,分期规划应与地方社会经济建设水平相结合,投资预算应考虑地方财政情况和地方投融资情况。投融资渠道应结合现有渠道和新型投融资渠道,对遗产旅游投融资渠道进行创新规划,为遗产旅游经营管理机构提供具体的投融资模式和路径。

3. 规划实施保障

遗产旅游规划的成功实施和遗产旅游可持续发展,必须通过综合性保障实现。其一,遗产旅游规划的实施必须得到政府强有力的组织保障和旅游管理体制机制支持,并针对遗产旅游发展构建组织管理架构,对遗产地、从业人员、游客等进行统一管理。

其二，财政、税收、金融、产业扶持等政策保障是支持遗产旅游发展的重要动力。此外，遗产旅游开展的土地保障、旅游安全保障和人才保障等，也是规划实施过程中不可或缺的保障内容。一方面，保障措施和内容要具体，要明确执行主体，明确执行方法和手段，明确执行时间和具体的范围，明确所针对的群体等；另一方面，相关保障措施要量力而行，明确具体政策措施和实施目标。

百年米轨滇越铁路文旅融合发展案例

作为中国最早的一条跨国铁路，中国现存最长的一条米轨铁路（轨距为1米的窄轨铁路）——滇越铁路，是中国乃至世界铁路建设史上较具影响力的铁路工程之一。其意义不仅在于滇越铁路交通线路本身，还在于与滇越铁路修建和发展相关的山脉、陆地、河流、植被等与路线紧密联系的自然内容以及受滇越铁路影响的、因滇越铁路而生的文化内容。经过百余年发展，在特殊地理、人文环境下，滇越铁路荟萃了壮美的自然景观、浩大的工程奇观和丰富多彩的民族文化资源，跨区域的自然、人文环境与滇越铁路文化交相辉映。2018年1月27日，滇越铁路入选第一批《中国工业遗产保护名录》，是国内乃至国际上重要的工业遗产，并正持续进行世界遗产申报工作。

滇越铁路是最早承担中国与越南战略对接、互联互通的国际大通道，至今仍承担着国际联运职能。随着滇越铁路运输功能的逐渐丧失，开发滇越铁路文化遗产旅游具有重要的现实意义。特别是在中共二十大后，越共中央总书记阮富仲对中国进行正式访问，在中越同意加快推动商签两国政府间推进"一带一路"倡议和"两廊一圈"框架对接合作规划的背景下，滇越铁路文化遗产旅游是认真贯彻落实中越两国领导人达成的重要共识，助力中越"两廊一圈"建设的重要抓手；是以"滇越铁路旅游"为引领，加强中越友好务实合作，促进中越各领域交流合作，不断取得新成果、打造新亮点的重要突破口，有利于推动新时代中越全面战略合作伙伴关系健康稳定发展和中越命运共同体建设不断迈上新台阶。

基于滇越铁路重要的现实意义和价值，滇越铁路文化遗产旅游在各界努力下取得重要成果：文化遗产在旅游可持续利用中得到保护和价值转化；滇越铁路旅游品牌在活动营销中不断形成；新产品、新业态在文旅融合中孕育；滇越铁路文化赋能公共空间，提升主客共享满意度；滇越铁路助力云南旅游发展，提振行业信心。

"2022全国文化遗产旅游百强案例"发布，百年米轨滇越铁路文旅融合发展案例成功入选"工业遗产主题旅游案例"。

阅读《百年米轨滇越铁路文旅融合发展案例》,分析其在遗产旅游规划中文旅深度融合的旅游产品体系,并针对某一遗产地的旅游产品开发提出可行性建议。

任务四 生态旅游规划创新设计

任务描述: 本任务主要学习生态旅游规划创新设计的基础知识,结合典型案例分析如何对生态旅游规划进行创新性设计,促进生态旅游发展。

任务目标: 通过任务学习,理解生态旅游规划的概念,掌握生态旅游规划的内容、体系及规划程序,了解生态旅游发展系列规划的类型与内容。

生态旅游释放文旅消费新动能

2023年中秋节与国庆节期间,青海省累计接待游客260万人次,实现旅游总收入24.4亿元……"双节"假期"合体",青海省文旅市场活力迸发,处处人气火爆,文旅消费持续升温,从市场各方的反映来看,旅游地所带来的诗意、乐趣与闲适,成为全国游客的首选,新业态、新模式、新供给的不断涌现,让群众假日出游意愿得到集中释放。

美丽金秋,梦幻美丽的青海湖也向众多省内外游客发出"邀约"。来自五湖四海的游客纷纷感叹,秋天的青海湖风光壮美、脱俗质朴,平静的风韵只有身临其境,才会真正感受到大自然给予的神奇"魔力",给人一种宁静与祥和的感觉。

经统计,"双节"假期,青海湖景区接待游客11.91万人次,较2019年同期上涨61%。截至2023年"双节"假期,青海湖景区累计接待游客310.32万人,较2019年同期上涨40%,刷新青海湖旅游历史最高纪录。

文创产品"青海湖冰激凌"与"青海湖旅拍"充分与景区特色融合,让游客在视觉、味觉上品味到了青海湖的独特魅力;景区"双节"期间特色演艺活动向游客诉说了高原故事,带来高原视听盛宴;"酒店+围炉"更是为"双节"添加了团圆氛围……青海湖景区结合假日特点,通过"旅游+"融合文创、演艺、餐饮等,推出了一系列体验丰富、创新融合的旅游产品。

(资料来源:王菲菲、倪晓颖、杨红霞《生态旅游释放文旅消费新动能》,青海日报,2023-10-09)

一、生态旅游概述

生态旅游是由世界自然保护联盟特别顾问谢贝洛斯·拉斯喀瑞于1983年首次提出。1990年,国际生态旅游协会将其定义为,在一定的自然区域中保护环境并提高当地居民福利的一种旅游行为。

生态旅游是指在一定自然地域中进行的有责任的旅游行为,为了享受和欣赏历史的和现存的自然文化景观,这种行为应该在不干扰自然地域、保护生态环境、降低旅游的负面影响和为当地人口提供有益的社会和经济活动的情况下进行。

生态旅游包括两个基本要点:其一是生态旅游的物件是自然景物;其二是生态旅游的物件不应受到损害。在全球人类面临生存的环境危机的背景下,随着人们环境意识的觉醒,绿色运动及绿色消费席卷全球,生态旅游作为绿色旅游消费,一经提出便在全球引起巨大反响,生态旅游的概念迅速普及到全球,其内涵也得到了不断充实。针对目前生存环境不断恶化的状况,旅游业从生态旅游要点之一出发,将生态旅游定义为"回归大自然旅游"和"绿色旅游";针对旅游业发展中出现的种种环境问题,旅游业从生态旅游要点之二出发,将生态旅游定义为"保护旅游"和"可持续发展旅游"。同时,世界各国根据各自的国情,开展各具特色的生态旅游。

(一)生态旅游现状

生态旅游是以生态学观点和可持续发展思想为方针,以自然生态环境和相关文化区域为场所,为体验、了解、认识、欣赏、研究自然和文化而开展的一种对环境负有真正保护责任的旅游活动,是自然旅游的一种形式。

我国的生态旅游是主要依托于自然保护区、国家公园、风景名胜区等发展起来的。目前,生态旅游形式已从原生的自然景观发展到半人工生态景观,旅游对象包括原野、冰川、自然保护区、乡村田园景观等,生态旅游形式包括游览、观赏、科考、探险、狩猎、垂钓、田园采摘及生态农业主题活动等,呈现出多样化的格局。同时,生态旅游已经成为地方政府吸引投资的重点产业和经济发展的新支撑点。

进入21世纪以后,生态旅游在我国得到快速发展。我国在举办一些重要会议的同时,也在探索多种形式的实践活动,生态旅游的总体形势向着利好的方向发展。近年来的生态旅游典型示范区建设,有助于人们在实践中进一步理解生态旅游的概念和内涵,平衡社会经济发展与保护生态环境和文化之间的关系。

调查统计结果显示,2021年我国国内旅游总人次32.46亿,比上年同期增加3.67亿,增长12.8%(恢复到2019年的54.0%)。其中,城镇居民23.42亿人次,增长13.4%;农村居民9.04亿人次,增长11.1%。2021年,国家林业和草原局全面开展林草生态旅游游客量数据采集、测算和信息发布工作,为社会提供相关资讯服务,搭建全国林草系统生态旅游游客量信息管理系统,确定了《全国林草系统生态旅游游客量数据采集和测算方法》,公布了509家采集样本单位,按月和主要节假日收集样本数据并测算全国生态旅游游客量数据。据初步统计,2021年全国林草系统生态旅游游客量为20.83亿人次,超过国内旅游人数的一半。总体来说,生态旅游是世界旅游活动中非常重要的组成部分。从旅游发展的角度看,生态旅游是近年世界旅游业中增长最快的部分,年增长率为25%—30%,生态旅游俨然已成为世界性的旅游潮流。

国家公园

国家公园(national park)是指由国家批准设立并主导管理,边界清晰,以保护具有国家代表性的大面积自然生态系统为主要目的,实现自然资源科学保护和合理利用的特定陆地或海洋区域。世界自然保护联盟将其定义为大面积自然或近自然区域,用以保护大尺度生态过程以及这一区域的物种和生态系统特征,同时提供与其环境和文化相容的、精神的、科学的、教育的、休闲的和游憩的机会。

国家公园是保护区的一种类型,最早起源于美国,后为世界大部分国家和地区所采用。2017年9月,中共中央办公厅、国务院办公厅印发《建立国家公园体制总体方案》。2019年6月,中共中央办公厅、国务院办公厅印发《关于建立以国家公园为主体的自然保护地体系的指导意见》。

建立国家公园体制是党的十八届三中全会提出的重点改革任务之一,是中国生态文明制度建设的重要内容,能够保护自然生态和自然文化遗产的原真性、完整性,对重要生态系统进行更为严格的保护,对珍稀野生动植物进行长效保护,给子孙后代留下自然遗产。截至2017年9月,有100多个国家建立了国家公园。2021年10月,中国正式设立三江源、大熊猫、东北虎豹、海南热带雨林、武夷山首批5个国家公园。

综观世界上各种类型、各种规模的国家公园,一般都具有两个比较明显的特征:一是国家公园自然状况的天然性和原始性,即国家公园通常都以天然形成的环境为基础,以天然景观为主要内容,人为的建筑、设施只是为了方便而添置的必要辅助。二是国家公园景观资源的珍稀性和独特性,即国家公园天然或原始的景观资源往往为一国所罕见,并在国内,甚至在世界上都有着不可替代的重要而特别的影响。

国家公园是指国家为了保护一个或多个典型生态系统的完整性,为生态旅游、科学研究和环境教育提供场所,而划定的需要特殊保护、管理和利用的自然区域。它既不同于严格的自然保护区,也不同于一般的旅游景区。

(二)生态旅游发展存在的问题

现在人们对生态环境越来越重视,我国地大物博,生态旅游资源丰富,但是环境污染严重,政府逐渐重视可持续发展,倡导各地发展生态旅游,但我国生态旅游仍然存在很多问题。

1.盲目开发,景观污染严重

景观污染是指不适当的人为干扰导致的景观退化现象,部分生态旅游区在进行旅游资源开发时,缺乏深入的调查研究和全面的科学论证,盲目开发,导致许多不可再生资源受到破坏,包括植被受损、地形改变、野生动物捕杀等,进而出现景观结构破碎化、景观功能受损、生态风险增大、审美价值降低等问题,进一步危害了生物多样性,破坏生态系统平衡,增大对保护区的生态威胁。

2.游客超载,生态环境受损

一些生态旅游区由于过分追求经济效益,而忽视了对生态环境的保护,对游客数量不加以限制,导致旅游高峰期出现人满为患的现象,引发了一系列环境问题,包括垃圾公害、水污染、空气污染、噪声污染等。

3.景观趋同,淹没天然优势

很多生态旅游区偏重酒店设施的建设,盲目扩大旅游区,导致其在开发过程中市场定位不准,忽略了生态保护和历史文化的传承,甚至过度修建人造景观,慢慢走向商业化、城市化,致使景观趋同、毫无特色,并逐渐丧失地域优势景观的竞争力与世界文化体系中的话语权。

4.生态旅游产品的开发程度较低

产品的开发程度直接影响旅游者的消费体验,进而影响整体旅游收入水平和后继投入。由于经济和开发理念的原因,大部分生态旅游整体开发以观光型为主,同时存在粗放开发与雷同开发两大问题。生态旅游中所体现的生态与游客的互动性开发,即深度体验型和假日休闲型产品的开发数量较少、内容简单。无论是5A级、4A级景点或新开发的景点,它们在旅游产品的丰度和深度上都有所欠缺,最终导致其市场接纳程度较低,品牌效应无法发挥。

虽然我国生态旅游资源种类丰富、总量较大,但很多旅游资源,无论是地质、水文、气候还是生物等方面都具有较高的相似性,因此,部分旅游资源类同且开发模式也基本一致,极易出现恶性竞争,导致各自均难以为继、后续投入信心不足、难以持续发展。在生态旅游市场刚起步时就大量地进行低水平同质开发,以致供过于求,从而无法激发消费欲望,不能体现规模效应,更难以突出品牌优势。

5.设施和文明建设落后

部分生态旅游景点接待能力有限,特别是节假日期间,出现"一房难求、一床难求"的现象,缺乏非永久性(季节性)的住宿设施作为补充。再者,许多酒店并未按照绿色发展的要求建设运营,未充分利用当地原材料和可再生材料,应更加注重节约资源。此外,景区服务设施建设不完善,景区内停车场、观景台、厕所、游客服务中心等服务基础设施缺失或建设不达标,供水、供热、排污、环保、卫生等配套设施不够健全。同时,交通不便或景区道路以及景区之间的道路路况差。

旅游对环境的影响

6.科技水平不高,人才匮乏

从业人员素质普遍不高,缺乏生态知识,高层次的旅游管理经营人才严重匮乏,影响了生态旅游区的运营管理及服务质量。此外,旅游经营者及其他从业人员的生态环保意识还有待于提升,旅游产品的生态科技含量较低,节能减排新技术在生态旅游中的应用还不足。

二、生态旅游规划实践

(一)生态旅游总体布局

《全国生态旅游发展规划(2016—2025年)》将全国生态旅游发展划分为八个片区。不同片区依托自身优势,明确重点方向,实施差别化措施,逐步形成各具特色、主题鲜明的生态旅游发展总体布局。

(二)生态旅游产品

生态旅游是指以可持续发展为宗旨,以生态景观为吸引物,在为游客提供观赏、学习和环境教育的旅游享受的同时,对旅游目的地经济、社会和文化负责,保护生态旅游赖以开展的生态、社会及经济环境的旅游活动。目前,常见的生态旅游产品主要有以下这些。

1.徒步

徒步是指游客通过步行的方式,亲身参与自然环境中的探索和体验。徒步旅行通常发生在大自然及其周边地区,如山脉、森林等处。徒步旅行强调对环境的尊重与保护,同时也提供了与大自然亲密接触的机会。

在徒步活动中,游客可以远离城市的喧嚣,感受大自然的宁静与奇妙之处。他们可以徒步穿越各种不同类型的地形和地貌,欣赏如画的美景,同时也能够观察和学习不同的植物、动物以及自然现象。对生态旅游来说,徒步旅行也是一种可持续的旅游方式。徒步旅行可以减少人对自然环境的干扰,减少碳排放和能源消耗,同时也有助于提高游客的自然环境保护意识。

需要注意的是,参与徒步活动时,游客应该尊重当地的文化和风俗习惯,遵守相关的规章制度,不随意破坏自然资源和生态环境。同时,游客还应该注意自己的安全,选择适合自己的徒步路线,并做好必要的准备工作,如体力训练、装备选购等。

2.定向越野

定向越野是一种涉及导航和探险的户外活动,其目的是通过自我导航找到指定的检查点或目的地。这种活动通常发生在自然环境中,如森林、山脉、草原等。

定向越野的基本原理是参与者根据提供的地图和指南针等工具,在未标示路径或标示不明确的区域内,争取用最短的时间找到预先设定的目标点,并最终回到起点。参与者需要使用地图,以及运用导航技巧和团队协作能力来完成任务。

定向越野也提供了锻炼身体和挑战自我的机会,因为参与者需要在复杂的地形和环境条件下进行导航和移动。同时,定向越野有利于参与者之间的团队合作和沟通能力的培养,因为他们通常是以小组的形式进行活动。

需要注意的是,定向越野活动具有一定的风险,因为参与者可能会面临不确定的天气、地形和环境等因素。因此,参与者在进行定向越野之前应该进行必要的准备,包括学习导航技巧、携带适当的装备和食物、了解当地的安全事项等,并确保自身的健康和安全。

3. 漂流

漂流是一种水上活动,即通过顺流而下的方式在河流、溪流或其他水域中进行活动。漂流通常发生在自然环境中,如峡谷地带等。在漂流过程中,参与者通常乘坐特制的充气艇、皮划艇或其他水上工具,顺流而下。他们可以欣赏到沿途的美景,感受水流的冲击,同时也可以体验到大自然的力量和魅力。漂流也提供了与大自然亲密接触的机会。参与者可以欣赏到清澈的河水、蓝天白云、绿树红花等美景,同时也可能会观察到鸟类、鱼类等生物。这种亲密接触让人们更加关注和珍惜自然资源,提高生态环境保护意识。

需要注意的是,漂流具有一定的风险性。河流的水流可能会变化不定,存在障碍物和急流等潜在危险。因此,参与者在进行漂流之前应该接受必要的安全培训和指导,并穿戴好救生装备。

总之,漂流是一种以水流为媒介的体验活动,让参与者可以享受大自然的美景和力量,同时也强调对环境的尊重和保护。通过漂流,人们可以更深入地了解水域生态系统,培养对自然环境的敬畏之心。

4. 自行车运动

自行车是开展运动休闲活动的极佳工具之一。运动学专家认为骑自行车与跑步、行走、游泳一样,具有增强耐力和提高心肺功能的作用。骑自行车是异侧支配运动,两腿交替蹬踏,可使左右两侧的大脑功能均衡协调发展,从而提高神经系统的敏捷性。据了解,目前美国有两千万人骑自行车健身;在欧洲,骑自行车"一日游"是非常时髦的运动方式之一。

5. 蹦极

蹦极是一种极限运动,主要是指人们将蹦极绳索系在脚踝上,然后从高空跳下去,享受自由落体带来的刺激和快感。这类活动通常发生在自然景区,如崖壁、桥梁、塔楼或专门设立的蹦极设施等。蹦极是一种充满挑战和冒险的活动,旨在帮助人们体验跳跃时的刺激,感受失重的飞翔和超越恐惧的勇气。它也让人们有机会从不同的角度欣赏大自然的壮丽风光。生态旅游中的蹦极强调尊重环境和自然,遵循安全规则。蹦极活动由专业的教练员进行指导和监督,以确保参与者的安全。所有的设备,包括蹦极绳索,都应该定期检查和保养,以确保其性能和耐用性。

6. 露营

露营是指在大自然环境中搭建帐篷或使用其他临时设施过夜并体验户外生活的旅行

方式。这种活动提供了与大自然亲密接触、感受宁静的机会。

在露营过程中,参与者可以选择适合的露营地点,如森林、湖畔、山区等,搭建帐篷或使用露营车等设施。他们可以休息、野炊、聚会和参与其他户外活动,如徒步、钓鱼等。

生态旅游中的露营活动强调对环境的尊重和保护。参与者应该遵守当地的规章制度,保护野生动植物、不破坏环境、不随意扔垃圾。他们应该学习并使用环保的露营技巧,尝试"无痕露营",将其对周围环境的影响最小化。

7. 滑翔伞

滑翔伞是一种以人为动力,利用气流和重力进行飞行的运动。参与者会搭乘滑翔伞,在高山或悬崖等起飞点起飞,并在大自然中享受自由飞行的快感。在滑翔伞运动中,参与者携带专业的滑翔伞装备并接受教练指导,寻找适合的起飞点和气流条件后起飞。一旦在空中展开滑翔伞,就可以通过控制操纵器来调整飞行方向和高度。这种飞行方式让参与者能够俯瞰美丽的景色、感受风的轻拂和自由飞行的刺激。

滑翔伞运动不仅提供了一种与大自然亲近的方式,还可以使人们通过不同视角,欣赏到独特的风景。参与者在空中可以俯瞰山谷、湖泊、森林等美景,感受独特的飞行体验,增强对大自然的敬畏和欣赏。

8. 热气球运动

热气球运动是指利用热气球进行飞行,以欣赏大自然景观和体验飞行的活动。它是一种较为安全、平稳的空中活动,让参与者能够从高空俯瞰地面的美景。

热气球运动主要发生在适合的天气条件下,如无风或微风的早晨或傍晚。参与者可以俯瞰山脉、河流、湖泊、森林和乡村等各种地貌和风景,欣赏自然景观和人文景观。

热气球运动能够给参与者带来独特的视野和飞行体验,同时也是一种放松和享受大自然的方式。飘浮在空中,人们可以感受到宁静,欣赏到美丽的风景。

9. 森林浴

森林浴是一种强调在自然环境中体验和享受森林的益处,注重与森林亲密接触的健康活动。森林浴的核心理念是通过在森林中放松身心、与自然亲近,从而获得身体和心理上的平衡。参与者会在森林中进行漫步、观察、呼吸、冥想等活动,以感受森林中的声音、气息和能量。森林浴有以下几种形式。

(1) 自然疗法:森林中的空气清新,参与者可以深呼吸并感受大自然的能量,舒缓压力和焦虑。

(2) 放松与冥想:在安静的森林环境中,参与者可以通过冥想练习,促进身心的放松。

(3) 慢节奏:参与者漫步于森林之中,慢下来与自然共处,感受每一步的触感和每一处细微的变化。

(4) 感官体验:参与者可以通过观察、听觉和触觉等感官体验,探索森林中的植物、动物和自然景观。

森林浴旅游产品通常由专业导游组织和指导,导游会引领参与者进行森林浴活动,并提供相关知识和经验分享。此类旅游产品注重提供身心健康和放松的旅行体验。它不仅让人们远离城市喧嚣和污染,还提供与大自然和谐相处的机会,提高人们的自然环境保护意识。

西江生态旅游带:打造壮乡文旅新典范

被誉为"黄金水道"的西江,是珠江最主要的干流、我国西南水运出海大通道重要组成部分,也是广西壮族自治区境内最主要的河道。奔流不息的西江,在历史的长河里托起了沿岸一座座城市。

西江生态旅游带作为推动珠江—西江经济带发展的重要抓手,既享有多重政策利好,同时区域内生态禀赋优良、文化底蕴深厚、旅游资源富集,具备在更高起点上推动文化和旅游高质量发展的优势条件。2023年,广西壮族自治区文化和旅游厅印发《西江生态旅游带文化和旅游发展规划》,提出全面建立西江生态旅游带协同发展体制机制,生态保护与文化旅游深度融合,加快建成民族文化和岭南文化传承创新发展示范带、中国水运旅游发展典范、国内一流生态休闲康养胜地、流域生态保护和高质量发展样板。

作为西江生态旅游带的龙头城市,梧州市高度聚焦文旅产业融合发展,不断擦亮"岭南风情""茶船古道""红色摇篮""名人文化"四张名片。2022年,广西壮族自治区文化和旅游厅与梧州市政府签订《打造西江生态旅游带龙头城市共建协议》,通过厅市共建模式,将梧州市建设成为面向粤港澳大湾区的广西东大门旅游胜地,带动西江沿岸城市共同构筑绿色生态旅游廊道,着力打造多元化、国际性、全天候的黄金旅游带和中国水运旅游发展的典型示范。

"西江生态旅游带资源呈现'绿''文''养''农'的特征,是西江生态旅游带文旅高质量发展的信心所寄、底气所在。"广西壮族自治区文化和旅游厅资源开发处处长郭勇介绍,接下来,当地将立足资源禀赋和产业基础,着力丰富旅游产品体系,打造环大瑶山康养旅居、大藤峡—西山休闲度假、岭南风韵文旅体验、侗苗民族风情体验、环大容山生态养生、山水人文慢活度假六大组团,积极开发"山水休闲""民族风情""岭南印象""健康养生""红色研学""魅力乡野""史前探秘"七大主题旅游产品,推动传统旅游要素从组合化向独立化转变,不断优化旅游品质。

在此基础上,西江流域各市积极推动文旅融合创新,实现产业提档升级。通过"文旅+农业""文旅+工业""文旅+大健康""文旅+体育"等,探索以保护为前提的生态资源价值转化路径,创新推动生态文旅融合发展迈向新阶段,建设融合示范带。

(资料来源:郭凯倩《西江生态旅游带:打造壮乡文旅新典范》,中国文化报,2023-10-10)

微课链接

生态旅游产品设计原则

微课链接

生态旅游产品设计案例剖析

知行合一

查阅《西江生态旅游带文化和旅游发展规划》，分析其在生态旅游规划中如何实现以保护为前提的生态资源价值转化。

项目小结

旅游规划创新设计旨在通过创新思维和方法，为旅游目的地旅游规划提出改良和优化方案，推动旅游业可持续发展。本项目从乡村旅游、研学旅行、遗产旅游和生态旅游的视角，探索旅游目的地主题旅游开发的规划实践策略，以期为更多旅游发展的新业态、新方向提供参考和借鉴。

项目训练

一、知识训练

1. 乡村旅游规划具有哪些发展方向？
2. 简述研学旅行基地项目规划编制的主要内容。
3. 简述遗产旅游规划的原则。
4. 生态旅游发展普遍存在哪些问题？

二、能力训练

选择某一旅游目的地，分析其在乡村旅游、研学旅行、遗产旅游、生态旅游或其他类型专题旅游方向上的开发现状和存在问题，并尝试提出创新规划设计策略。

参考文献

[1] 邹统钎,晨星.中国旅游规划四十年[N].中国旅游报,2018-10-23.
[2] 邹统钎.旅游开发与规划[M].广州:广东旅游出版社,1999.
[3] 马勇,李玺.旅游规划与开发[M].4版.北京:高等教育出版社,2018.
[4] 郭长江,崔晓奇,宋绿叶,等.国内外旅游系统模型研究综述[J].中国人口·资源与环境,2007,17(4).
[5] 吴必虎,俞曦.旅游规划原理[M].北京:中国旅游出版社,2010.
[6] 郎富平,顾雅青.旅游策划实务[M].2版.上海:华东师范大学出版社,2015.
[7] 刘德谦.概念性旅游规划讲求"四高""四宽"[N].中国旅游报,2001-04-06.
[8] 史本林.旅游概念规划理论探讨[J].甘肃社会科学,2006(5).
[9] 张述林,宋增伟,胡科翔,等.概念性旅游规划综述[J].重庆师范大学学报(自然科学版),2009(1).
[10] 林璧属.试析旅游规划中的客源市场分析[J].旅游学刊,2001(6).
[11] 王大悟,毕吕贵.旅游规划新论[M].合肥:黄山书社,2002.
[12] 保继刚,楚义芳.旅游地理学[M].北京:高等教育出版社,1993.
[13] 李天元.旅游学概论[M].5版.天津:南开大学出版社,2003.
[14] 谢彦君.基础旅游学[M].4版.北京:商务印书馆,2015.
[15] 王金伟,杨佳旭,郑春晖,等.黑色旅游地游客动机对目的地形象的影响研究——以北川地震遗址区为例[J].旅游学刊,2019,34(9).
[16] 杜明汉,刘巧兰,郝春霞.市场调查与预测——理论、实务、案例、实训[M].大连:东北财经大学出版社,2011.
[17] 郎富平,陈友军.旅游资源调查与评价[M].2版.北京:中国旅游出版社,2020.
[18] 马勇,舒伯阳.区域旅游规划——理论·方法·案例[M].天津:南开大学出版社,1999.
[19] 孙亚辉.文化旅游产业的研究[M].天津:天津科学技术出版社,2017.

[20] 张清影. 福建土楼文化的旅游开发与保护研究[M]. 长春:吉林人民出版社,2021.

[21] 张朝枝. 旅游与遗产保护——基于案例的理论研究[M]. 天津:南开大学出版社,2008.

[22] 张辉,岳燕祥. 全域旅游的理性思考[J]. 旅游学刊,2016,31(9).

[23] 石培华,申军波,陆明明,等. 全域旅游示范区创建和发展指南:全域旅游一百问[M]. 北京:中国旅游出版社,2021.

[24] 厉新建,张凌云,崔莉. 全域旅游:建设世界一流旅游目的地的理念创新——以北京为例[J]. 人文地理,2013(3).

[25] 戴学锋,廖斌. 全域旅游理论与实践[M]. 北京:中国旅游出版社,2021.

[26] 王国华. 论全域旅游战略实施的路径与方法[J]. 北京联合大学学报(人文社会科学版),2017,15(3).

[27] 谢彦君,等. 旅游体验研究——走向实证科学[M]. 北京:中国旅游出版社,2010.

[28] 林叶强,沈晔. 沉浸式体验:创意、科技和旅游的融合[J]. 旅游学刊,2022,37(10).

[29] 林峰. 旅游开发运营教程[M]. 北京:中国旅游出版社,2019.

[30] 邹统钎. 善行旅游:遗产旅游理念与行为准则[M]. 北京:旅游教育出版社,2016.

[31] 焦云宏. 善行旅游视角下的旅游目的地产品创新策略——以松赞旅行为例[J]. 云南开放大学学报,2021,23(2).

[32] 邹统钎,赵英英. 基于自然与文化解决方案的遗产旅游资源管理战略研究[J]. 遗产与保护研究,2017,2(1).

[33] 张凌云,黎巎,刘敏. 智慧旅游的基本概念与理论体系[J]. 旅游学刊,2012,27(5).

[34] 李云鹏,胡中州,黄超,等. 旅游信息服务视阈下的智慧旅游概念探讨[J]. 旅游学刊,2014,29(5).

[35] 景峰. 世界遗产50年:近期趋势与挑战——"UN-HAP亚太高校遗产网络"系列讲座第四讲纪要[J]. 自然与文化遗产研究,2022,7(5).

[36] 吴承照,王婧. 遗产保护性利用与旅游规划研究[M]. 北京:中国建筑工业出版社,2019.

[37] 郭腾云,徐勇,马国霞,等. 区域经济空间结构理论与方法的回顾[J]. 地理科学进展,2009,28(1).

[38] 俞孔坚,李迪华,刘海龙,等. 基于生态基础设施的城市空间发展格局——"反规划"之台州案例[J]. 城市规划,2005(9).

[39] 许昌斌,李玺. 研学旅行项目开发与运营[M]. 武汉:华中科技大学出版社,2022.

教学支持说明

为了改善教学效果,提高教材的使用效率,满足高校授课教师的教学需求,本套教材备有与纸质教材配套的教学课件和拓展资源(案例库、习题库等)。

为保证本教学课件及相关教学资料仅为教材使用者所得,我们将向使用本套教材的高校授课教师赠送教学课件或者相关教学资料,烦请授课教师通过加入旅游专家俱乐部QQ群或公众号等方式与我们联系,获取"电子资源申请表"文档并认真准确填写后发给我们,我们的联系方式如下:

地址:湖北省武汉市东湖新技术开发区华工科技园华工园六路

邮编:430223

旅游专家俱乐部QQ群号:758712998

旅游专家俱乐部QQ群二维码:

群名称:旅游专家俱乐部5群
群　号:758712998

扫码关注
柚书公众号

电子资源申请表

填表时间：_____年___月___日

1. 以下内容请教师按实际情况写，★为必填项。
2. 根据个人情况如实填写，相关内容可以酌情调整提交。

★姓名		★性别	□男 □女	出生年月		★职务	
						★职称	□教授 □副教授 □讲师 □助教

★学校		★院/系	
★教研室		★专业	
★办公电话		家庭电话		★移动电话	
★E-mail（请填写清晰）				★QQ号/微信号	
★联系地址				★邮编	

★现在主授课程情况	学生人数	教材所属出版社	教材满意度
课程一			□满意 □一般 □不满意
课程二			□满意 □一般 □不满意
课程三			□满意 □一般 □不满意
其 他			□满意 □一般 □不满意

教 材 出 版 信 息						
方向一	□准备写	□写作中	□已成稿	□已出版待修订	□有讲义
方向二	□准备写	□写作中	□已成稿	□已出版待修订	□有讲义
方向三	□准备写	□写作中	□已成稿	□已出版待修订	□有讲义

请教师认真填写表格下列内容，提供索取课件配套教材的相关信息，我社根据每位教师填表信息的完整性、授课情况与索取课件的相关性，以及教材使用的情况赠送教材的配套课件及相关教学资源。

ISBN（书号）	书名	作者	索取课件简要说明	学生人数（如选作教材）
			□教学 □参考	
			□教学 □参考	

★您对与课件配套的纸质教材的意见和建议，希望提供哪些配套教学资源：